人生可以走直线②

——他的成功可以复制——

像巴菲特一样投资

股市之神·投资行业独占鳌头能点石成金
生花妙笔·揭示巴菲特超乎一流创富原则

韩彪/编著

Warren Buffett

Warren Buffett (August 30-Warren Buffett,1930 years). the world's leading investors, born in United States, Nebraska, Omaha. On the 2008 Forbes list of wealth than Bill Gates as the world's richest man. Buffett to donate US $ 1.93 billion shares in the market value. 11th in charitable donations, Buffett lunch auction reached a record US $ 2.63 million. In July 2010, Warren Buffett once again to charities donate stock, according to the current market value, equivalent to us $ 1.93 billion. It was Buffett since 2006 started donating 99% assets, third highest donation amount.

中国华侨出版社

图书在版编目(CIP)数据

人生可以走直线:像巴菲特一样投资 / 韩彪编著.—北京:中国华侨出版社,2011.2
ISBN 978-7-5113-1125-2

Ⅰ.①人… Ⅱ.①韩… Ⅲ.①巴菲特,W.—投资-经验 Ⅳ.①F837.124.8

中国版本图书馆CIP数据核字(2011)第010432号

●人生可以走直线:像巴菲特一样投资

编　著／韩　彪
责任编辑／文　心
装帧设计／孙希前
责任校对／吕　红
经　销／新华书店
开　本／710×1000毫米　1/16　印张／17.75　字数／238千字
印　刷／三河市华润印刷有限公司
版　次／2011年5月第1版　2011年5月第1次印刷
书　号／ISBN 978-7-5113-1125-2
定　价／30.00元

中国华侨出版社　北京市朝阳区静安里26号通诚达大厦3层　邮编:100028
法律顾问:陈鹰律师事务所
编　辑　部:(010) 64443056　64443979
发　行　部:(010) 64443051　传真:(010) 64439708
网　　址:www.oveaschin.com
e-mail:oveaschin@sina.com

Preamble
序言

　　2010 年 6 月中旬，沃伦·巴菲特与比尔·盖茨夫妇一起倡议全美的亿万富翁承诺，在有生之年或死后将自己的一半家产捐给慈善机构用于慈善事业。截至 8 月 4 日，将近 40 位资产超过 10 亿美元的富豪响应了这一承诺。而在此前，巴菲特已经宣布将捐出他所有财产的 99% 用于慈善事业。

　　不论是在慈善事业，还是在投资领域，巴菲特始终是人们关注的焦点。1941 年，11 岁的巴菲特购买了平生第一张股票，从此开始了他的投资生涯，他那高超的投资手法使他成为世界上数一数二的超级富豪。70 年的投资生涯造就了巴菲特的财富神话，成就了他"股神"的美名。

　　巴菲特如此巨大的投资成就自然吸引了大批投资者的学习热情，他们希望能从巴菲特的投资行为中习得创造财富的投资策略。因此，巴菲特所掌管的伯克希尔·哈撒韦公司一年一度的股东大会便成了投资者们的朝圣地，每年这个时候都有大批的投资者抱着一颗虔诚却又饥渴的心前来聆听巴菲特的投资箴言，以期从他的只言片语之中获得财富投资的秘诀。

　　然而，并非所有人都能参加伯克希尔的股东大会，并非所有人都能有在"股神"

身旁聆听的机会，绝大部分巴菲特的仰慕者只能通过网络、报刊、电视等媒介去了解巴菲特的投资理念。同时，迄今为止，尽管有着漫长的投资经历和傲人的财富成就，但巴菲特本人却并没有将自己的投资策略和心得集写成书，这对广大的投资者而言不能不说是一个遗憾。然而，这并不代表巴菲特的投资理念无迹可寻，事实上，巴菲特的每一次投资行为、每一年致股东的信以及他那关于投资的只言片语都为我们提供了他投资理念的蛛丝马迹。从这些蛛丝马迹之中，我们可以发现、总结和归纳出他的投资原则、投资策略、投资方法和投资技巧。

而本书就是这样一本集中体现巴菲特投资理念的书。本书紧紧围绕巴菲特投资的核心理念，配以大量的投资案例和有关研究成果，对巴菲特的投资原则、策略、方法和技巧进行具体详细的阐述和说明。本书还大量引用了巴菲特本人妙语连珠的投资语录，力求精准真实地反映他的投资理念。同时本书语言通俗易懂、简练有力，力求在专业性、通俗性和实用性之间寻找一个最佳的平衡点，让广大投资者能够避开学术理论的晦涩深奥，从而轻松阅读和学习巴菲特的投资秘诀。

希望本书对广大投资者在通往财富的道路上有所助益。

第一章
投资不投机，购买未来

一提到股市，很多投资者立马就有跃跃欲试的冲动，恨不能马上冲杀进去，大赚一笔后立刻卷钱走人，这是投机之人所做的投机之梦。而巴菲特却从来不做这样的梦，也不屑于做这样的梦，在他眼中，投机和炒作都不是真正的财富之道。他认为财富来源于投资而非投机，而事实上，他的"股神"美誉也由此而来。

Contents 目录

第二章
广寻投资机会，投资绩优股

巴菲特总是热衷于阅读，并且非常擅长从大量阅读中发现投资机会，而寻找绩优股也是其阅读的一个主要目的。一旦发现了绩优股，巴菲特便会毫不犹豫地买入，并且往往是买入之后便长期持有，他从来不会为了一些蝇头小利轻易出手，而是目光长远，志在获得未来的高额回报。在他看来，长期持有绩优股有巨大的好处，而这好处不仅仅来自于绩优股的高额收益，还来自于复利累进的神奇效果。当然巴菲特也不会一味地攥着股票不放手，如果某只股票不再符合自己的持有标准时，他也会毫不犹豫地将它脱手。

第三章
想看透股市，首先要看透企业
——巴菲特独到的企业分析师眼光

不管人们相不相信，对于股市而言，"股神"巴菲特其实是一个局外人。因为巴菲特绝不像一般的投资者一样将目光只局限于股市行情，而是深深地探入所投资企业的每一个层面，经营、管理、人事、盈利能力……无所不包。正是这样独到的企业分析师眼光，使得巴菲特的每一次投资都目标明确、胸有成竹，最终获得令人惊叹的回报。

Contents 目录

第四章
简单才是王道，不做复杂难懂的行业

巴菲特是一个谦虚谨慎的投资者，他不是在尽可能地降低风险，而是力求风险为零，因此，他从来就不会去碰自己所不懂或不熟悉的企业和行业。对他而言，简单明了的企业和行业才是他的金囊，而对于那些被市场所看好的新兴行业他一贯保持着审慎的态度，在未充分了解这些行业之前他绝对不会出手。避险而不是冒险，这是巴菲特的投资信条。

第五章
逆市而为，理性运用市场的非理性

对于市场，巴菲特有一个有趣的"市场先生"的论述，他把市场比作一个非常情绪化的先生，认为投资者应该要独立思考，切勿被"市场先生"所左右，不要盲目地跟风和随大流，否则会损失惨重。在高明的巴菲特面前，"市场先生"只是一个由他摆布的玩偶，巴菲特总是能够理性地运用市场的非理性，运筹帷幄，屡屡在人们的惊讶中潇洒地席卷巨额收益。

Contents 目录

第六章

给自己上一道有力的"保险"

——坚持安全边际原则

　　许多投资者在股票市场面前往往容易失去理性，这很大程度上源自人性中的贪婪和侥幸。在这种人性弱点之下，投资者往往会忽视为自己的投资寻求保险，置自己的投资安全于不顾。而巴菲特每一次投资之前都会为自己寻求一道安全的保障，那就是投资的安全边际原则，这一原则为巴菲特一生的投资保驾护航。

第七章

把鸡蛋放在同一个篮子里

——投资有时也需要集中优势兵力

与其长期投资风格相辅相成的是巴菲特的另一投资风格——集中投资。巴菲特从来就不喜欢四面出击，而是将精力和资金集中于一只或几只他认为值得投资的股票，就像马克·吐温所说的："把所有鸡蛋放在同一个篮子里，然后小心地看好它。"这样不仅能降低投资风险，更能增加投资回报。而事实也证明，这是一种明智的投资策略。

第八章
短期投资的秘诀
——抓准套利的最佳时机

巴菲特也并非单一的长期投资者，他同时还是一个短期投资的高手。他短期投资的主要方式是在冷静分析的基础上进行套利活动。对巴菲特而言，套利是一种非常规的投资方式，但他和长期投资同等重要。在股市低迷的时候，巴菲特能够通过套利获得良好的收益。而当股市走强时，巴菲特又能够利用购并的套利机会为自己大赚一笔。

第一章

投资不投机，购买未来

一提到股市，很多投资者立马就有跃跃欲试的冲动，恨不能马上冲杀进去，大赚一笔后立刻卷钱走人，这是投机之人所做的投机之梦。而巴菲特却从来不做这样的梦，也不屑于做这样的梦，在他眼中，投机和炒作都不是真正的财富之道。他认为财富来源于投资而非投机，而事实上，他的"股神"美誉也由此而来。

1. 投资才是致富的真谛

人们习惯把每天短线进出股市的投机者称之为投资人，就好像大家把爱情骗子当成浪漫情人一样。

——沃伦·巴菲特

巴菲特以其巨大的投资成就而被许多股民称为"股神"，尊为偶像，甚至有人把他比作一个活着的传奇。巴菲特之所以会得到如此广泛的认同，其实就是由于他在创造其投资神话的过程中，一直坚持着这样一个原则：要投资而不要投机，投资才是致富的真谛。

有些志存高远的投资者，将"成为巴菲特"作为投资生涯的追求目标；有些被套牢者，将长期持股作为投资获利的主要途径。其实，崇拜巴菲特并没有错，但有一个问题要搞清楚，那就是我们应该向巴菲特学习什么？这个问题没有搞清楚就盲目地模仿，很可能陷入误区，走入歧途。

首先要注意的问题是，巴菲特不是靠在股市上低买高卖、炒作股票成为巨富的，恰恰相反，他一贯坚决反对投机炒作。有些投资者，幻想通过炒作每年从股市上赚到30%甚至更多，若干年后，也就成为"巴菲特第二"了，这是一个严重的误解。巴菲特控股的上市公司的平均收益率，确实在几十年的漫长时间里，保持了23.6%的增长速度，但这种增长不是靠市场炒作获得的，而是靠扎扎实实的业绩得来的。

巴菲特在扎扎实实地投资之外，有一个别人难以比肩的地方，那就是他控股多家保险公司，从而拥有充足的源源不断的现金。他运用非凡的投资才能，将这些巨额现金转化为巨额现金收益，由此循环往复，造就了"巴菲特神话"。

第二个要注意的问题是，巴菲特致富的核心武器是投资，而不单单是长期持股。巴菲特笃信投资，一贯反对投机，对证券分析师更是不屑一顾。他鼓励长期投资，但其前提是这些企业真正值得长期投资。巴菲特完全不会接受投资风险，只有在确认没有任何风险的前提下才会出手。他认为，如果一项投资有风险的话，你要求再高的报酬率也是没用的，因为那个风险并不会因此而降低。巴菲特只寻找风险几乎接近于零的行业和公司。他在给股东的年度报告中明确说："我不会拿你们所拥有和所需要的资金，冒险去追求你们所没有和不需要的金钱。"这从他2005年的一项投资中就可以看出。

2005年5月24日，伯克希尔公司旗下的中部美洲能源控股公司宣布，将以94亿美元从苏格兰电力公司手中收购美国西北部最大的电力供应商——太平洋公司。此次收购是自1998年买下通用再保险公司以来巴菲特最大的一笔买卖。根据协议，中部美洲能源控股公司将支付给苏格兰电力公司51亿美元现金，其余43亿美元将转化为净负债和优先股。交易完成后，苏格兰电力公司将向股东派发45亿美元的红利。拥有太平洋公司后，美洲能源控股公司可将其在美国6个州的160万客户扩展到俄勒冈州和犹他州，并将打造一个年销售额超过100亿美元的能源巨头。

一石激起千层浪，对于"股神"的再度出击，好事者不无居心地宣称：巴菲特的投机开始了。表面上看，巴菲特在国际油价一路狂飙、能源危机一触即发、供给冲击卷土重来、滞胀魅影若隐若现的微妙时期染指敏感的能源业，的确有点跟风炒作的嫌疑。而最新经济数据显示，能源市场回暖让这种嫌疑似乎得到了更多时效性的支持。在美国劳工部2005年5月18日公布的报告中，美国本年4月份的CPI上升了0.5%，升幅高于经济学家预期的0.4%，通货膨胀抬头的原因是4月份美国能源价格上涨了4.5%，为2003年3月以来的最大月增幅。

但深入分析，巴菲特进军能源业并不能算是追涨杀跌的投机行为，本质上看，这不过是巴菲特美妙投资的最新案例。投资和投机这两个不易分辨但又迥然不同的经济概念，在巴菲特这里得到了完美的诠释和区分。

首先，投资看重的是长期的稳定回报，而投机仅仅是短期内对风险因素的技术性套利。如果巴菲特在原油期货市场上一掷千金、几进几出获取巨额利润的话，那么这种榨油机式的行为绝对可以说是对能源市场的投机。但事实上巴菲特并没有试图利用能源衍生金融产品的价格波动而牟取暴利，他是通过投资、经营基础产业的形式增加能源市场的供给，以促进能源市场价格稳定的手段，谋求长期的、整体行业的成长性获利。这种目光长远的投资战略绝非鼠目寸光的投机者所能想出的。

其次，投资追求的是"双赢"发展路径，而投机在利用风险的同时，创造了更多的经济不确定性。能源市场近几年来的价格波动，用市场眼光来看就是"供不应求"的直观体现。巴菲特进军能源行业无异于给"看不见的手"提供了助力，供求在趋于平衡的过程中，不仅减轻了能源风险的负面影响，也给巴菲特旗下公司的成长创造了良好的外部环境。而投机势力擅长的不过是损人利己的方式，在推波助澜、兴风作浪获得暴利之后抽身而出，只留下身后满目狼藉的一池碎萍。至少，巴菲特从来没有将自己的快乐建立在市场的崩溃和大多数人的痛苦之上，这一次也不例外。

其实，进军能源业不过是巴菲特投资哲学的一个最新范本罢了。以"股神"著称的巴菲特曾将其在股票市场的"生财之道"总结为："当我投资购买股票的时候，我把自己当做企业分析家，而不是市场分析家、证券分析家或者宏观经济学家。"巴菲特从不名一文到富可敌国，自始至终都是在资本市场上寻找着价值被低估的股票，而他对利用技术分析、内幕消息的投机行为总是不屑一顾，这种可以称之为过于自我的投资理念却让他长期获利。

巴菲特在股市的成功，倚仗的是他对"基本面"的透彻分析，而非对"消息市"的巧妙利用。正是因为有巴菲特这样"老实本分"的投资者，使得美国的资本市场成为世界上最稳定、最成熟、最有活力的金融市场；而作为经济"晴雨表"的美国资本市场的长期稳定、健康，又反过来对经济产生了良好的反馈作用，成为美国经济长期保持强势的根本保障。

可见，投资才是巴菲特致富的真谛，而并非是投机。只有投资者明白了这一点，才不会只表面化地记住了"长期持股"，在被套牢后，索性学起了巴菲特，做长期投资者了。这是严重的误解。没有了投资这个前提，或者说前提错了，盲目地长期持股损失可能更为惨痛。

巴菲特说过:"只有在潮水退去的时候,你才知道谁一直在裸泳。"大浪淘沙之后,市场认定的王者是巴菲特。《财富》杂志就曾将其评为美国最有影响力的人,而巴菲特的投资哲学告诉我们:投资不是投机,这才是成熟市场的成功之道。

2. 深谋远虑，不搞短期炒作

如果你不愿意持有一只股票的时间长达10年，那也不要考虑持有它的时间只有10分钟。

——沃伦·巴菲特

一件有趣的事情是，每年伯克希尔举行股东大会都会有很多基金经理参加，其中不少是巴菲特的崇拜者，他们一方面希望在股东大会上能和巴菲特面对面地交流，另一方面则希望从巴菲特对股东的谈话中拾得有用的只言片语，分析出巴菲特的投资动向。但结果往往令他们失望，巴菲特不但没有向他们推荐股票，反而向他们推荐了所谓的"省钱的办法"——购买巴菲特所投资的公司的产品。

如今的人们都把巴菲特奉为"股神"，为巴菲特所创造的神话而啧啧称奇，但是当初人们似乎并不怎么看好巴菲特。因为在他们看来，巴菲特的投资策略似乎略显保守，他总是固执地坚持对某一个他所看重的股票长期持有。必须承认的是，这样的投资策略很难在短时间内取得令人满意的效果。于是，大多数热衷于短期操作的投资者总是对巴菲特的投资策略不屑一顾。但当巴菲特把大量的事实摆在那些曾经对他提出质疑的人的眼前时，他们不得不相信其实他们是大错特错了。长期稳定的收益率为巴菲特积累了万贯家财，而这一切都源自于他持之以恒、坚持不懈的点滴积累。对巴菲特来说，急功近利的短期炒作并不是真正的投资之道，只能赚小钱，而不能赚大钱。也因此，巴菲特不论是在股东大会上还是其它场合都从不给别人推荐股票。因为他明白，即使是一只好的股票，长线持有可能赚钱，但短线炒作则可能赔钱。即使自己再有神力也不可能预测短期内股票的升降。巴菲特奉行的是长期持有的原则，他从不进行急功近利的短期炒作。

他曾经把长期投资和短线操作作了一个对比，他说："对于那些投资数额较大的股票，我大多都持有了很多股份。我的投资决策取决于该企业在一段时期内的经营绩效，而不是哪一个给定时期的价格。在能够获得整个公司的时候，去过度关注短期收益是极其愚蠢的，同样，我认为，在可以买下一家公司的一小部分的时候，却被短期投资的预期收益所迷惑也是不明智的。"

因此巴菲特给所有投资者的建议是：不要认为自己拥有的股票仅仅是一纸价格每天都在变动的凭证，而且一旦某种经济事件或政治事件使你紧张不安就会成为你抛售的原因。相反，投资者应该将自己想象成为公司的所有者之一，对这家企业你愿意无限期地投资，就像你与家人共同经营的一门生意。

另外，从理论上来说，投资者要想通过短期炒作取得良好的收益是相当困难的，必须具备以下条件：

（1）要精确把握住出市、入市的时机；

（2）要能和市场热点的切换同步；

（3）信息要及时、准确；

（4）要有足够的时间投入。

我们可以对这四个条件进行具体的分析，从中可以看出急功近利的短期炒作是非常困难与危险的。

首先，短期炒作的关键在于快进快出，在较频繁的买卖中迅速赚取差价。这一操作特征要求投资者能精确地把握住入市时机，但是，影响股价的因素错综复杂，股市千变万化，如果稍有疏忽，就会掉进股市的陷阱，前功尽弃，甚至是血本无归。

股价市场的变化莫测，每一个贴近市场的人都会有切身的体会。宏观的、微观的、国内的、国外的，任何一个不期而至的消息，都有可能彻底改变股市的走势。面对如此变化多端的市场，试图去驾驭它的人，不仅要有超人的胆识、无畏的勇气，更要有精明过人的头脑，有能刺穿万物的火眼金睛。试想，有谁能真正做到这一点？

其次，要能和市场热点的切换同步，但要想达到这种水平也有很大的难度。如果抓不住市场热点，说不定一套就是一两年。如何才能抓住市场的下一个热点呢？如果你回望过去的市场热点，可以发现，这是一个很长很长的序列，因而从中找出规律性的东西来是难上加难。凯恩斯说："了解大众普遍接受的标准，是在股市选美大赛中胜出的必要条件。"但过去的历史告诉我们，股市上投资人的群体心理似乎很难把握。试图去找下一个市场热点，将把人们推向比解决第一个问题更为艰难的境地。

我们再看第三个条件，要有准确、及时的炒作信息。在庄家建仓的初期介入，在发生重大重组之前持股，无疑是每个短期炒作者的梦想。而市场也确实在不断创造这样的故事：当巨额的利润在人们不经意之间来到，当在如此短时间内，就创造如此丰厚的利润，当简简单单的付出，就获得惊人的回报时，人们很自然地修正了自己的行为方式：追逐内幕消息、剖析庄股动向的游戏就这样开始了。在公司公布下一期业绩之前，内幕消息的打探取代了对盈亏的理性预测。在每种股票的异动中，人们注意的不再是企业的经营变化，而是主力的动向。当股票有庄家介入时，每个人几乎都变成了圈中人，低买高卖的市场操作，也演变成了与庞大庄家的明争暗斗。

在这场争斗中，每个人都想获胜。但现实非常残酷，很显然，不是每个人都能玩得起这场游戏。当市场的不规范造就了一批欲操纵市场的弄潮儿时，这注定是场少数人玩的游戏。有素质的圈内人绝不会将有价值的消息传出去，因为他无法知道下一轮的扩散会以什么样的速度增长。当消息满天飞时，那些急功近利的短期炒作者就会陷入无所适从的境地，他们不知道到底该相信哪个消息，这样，他们自然就成了这场游戏的牺牲品。

巴菲特说："一个谣言加一百万足以使投资人破产。"有时谣言是华丽的，足以使人相信它的权威性；有时谣言是善意的，因为它来自投资者的朋友，但这不过是使误会显得美丽一些罢了，最后倒霉的还是投资者自己。

最后是时间问题。就算某人胆识过人，身手不凡，但他在时间上能有真正的保障吗？投资是一个复杂的分析和抉择过程，人们在作每一项投资决策前，需要从技术、市场、企业、政策等制约股价走势的方方面面进行考虑，这需要付出相当的时间和精力，要想在短时间内作出周全的考虑几乎不可能。对有些人来说，或许工作压力不大，炒股的时间非常充裕，但这绝不是大多数人的境况。既要频繁进出，又不想耽误工作或学习，必然会掉进自己设置的怪圈。除非炒一把就走，但能够做到这一点的人似乎少之又少。

量力而行是每个人做任何事都要坚持的行为准则。对于许多短期炒作的人来说，成功做到上述四点的概率小之又小。既然满足不了确保短期炒作成功必备的基本条件，那么从致力于短炒的开始，人们就已经把自己置身于远离成功的危险境地了。

因此，把目光放长远，避免急功近利的短期炒作才是我们该采取的投资策略。

3. 冷看股市风云变幻，购买未来

如果我们有坚定的长期投资期望，那么短期的价格波动对我们来说毫无意义，除非它们能够让我们有机会以更便宜的价格增持股份。

——沃伦·巴菲特

巴菲特之所以成为一代传奇，被人们尊为"股神"，最主要的因素是他是一个长期投资者，而不是短期投资者或投机者。巴菲特从不随波逐流去贪求市场的短期利益，不会因为一个企业的股票在短期内会大涨就去跟进，他从来不碰被市场高估价值的企业。一旦决定投资，他基本上会长期持有。所以，尽管他错过了 20 世纪 90 年代末的网络热潮，但他也避免了网络泡沫破裂给无数投资者带来的巨额损失。

由于巴菲特做的都是长期投资，所以短期的市场波动对他根本没有影响。在大多数人在下跌的股价面前总是焦头烂额的时候，巴菲特却总是非常自信，他相信自己比市场更有能力评估一个公司的真正价值。巴菲特指出，如果你做不到这一点，你就没有资格玩这个游戏。他解释说，这就好像打扑克牌，如果你玩了一阵子之后，还看不出这场牌局里的"冤大头"是谁，那么那个"冤大头"就是你。

但事实是，现实中很多所谓的投资者都是冤大头，因为他们无法做到在股市的风云变幻面前冷静面对和分析，同时人性中的贪婪促使他们带着一种急功近利的心态狂热地参与到股市的跌宕起伏之中，以期能获得暴利，但结果往往与他们预期的相反。

巴菲特认为，投资者要想战胜市场，就必须具备以下三个正确态度。

（1）忽略股市短期波动和所谓的经济形势而专注于公司长期增长

巴菲特告诉投资者要忽略市场的短期价格波动，专注于公司的长期发展，因为从长期看，市场最终会反映公司的内在价值。因此，在长期投资中投资者一定要有坚定的耐心，忍耐再忍耐。为此，他打了一个形象的比方：即使你一个月内能让九个女人都怀孕，也不可能在这一个月内就让她们都生出小孩。所以，不管你有多么伟大的才华和能力，许多事情还是需要时间才能完成。

对此，巴菲特的搭档查理·芒格在威斯科财务公司致股东的信中也有详细的描述，阐述了面对市场波动应该持有的正确态度："我们欢迎市场下跌，因为它使我们能以新的、令人感到恐慌的便宜价格拣到更多的股票。那些希望在整个一生金融投资中成为不间断的买家的投资者，都应该对市场波动采取一种相似的态度。然而令人遗憾的是，现实中恰恰相反，许多投资者不合逻辑地在股票价格上涨时心情愉快，而在股票下跌时闷闷不乐。令人不解的是，在对食品价格的反应中，他们不会表现出这样的混乱：他们知道自己是食品的买家，并且欢迎不断下跌的价格，谴责价格上涨（只有出售食品的商家才会不喜欢价格一路下跌）……完全一样的逻辑指导着我们对伯克希尔公司投资的考虑。只要我还活着，我们就会年复一年地买进公司或公司的一小部分权益，即股票。考虑到这是一个长期的投资策略，那么，下跌的公司股票价格将使我们受益，而上涨的价格使我们受损。低价格最常见的起因是悲观主义，有时是四处弥漫的，有时是一家公司或一个行业所特有的。我们要在这样一种环境下开展业务，不是因为我们喜欢悲观主义，而是因为我们喜欢它造成的低价格。乐观主义才是理性投资的大敌。"

巴菲特还说道："如果你已经选择了一家优秀的企业，而且还要打算对其进行长期投资，那么你就要知道，此时的股票价格对你来说已经变得毫无意义了。因为无论它的股价如何波动，最终你都会看到它的价格会向它的价值靠拢。面对如此不可辩驳的事实，你只要去终点等候它的到来，而无须陪它跑完全程。""在我们买了股票之后，即使市场休市一两年，我们也不会有任何困扰。"

而对于所谓的经济形势，巴菲特的态度同样是——忽略它。

很多投资者心中都有一个根深蒂固的观念，认为经济形势对于股票投资的影响是巨大的，所以每当他们打算对某个企业进行投资时，他们便首先考虑未来的经济形势。天长日久，对经济形势的担心就成了他们心中挥之不去的阴影，成了他们投资的绊脚石。但是巴菲特对待经济形势的态度却与他们截然不同。对此，他说："不要浪费你的时间和精力去分析什么经济形势，去看每日股票的涨跌，你花的时间越多，你就越容易陷入思想的混乱并难以自拔。"

因此，巴菲特的投资决策是简单的，他在进行股票投资时，总是把大部分的精力都放在对投资企业的研究上，而不是考虑什么未来的经济形势。在他看来，企业的盈利能力、经营历史、股东回报率、管理层的素质等这些具体情况要比经济形势重要得多。因为这些因素将决定投资者投资的成败，如果投资者所选择的是那些优秀的企业，那么他们就大可不必担心未来的经济走势，因为这些公司总是能以它们超强的实力在激烈的市场竞争中胜出，从而为它们的股东创造出高额的利润回报。甚至即使是在经济形势恶化的时候，它们仍然能够抵挡住由于经济形势恶化而带来的冲击，而后在经济形势好转之后又东山再起。

在 20 世纪 90 年代，就在巴菲特出巨资购买喜诗糖果公司后不久，美国政府推出了新的价格政策，这个政策的出台在常人看来是对巴菲特非常不利的，于是，人们便以为巴菲特会将手中持有的股份全部卖掉，但是巴菲特放眼未来的决定却令所有的人都吃了一惊。他没有因为新价格政策的影响而放弃他的股票，而是选择了继续持有。最后，事实证明他的决定是正确的。可以说，经济形势的影响在巴菲特长远的投资眼光中是无效的。

所以，巴菲特认为投资者不必把大部分时间都用来担心经济形势的变化上，否则他最终只会是竹篮打水一场空，永远也不会有所作为。在巴菲特看来，投资者这种杞人忧天的担忧不仅仅完全没有必要，而且很大程度上所谓预测经济形势本身也是错误的。投资者应该知道，经济形势的变化、股票价格的跌涨或是通货膨胀是否出现都不是人为能控制的，任何投资者都不具有能够预测经济形势的特异功能。就像巴菲特在几十年前，并不知道越南战争会突然爆发，美国总统也并没有告诉他美国政府将要对物价和工资进行大幅度调整，他也更不会知道世界政局能够恶化到竟然引发了两次影响世界的石油危机。而就是在经历这些变化与动荡的过程中，巴菲特正在一步一个脚印、心安理得地为他的财富城堡增砖添瓦。

每当巴菲特回忆起几十年前那些动荡不安的岁月的时候，他总是说："我总是庆幸，在那些令人心惊胆战的事件发生的时候，我没有被它们吓倒，在那些艰难的岁月里，我们没有停止我们的购买行动，我们选择了坚持和忍耐。当一切都尘埃落定之后，事实证明我们当初的选择是理智的，倘若当时我们选择退缩，那么我将用我的余生进行忏悔。"

所以，巴菲特告诫那些对未来经济形势忧心忡忡的投资者："未来将会有千万件大事发生，但是遗憾的是除非它摆在我们眼前，否则，我们永远也不会知道它们是什么。但是索性的是只要我们选择的是优秀的企业，那么这些事就不会对我们的长远利益产生什么影响。"

（2）把自己看做长期所有者合伙人

"就短期而言，股市是个情绪化的投票机器，但就长期而言，它却是是个准确无比的天平。"

因此，巴菲特认为投资者要把自己作为长期投资公司的所有者合伙人，他在伯克希尔公司1996年股东手册中说："希望伯克希尔公司波动对我们来说毫无意义，除非它们能够让我们有机会以更便宜的价格增持股份。"

作为长期投资的所有者合伙人，其投资业绩主要来自于两大因素：公司内在价值的增长和市场认识到这些内在价值后对股价的修正，但最根本的因素还是内在价值的增长。因此，1989年，在伯克希尔公司持有的股票大涨后，巴菲特却非常清醒地认识到未来作为所有者合伙人却只能依靠所投资公司的内在价值增长："我们将继续持有我们的大多数主要股票，无论相对公司内在价值而言它们的市场定价过高还是过低。这种'至死也不分开'的态度，再加上这些股票的价格已经达到高位，将意味着不能预期它们在将来能够还像过去那样快速推动伯克希尔公司的价值增加。也就是说，迄今为止，我们的业绩受益于双重力量的支持：①我们投资组合中的公司内在价值有出乎意料的增加；②在市场适当地'修正'这些公司的股价时，相对于其他表现平平的公司而提高对他们的估值，从而给了我们额外的奖赏。我们将继续受益于这些公司的价值增长，我们对他们的未来增长充满信心。但我们的'市场修正'奖赏已经兑现，这意味着我们今后不得不仅依靠另外一种支持，即单纯依靠公司的价值增长。"

（3）以"购买未来"的心态去投资股票

对于一家上市公司而言，过去的辉煌业绩和今日的妥善经营虽是好事，但它们都已反映在今日的股价上了。因此，对于投资人而言，一家上市公司能否为我们赚钱，是未来的成绩。巴菲特也曾说过，真正决定投资成败的，是公司未来的表现。因此，投资者应该以"购买未来"的心态去投资股票。

巴菲特收购内布拉斯加家具店就是其从长远利益投资，看重公司未来表现的典型例子。坐落在奥马哈市的内布拉斯加家具店是全美国最大的家庭用品商店。1983年，该家具店80%的股份被伯克希尔公司收购，余下20%继续由管理家具店生意的原家具店家族成员保留。路易·布兰肯继续担任总裁职务，他的三个儿子——罗、艾瑞和史蒂夫都为公司的成功作出了贡献。路易的母亲罗斯·布兰肯，既是家族的女家长又兼家具店的董事长，人们常亲切地称她为布女士。她在1937年以500美元的资本创建了这个家具店。巴菲特收购该家具店时，布女士已经九十岁高龄，但仍然每周工作七天。

从创办家具店的第一天起，布女士的营销策略就是"价格便宜、实话实说"。巴菲特收购她的家具店时，这家商店每年的销售额为1亿美元。而10年之后，年销售额增至2.09亿美元，属于伯克希尔公司的税后利润份额高达2154万美元。显而易见，巴菲特这次"购买未来"的投资效果显著。

巴菲特有句名言："投资者必须设想在他一生中的决策卡片仅能打20个孔的前提下行动。每当他作出一个新的投资决策时，他一生中能作的决策就少了一个。"在一个相对短的时期内，巴菲特也许并不是最出色的，但他在长期的市场表现中却是无人匹敌的。在巴菲特的赢利记录中可发现，他的资产总是呈现平稳增长而甚少出现暴涨的情况。1968年巴菲特创下了58.9%年收益率的最高记录，也是在这一年，巴菲特感到极为不安而解散巴菲特合伙人公司，隐退了。

多年来，巴菲特带领着伯克希尔公司取得了23.6%的平均收益率，若从某一单个年度来看，很多投资者对此也许会不以为然。但没有谁可以几十年内保持这样高的收益率。这是因为大部分人都被贪婪、浮躁或恐惧等人性弱点所左右，热衷于短期炒作，妄图获取暴利，成了一个投机客或短期投资者，而并非像巴菲特一样是一个真正的长期投资者，目光远大，购买未来。

4. 保守行事，绝不借债炒股

站在你们眼前的这个家伙，曾经负债 7 万美元购买了位于拉古纳滩的一栋房屋，我买这栋房子是因为贷款利率低……这是我很多年来所欠的全部债务。

——沃伦·巴菲特

在投资领域里，当绝大多数投资者身负重债、四面楚歌的时候，只有巴菲特仍然能够气定神闲，因为他从来不借债炒股，这使他不仅没有债务负担，而且掌握着充足的现金，让他可以随时"抓住转瞬即逝的机会"。

在巴菲特看来，投资本身就有风险，借债投资无异于又给自己增加了一种风险。倘若投资得利，尚可化解风险；倘若投资失败则置自己于双重风险之下，最终会把自己搞得焦头烂额，血本无归。因此，巴菲特从不借债投资。

我们要知道，巴菲特不做的事情和他所做的事情同样重要。他不做任何程序交易，也不针对某家公司下一季度收益做短线投机。他说话不带任何危言耸听之词，不参与敌意收购。他从不试图利用负债、抬高嗓门或轻率冒险而仓促行事。

低债务水平和充足的现金，使得巴菲特能够在瞬息万变的股市中绝对不会放过任何眼前的投资机会并立即出手，因为他不必向银行申请贷款。

巴菲特从不接近华尔街那帮疯狂的人群，而是默默运作投资，甚至有一段时间成为美国首富。1993 年，《福布斯》杂志第 400 期将巴菲特列为美国首富，身价 83 亿美元。根据《福布斯》杂志的计算方法，巴菲特在 1994 年变为次富，身价 92 亿美元，位居身价 93.5 亿美元的比尔·盖茨之后。1994 年 10 月 10 日，巴菲特在坐落于林肯市的内布拉斯加大学作了一次演讲，他说："盖茨排名居前的唯一原因是，他们把他的家产也计算在内。"2002年，《福布斯》杂志发布消息，盖茨为首富，身价530亿美元，而巴菲特则为次富，身价350亿美元。到2006年，巴菲特虽然还位居次富，但其个人资产已达到420亿美元。

如果我们要真正了解巴菲特现在所拥有的420多亿美元资产，就应当看一看他的负债情况。他的负债为零。

多年来，他仅有的一次负债是他在1971年用于购买一栋三室两卫房子的抵押贷款，总共为7万美元，现早已还清。这栋房子是他的第二处房屋，位于加利福尼亚州的拉古纳滩，站在埃默洛尔德湾可以远眺太平洋，他每年来这里欢度圣诞节。这栋房子当时价值15万美元，现在已大幅升值。巴菲特的资产负债率完全符合他的一个投资概念："安全边际收益。"

除此之外，巴菲特的不负债投资的理念也和其精打细算、量入为出的资本运作习惯有很大的关系。

对于一般人来说，很难相信巴菲特会住在奥马哈市一个有损市容的地方，这是因为奥马哈市东面35.822英亩的区域被当地政府宣布为有损市容地区，此举旨在努力争取税收优惠条件，刺激附近的土地开发。这个地方既有富人区，也有贫民窟。巴菲特的生活总是量入为出。他坚持以最低的成本运作，手中持有充足的现金，很少负债。例如，他在将近20岁、很快就要成为一名百万富翁时，才为他的合伙企业添置了一台价值295美元的IBM打字机。

奥马哈共同基金副总裁威廉·奥康纳回忆说："他总是说他不需要打字机。"奥康纳担任IBM推销员达30年之久，早年曾向巴菲特大力推销打字机，"这是一款IBM标准型电子打字机，他并未购买价值昂贵的总裁型打字机，而是购买了标准型打字机"。巴菲特总是把钱捂得很紧，只是偶尔掏点钱，用于像增添房舍这样的事情，其中包括一个手球场。在他的车库和大门入口处，他堆放了许多箱可口可乐，他喜欢喝可口可乐，这一点早已众所皆知。他亲自购买可口可乐——以满意的折扣价每次购买50箱，每箱12罐。他很少跑到商店去喝，这种习惯使他每喝一次可口可乐就对伯克希尔公司的利润作出大约1/10美分的贡献。

    1991年9月13日，巴菲特在跟所罗门公司客户们谈论他讨厌负债时说："站在你们眼前的这个家伙，曾经负债7万美元购买了位于拉古纳滩的一栋房屋，我买这栋房子是因为贷款利率低……这是我很多年来所欠的全部债务。"

    从中可以看出巴菲特追求稳妥，尽可能降低风险的习惯和对"安全边际"原则的坚持。这一点是巴菲特成功的重要因素。为了追求投资的稳妥性和安全性，巴菲特从不借债，从不因此而增加投资的风险，让自己陷于被动。这正是他的理智和高明之处。

5.频繁交易损失巨大

股票市场的讽刺之一是强调交易的活跃性。使用"交易性"和"流动性"这种名词的经纪商对那些成交量很大的公司赞不绝口，这些不能填满你口袋的经纪商很有信心能够填满你的耳朵。

——沃伦·巴菲特

（1）频繁交易会消耗大量的手续费

巴菲特说："股票市场的讽刺之一是强调交易的活跃性。使用'交易性'和'流动性'这种名词的经纪商对那些成交量很大的公司赞不绝口，这些不能填满你口袋的经纪商很有信心能够填满你的耳朵。但是，投资者必须明白，过于频繁的交易对在赌桌旁负责兑付筹码的人来说是好事，而对客户来说却未必是好事。一个过度活跃的股票市场其实是企业的窃贼。"

为了详细说明这个道理，巴菲特举了一个例子：一家净资产收益率是12%的典型公司。假定其股票换手率每年高达100%，每次买入和卖出的手续费为1%（对于低价位公司来说手续费要高得多），以账面价值买卖一次股票，那么，我们所假设的这家公司股东们总体上要支付公司当年资产净值的2%作为股票交易的成本。这种股票交易活动对企业的盈利毫无意义，而且对股东来说意味着公司盈利的1／6通过交易的"摩擦"成本消耗掉了。

巴菲特认为，所有这些交易形成了一场代价昂贵的听音乐抢椅子游戏，而参与其中的交易者损失巨大。如果一家政府机构要对公司或者投资者的盈利征收16.66%的新增税收，你能想象这会导致公司和投资者疯狂般地痛苦反应吗?通过市场过度活跃的交易行为，投资者付出的交易成本相当于他们自己为自己附加这种重税，这实在不是什么明智之举。

因此，市场日成交量 1 亿股的交易日对股东来说不是福音，而是诅咒。这意味着，相对于日成交量 5000 万股的交易日，股东们为变换座椅要支付两倍的手续费。如果日成交量 1 亿股的状况持续 1 年，而且每次买进卖出的平均成本是每股 15 美分，那么对于投资者来说，座椅变换税总计约 75 亿美元，大致相当于财富 500 强中最大的 4 家公司埃克森石油公司、通用汽车公司、美孚石油公司和德士古石油公司 1982 年的利润总和。

此外，有一项研究证明了股市中的一个规律:交易次数越频繁，投资收益越少。该研究表明，资金周转率超过 200% 的投资者，除非其每笔交易都高出市场平均收益率几个百分点以上，否则他不可能达到股市平均收益水平。

具体而言，短期持有者频繁地买进卖出，交易佣金等交易成本累积起来将在投资总额中占较大的比重，相应会减少投资收益。投资者交易次数越多，他所需要支付的佣金也就越多。这样如果投资者想获得超过市场平均水平的超额收益，他每笔投资的收益都应当比市场平均水平还要高出几个百分点，以弥补交易成本。比如，如果你想超过市场平均收益率 8%，而预期市场平均收益率为 10%，同时，由于每笔投资的佣金和交易费用平均占交易金额的 2% 以上，那么，你每笔投资收益率要达到 20% 以上。

所以，巴菲特觉得频繁的交易对投资人没有什么好处，只是养肥了证券商而已。为此他开玩笑说:"如果你认为你可以经常进出股市而致富的话，我不愿意和你合伙做生意，但我却希望成为你的股票经纪人。"

大家都知道所谓做大蛋糕的观点。这种观点认为，交易活动可以提高资产配置过程中的理性。其实这个观点貌似正确，其实则不然。亚当·斯密曾认为，在一个自由市场中的所有并非共同协调的行动，会被一只无形的手，引导经济取得最大的增长。巴菲特的观点则是，赌场式的市场以及一触即发的投资管理人员，就像一只看不见的脚，绊倒并减缓了经济增长的步伐。因此，频繁交易不可取。

（2）频繁交易致使税后收益减少

巴菲特反对频繁交易而采取长期持有的另一个重要原因，就是长持能减少缴纳资本利得税，使税后长期收益最大化。

几乎所有的投资者都要缴纳资本利得税，但资本利得税只有在投资者出售股票并且卖出的价格超过其买入的价格时才需要缴纳。因此，投资者可以自由选择是否要缴纳资本利得税。投资者既可以选择卖出股票并对获得利润部分缴纳资本利得税，也可以选择继续持有股票从而不缴税。因此在投资过程中，投资者需要将税收考虑在成本之内，追求税后收益的最大化，这是投资的一个重要原则。

巴菲特在伯克希尔公司1989年的年报中，对长期投资由于节税而产生的巨大收益进行了详细解释：

"大家可以从资产负债表上看到，如果年底我们一口气将所有的有价证券按市价全部出售，那么，我们需要支付的资本利得税将高达11亿美元，但这11亿美元的负债真的就跟年末后15天内要付给厂商的货款完全相同或类似吗？很显然并非如此，尽管这两个项目对经审计的资产净值的影响是相同的，都使其减少了11亿美元。另外，由于我们很大程度上根本没有抛售股票的打算，政府就没有办法征收所得税，那么递延所得税的负债项目是不是毫无意义的会计虚构呢？很显然，答案也不是。"

"用经济术语来讲，这种资本利得税负债就好像是美国财政部借给我们的无息贷款，而且到期日由我们自己来选择（当然除非国会更改为在实现之前就征税），这种'贷款'还有另外一些很奇怪的特点：它只能被用来购买个别股价不断上涨的股票，而且贷款规模会随着市场价格每天的波动而上下波动，有时也会因为税率变动而变动，事实上这种递延所得税负债有些类似于一笔非常庞大的资产转让税，只有在我们选择从一种资产转向另一种资产时才需要缴纳。实际上，我们在1989年出售了一小部分持股，结果对于产生的2.24亿美元的利润，需要缴纳7600万美元的转让税。"

我们可以假设一个极端的例子来说明长期持有的巨大好处。让我们想象一下，伯克希尔公司只有1美元可用来进行证券投资，但它每年却有一倍的收益，然后在每年年底卖出。进一步想象，在随后的19年内，伯克希尔运用税后收益重复进行投资。由于每次出售股票时它都需要缴纳34%的资本利得税，那么，在20年后，伯克希尔总共要缴纳给政府13000美元，而伯克希尔自己还可以赚到25250美元，看起来还不错。然而，要是巴菲特进行了一项梦幻投资，在20年内翻了20倍，伯克希尔投入的1美元将会增至 1048576 美元。当他将投资变现时，根据 35% 的税率缴纳约 356500 美元的资本利得税之后，还能赚到 692000 美元。之所以会有如此大的投资结果差异，唯一的原因就是纳税的时间和次数不同。有意思的是，政府在第二种情形下得到的税收与第一种情形下相比约为 27∶1，与伯克希尔在两种情形下的利润比例完全相同，当然政府必须花费更多的时间等待这笔税金。

由此可以知道，采用长期持有策略获得的收益是巨大的，因此投资者应避免频繁交易，减少自己的税后损失。不过，巴菲特的长期投资策略也绝非仅限于数学上的计算，他说："必须强调的是，我们并不是因为这种简单的数学计算结果，就倾向采用长期投资策略。事实上，通过更频繁地从一项投资转向另一项投资，我们还可能获取更多的税后利润。许多年之前，查理和我就是这样做的。但现在，我们宁愿待在原地不动，虽然这样意味着略低一些的投资回报。我们这样做的理由很简单：我们深感美妙的业务合作关系是如此宝贵又令人愉快，以至于我们希望继续保持下去。做这种决定对我们来说非常容易，因为我们相信这样的关系一定会让我们有一个良好的投资成果，虽然可能不是最优的。考虑到这一点，我们认为除非我们思维不正常，才会舍弃那些我们熟悉的有趣且令人敬佩的人，而与那些我们并不了解而且资质平平的人相伴。这有些类似于为了金钱而结婚，在大多数情况下是错误的选择，尤其是一个人已经非常富有却还要如此选择时，肯定是精神错乱。"

6. 长期投资有盲区，要小心谨慎

如果认识到自己犯了一个错误，认识到最初完全不该做这样的投资，就要毫不犹豫地退出。

——沃伦·巴菲特

在学习巴菲特的投资理念时，一个需要澄清的问题是，巴菲特致富的核心武器是投资，而不单单只是长期持股。他鼓励长期投资，但却是有前提的，这个前提是这些企业真正值得长期投资。他完全不会接受投资风险，只有在确认没有任何风险的前提下才会出手。他认为如果一项投资有风险的话，你要求再高的回报率也是没用的，因为那个风险并不会因此而降低。他只寻找风险几近至零的行业和公司。他在给股东的年度报告中明确说："我不会拿你们所拥有和所需要的资金，冒险去追求你们所没有和不需要的金钱。"

但是国内有些投资者却没有明白这一点，只表面化地记住了"长期持股"，而没有理解其本质，所以在被套牢后，索性学起了巴菲特，做长期投资者了。这是为自己的失败找理由，更是对巴菲特长期投资理念的严重误解。没有看清投资的前景，或者说忽略了投资风险的话，盲目的长期持股损失可能更为惨痛。这一点，那些有过沉痛代价的老资格股民，一定有切肤之痛。根据1999年初的《远东经济评论》报道，九个亚洲股市里，有八个国家的基金，在过去五年里普遍非但没有赚钱，反而还把投资人的母金亏损掉不少。投资世界的一大特点是，如果你输了20%，你必须要赚回25%才刚好回本。如果你亏了50%，那你就必须赚回100%才能回本。这是投资人不可忽略的定律。

巴菲特信奉长期投资，甚至可以说是长期投资的坚决拥护者，但他也说过这样的话："比如我发现可口可乐在白水饮料方面还未有积极发展，因此写了一封信给公司总部，希望能做这种改革。如果这个建议在未来几年内未被接受，而世界人口又渐渐地都喝矿泉水而大量减少喝可乐的话，上百年历史的可口可乐股票，也应该卖出。"这句话的意思就是在坚持长期投资的过程中切不可故步自封，应该随着外界条件的变化而适时调整自己的策略。对于长期投资来说，虽然优点显而易见，但绝不能因此而忽略了长期投资的误区。

巴菲特鼓励投资人买入股票后应长期持有，但却有几个不可忽略的要素，这些要素往往是投资者长期投资的盲区：

(1)这些公司必须是优秀的公司

只有优秀的公司才会持续地创造利润，提升自己的内在价值和股东回报率，因此长持优秀公司的股票，才能使长期投资获得回报。全世界各地的基金经理随时都持有近百种(亚洲)，甚至是上千种(美国)股票。试问股市里，难道真的有那么多家优秀公司吗?这种广撒网式的投资法，绝对不是成功投资家的投资概念。

(2)只有在这些优秀公司继续保持优秀状况时，我们才可以继续持有它们

投资不应是百分之百永远的。我们要一直不停地观察市场。其实，就算是一家公司的基本优势还存在着，但如果我们发现还有一家竞争者也同样拥有这个优势，但股价只是它的一半时，则可以卖掉前者而买入后者。麦当劳在巴菲特的眼里是非常优秀的企业，他拥有麦当劳相当多的股份，但他却在1997年卖出大部分的麦当劳股票，买入了另一家快餐业公司，原因是另一家快餐业公司的股票对于他来说更具有优势。

所以在巴菲特看来，即使这家公司的优势仍然存在，但是当它的有利竞争者出现的时候，你一定要毫不犹豫地将它放弃，而买入后者的股票。所以说长期投资并不是一成不变的，需要我们灵活应对，明确获得投资收益最大化才是我们的目标。

(3)长期投资者依然要时刻关心股价

对于长期投资，有些投资者认为"长期投资者无须关心股价"，每天花费很多时间去关心股市波动是短线操作者的事，对于长期投资者来说不应该浪费时间去关注股价

走势。巴菲特认为这样的观点是大错特错的。他提醒这些人，只要是进行股票的买卖，那么不管是短线操作者还是长期投资者都必须关注股价的走势，这是非常关键的，不能忽略。只是长期投资者和短线操作者不同的地方在于，长期投资者更多关注的是股票价格与企业自身内在价值的关系，在什么时间以及以什么价位买卖股票是长期投资者关注的重中之重。

（4）长期投资也有可能出现亏损

有些投资者认为，长期投资永远不会出现亏损，这是一种显而易见的错误。亏损并不会总是缠着短线操作者不放，盈利也不会总是长期投资者的密友。如果像大部分人所想象的那样，长期投资者不会出现亏损，那岂不是所有的投资者都会选择长期投资了，那样的话世界上就不只一个巴菲特了。当年巴菲特在买入可口可乐股票的时候，最终虽然盈利了，但是在他刚刚买入的一段时间里，也出现了股价下跌的情况，看来股价也并不会给这位"股神"些许面子。因此，不管对于哪一位投资者来说，由于绝大多数的长期投资者都会不可避免地在股价上涨的时候买入股票，所以在买入股票初期，一定会伴随着短期亏损。

通常，巴菲特不到最后时刻就不会公开抛售他持有的那只股票，投资者要摸清他的投资轨迹并不容易。由此看来，与其模仿巴菲特的投资风格，还不如先学习学习他的思维方法，这样更有利于投资者抓住巴菲特投资理念的精髓，避免误入长期投资的盲区。

7. "股神" 卖出股票的法则

我们需要强调，我们不会仅仅因为股价已经增值，或因为我们已经持有了很长时间而卖掉它们。

——沃伦·巴菲特

大家都知道巴菲特的投资风格是长期投资，他喜欢长时间持有股票，但我们知道，除去股息收入之外，我们的投资必须要套现才能真正实现收益。那么巴菲特是如何卖出他手中的股票的呢？

总的说起来，巴菲特卖出股票的法则有两个。

（1）当股票的价值增值能力直线下降之时

绝大多数投资者都认为股票应根据股票价格的涨跌情况来卖出，但巴菲特却不是这样看。在巴菲特看来，一只股票卖出的主要依据在于它的价值增值能力是否下降。所谓股票的价值增值能力，其实就是企业的价值增值能力。巴菲特买入股票的核心依据是企业的内在价值，而卖出股票的依据依然是企业的内在价值。他认为手中的股票是否继续持有，要看企业的价值增值能力，即企业的盈利能力。如果企业的盈利能力在不断上升或没有下降，那么就应该继续持有股票；反之，如果企业的盈利能力在不断下降，并且这不是短期的正常波动的话，那么该股票的前景就不应被看好，应该坚决地卖掉它。因此，股票是否应该卖出与股价是没有多大关系的。对此，巴菲特说道："投资就像是打棒球一样，想要得分，大家必须将注意力集中到球场上，而不是紧盯着记分板。"

有两个实例可以看出巴菲特是如何依据企业的价值增值能力而卖出股票的。

巴菲特曾经声称永远不会出售大都会／美国广播公司的股票，但后来该公司的经营发生了重大变化，巴菲特认为其长期竞争优势已经大大减弱甚至消失，所以不得不忍痛割爱。原来，在迪士尼公司收购这家公司后，公司的巨大规模拖累了发展后腿，巴菲特不得不从 1998 年开始减持该股票，到 1999 年就几乎卖完了所持有的迪士尼公司股票。

而巴菲特拥有的可口可乐公司，这个时期的盈利水平也在持续下降，具体地说这只股票的资产回报率 1997 年高达 56.6%，1998 年就下降到了只有 42%，1999 年更是下跌到了 35%。但巴菲特对可口可乐并没有失去信心，他认为这个伟大的公司的竞争优势并没有完全失去，它仍然可以继续高歌，在将来重新为股东带来丰厚的回报。

基于此，他并没有卖出可口可乐公司股票，而是提议董事会撤换了首席执行官，以期改善可口可乐的价值增值能力。果然，没过多久可口可乐公司就又重振雄风了。

（2）出现一个更好的投资机会的时候

尽管巴菲特喜欢长期持有股票，但这种长期持有并不是一成不变的，如果在我们眼前出现了一个更好的投资机会的话，那么卖出当前股票转而买入更好的股票是必须的。说得更透彻一点，这就是中国投资者更熟悉的“换股”概念，即卖掉一些内在价值降低的股票，买入另一些投资价值在不断升高的股票。

这一点我们可以从巴菲特抛售中石油而买入华尔街投资银行这一大举动中得到生动的启示。

截至 2006 年末，一贯主张长期投资的巴菲特持有可口可乐股票已经长达 20 年，持有美国运通公司股票已经长达 14 年。他曾经说过，像可口可乐、美国运通等 4 只股票，他希望能永远持有。

但是，中石油在他手里只不过 4 年半时间，就被抛售一空了。那么，中石油为什么不能成为巴菲特永远持有的一只股票？

原因如巴菲特所说：他理性地发现，石油企业的利润主要依赖于油价高低，当国际原油价格在每桶 30 美元时，他对这只股票是感到很乐观的；但后来原油价格涨到了每桶 75 美元，虽然不能说中石油股价就一定会下跌，但这时候他对公司盈利前景反而没有以前那么自信了。因此，尽管中石油是当时全球市值第二的上市公司，是亚洲最赚钱的企业，但理性的巴菲特并没有盲目地继续持有中石油。

从2007年7月巴菲特开始抛售中石油股票，当他抛空中石油后，得到了大笔的现金。那么这些现金又用来干什么了呢?我们知道，此时此刻正是美国次级抵押贷款泡沫正在破灭的时刻，而美国华尔街上的那些投资银行持有大量次级抵押贷款债券，如果这些债券在证券市场上交易，这些投资银行至少要损失30%。而这些债券的价值有多少呢?总体来看总额不会低于2000亿美元。2007年七、八月间，这些投资银行股价纷纷大跌，预期市盈率只有8~9倍。

巴菲特其实一直都是看好投资银行的，但因为它们的市盈率太高而没有动手，而现在，他的机会来了。这次次级抵押贷款债券风波导致股价大幅下跌，正好让巴菲特在投资银行股价处于最低位时成功抄底。此时此刻巴菲特大举收购投资银行股票，可谓一举多得，一方面自己成功抄底，未来的高回报指日可待;而另一方面，在这种危机时刻巴菲特出面收购投资银行还为自己树立了"救市英雄"的形象。

至少，在一家股票的高点卖出，同时在另一家股票的低点买入，这绝对是一桩赚钱的买卖。这就是巴菲特卖出股票的高超技巧。

8. 用道德来指引，以善念去投资

我对金钱没有负罪感。我看待金钱的方式是，我的钱代表的是一张社会拥有支取权的支票。

——沃伦·巴菲特

巴菲特不仅是一个伟大的投资家，还是一个伟大的慈善家。也就是说，巴菲特是一个善念投资者。他的善念投资表现在两个方面，即善取之、善用之。

(1)善取之

著名心理学家马斯洛提出了一个人类需求层次理论，认为人有5个层次的需求，分别是：①生理需求，即个人生存的基本需求，如衣、食、住、行等。②安全需求，包括心理上与物质上的安全保障，如不受盗窃和威胁、预防危险事故、职业有保障、有社会保险和退休基金等。③社交需求，人是社会的一员，需要友谊和群体的归属感，人际交往需要彼此同情互助和赞许。④尊重需求，包括要求受到别人的尊重和自己具有内在的自尊心。⑤自我实现需求，指通过自己的努力，实现自己对生活的期望，从而对生活和工作真正感到很有意义。人要满足这些需求，离开财富是很难办到的。

因此，人人爱财是人性的正常表现。但是，财富取得的方式却是多种多样的。所谓"君子爱财，取之有道"，绝大多数人通过自己的努力奋斗，发挥自己的聪明才智，合理合法地发家致富，不少财富英雄成了人们崇拜的偶像，如比尔·盖茨、巴菲特、李嘉诚，等等。这样赚钱，心安理得，"身正不怕影斜"。

巴菲特坚持不投机，他说："我对金钱没有负罪感。我看待金钱的方式是，我的钱代表的是一张社会拥有支取权的支票。"在这个红尘浊世中,处于尔虞我诈的股市里,能够秉持取之善道的原则,出污泥而不染,真是一种高尚的情操。

(2)善用之

巴菲特曾经坦然地告诉朋友:"从巨额消费中,我不会得到什么快乐,享受本身并不是我对财富渴求的根本原因。对我而言,金钱只不过是一种证明,是我所喜爱的游戏的一个记分牌而已。"因此,对于金钱,巴菲特不仅善取之,还善用之。他取之于社会,又回馈给社会。巴菲特向公众强调的是,投资要回报社会。他说:"投资是向公众作贡献的一种形式。"巴菲特指出,投资于现代化生产的实际资本所获得的大量收益,必须被用于创造社会经济福利。

巴菲特的这种价值取向,源于他对"市场礼遇"的感恩。"如果你把我扔到孟加拉国、秘鲁或其他什么地方,你会发现我什么也做不了。我正巧是在一个付出多少汗水获得多少收益的市场体系里,这是不公平的。如果你是一个出色的教师,你不会得到很多收入,如果你是一个优秀的护士,你也不会得到很多。……我觉得如果你受到了这个市场体系的礼遇,由于你的特殊能力,它给了你无尽的享受物品和服务的机会,社会就有权从你那儿得到些什么。"

20世纪80年代,另一位著名的投资基金天才比得·巴菲特拜访了沃伦·巴菲特,他对沃伦·巴菲特简陋的办公条件震惊:只有一台老式的股票行情收录机,几帧家庭照片,一座上了年数的旧钟,以及堆放得整整齐齐的案卷、财务报表和商业报刊。就是这些东西,见证了历史,目睹了巴菲特走向辉煌,同时也反映了巴菲特节俭朴素的生活作风。

巴菲特和他的太太苏姗是伯克希尔最大的股东,所持公司股份达到38.4%。他们已经决定,在他们离开这个世界之后,把所有财富捐给慈善机构。于是,沃伦·巴菲特于2006年6月25日在纽约公共图书馆签署捐款意向书,正式决定向5个慈善基金会捐出其财富的85%,约合375亿美元。巴菲特准备将捐款中的绝大部分,约300亿美元捐给世界首富比尔·盖茨及其妻子建立的"比尔与梅琳达·盖茨基金会"。巴菲特的慷慨捐赠一夜之间使盖茨基金会可支配的慈善基金翻了一番,达到了600多亿美元,比全球第二大基金会福特基金(110亿美元)的资金多5倍。世界第二富翁一举超越首富盖茨成为世界"首善"，他的这笔捐款是美国和世界历史上最大的一笔慈善捐款。对于巴菲特的慷慨捐赠，连盖茨都大呼"震惊"！"我知道我想做什么，而且这事值得做。"巴菲特在接受《财富》杂志专访时说。2010 年 7 月，沃伦·巴菲特再次向 5 家慈善机构捐赠股票，依当时市值计算相当于 19.3 亿美元。这是巴菲特 2006 年开始捐出巨额资产以来，金额第三高的捐款。

2010 年，巴菲特与比尔·盖茨夫妇一起倡议全美的亿万富翁宣誓，在有生之年或死后将自己的一半家产捐给慈善机构。据《财富》杂志报道，《福布斯》列出的全美 400 名最有钱的富翁的净资产约为 12000 亿美元，那么如果盖茨夫妇和巴菲特的倡议成功，他们至少能募得 6000 亿美元的承诺捐款。

洛克菲勒慈善顾问公司主席美莉莎·贝曼说："这将使美国慈善事业的资金轻松地翻倍，甚至可能达到三倍。这将大大刺激其他的美国人，让他们也参与进来，那么我们就能改变整个世界。"

巴菲特认同美国"钢铁大王"卡内基的慈善观，即："在巨富中死去，是一种耻辱。"

巴菲特的子女将会继承他财产中比例不太高的部分。这源于巴菲特不愿意让大量财富代代相传的想法。巴菲特曾表示："我想给子女的，是足以让他们能够一展抱负，而不是多到让他们最后一事无成。"

巴菲特的这种回报社会的善举很值得我们思考和学习。社会上不少人从股市中赚到大钱后，就迷失了自我，沉迷于吃喝嫖赌、花天酒地。另外一些人炒股发达后，把自己异化成了一张股票，把金钱视为第一要务，其生命的意义就在于不断增值。这样的守财奴所积累的财富，最终很有可能被不肖子孙糟踏掉。

伟大的诗人但丁说："道德常常能填补知识的缺陷，而知识永远填补不了道德的缺陷。"一念善心起，多方便门开。舒服的"舒"字是由"舍"和"予"所构成的，可见，只有"舍得"和"给予"才能得到"舒服"。巴菲特正是明白这个道理，所以才成为了伟大的投资家和慈善家。

第二章

广寻投资机会，投资绩优股

　　巴菲特总是热衷于阅读，并且非常擅长从大量阅读中发现投资机会，而寻找绩优股也是其阅读的一个主要目的。一旦发现了绩优股，巴菲特便会毫不犹豫地买入，并且往往是买入之后便长期持有，他从来不会为了一些蝇头小利轻易出手，而是目光长远，志在获得未来的高额回报。在他看来，长期持有绩优股有巨大的好处，而这好处不仅仅来自于绩优股的高额收益，还来自于复利累进的神奇效果。当然巴菲特也不会一味地攥着股票不放手，如果某只股票不再符合自己的持有标准时，他也会毫不犹豫地将它脱手。

1. 从广泛的阅读中去获取投资信息

如何决定一家企业的价值呢？做许多阅读：我阅读所注意公司的年度报告，同时我也阅读它的竞争对手的年度报告。

—— **沃伦·巴菲特**

巴菲特对于阅读的热爱可谓是众所周知的。巴菲特把大量的时间和精力倾注在阅读上，他往往能在阅读之中发现潜在的优秀股票和投资机会。在20世纪80年代末期，巴菲特在对可口可乐公司进行投资之前花费了大量的时间来阅读可口可乐公司的相关材料。通过阅读，他对可口可乐公司有了全面而彻底的了解。他了解到该公司的业务流程非常简单易懂，它先买入原料制成浓缩液，再将浓缩液销售给装瓶商，然后再经装瓶商加入其他配制成分，从而制成可口可乐饮料再卖给零售商。从阅读中巴菲特还了解到可口可乐公司在国际市场上的销售增长非常快，而且它的70%的销售额和80%的利润都来自于国际市场，同时它的增长潜力巨大，其他饮料公司都不能与之匹敌。由此，巴菲特便在众多的投资目标中选中了可口可乐公司作为他的投资对象。而此后几十年的事实证明，取得骄人业绩的可口可乐公司为巴菲特带来了巨大的投资回报。由此我们可以看出，巴菲特正是从对可口可乐公司大量又细致的阅读中获得了众多关键信息，从而坚定了他投资可口可乐的信心。所以，投资者要想获得投资的成功，就必须要拿出大量的时间和精力去阅读，从阅读之中发现优秀的股票和潜在的投资机会，从而做出正确的判断和坚定自己的投资信心。

对于能提供有价值的信息的材料，巴菲特向来都是来者不拒，特别是那些与上市公司有关的信息和材料，尤其能得到巴菲特的钟爱。巴菲特认为投资者投资决策的前提是必须要熟悉自己所投资的企业，因此收集公司的基本面、具体经营状况和管理层素质等信息是投资的关键一环，而这些基本信息的唯一来源就是大量而又细致的阅读。

然而，这一点很多投资者都是不得要领的，他们往往缺乏对欲投资企业信息的收集和阅读，经常是一进入股票市场就立即成为无头苍蝇，到处乱撞，从而把资金投向了自己并无把握的股票上。这种盲目无准备的行为在巴菲特身上是不可能发生的。事实证明，通过阅读所获取的信息使得巴菲特在每一次投资行动中都能出奇制胜。在他众多的投资项目中，有一项投资是巴菲特至今都津津乐道的。那就是他在1976年投资的政府雇员保险公司。对于这个公司，巴菲特在决定投资之前可是做了大量的准备工作。在那一段时间里他几乎从人们的视线中消失了，原来他是整日泡在图书馆里阅读有关政府雇员公司的资料。

在巴菲特看来，了解有关保险业的各种业内信息是投资一个保险公司时要做的最基本工作，尤其是对于一个对保险业不大了解的投资者而言，这一点更为重要。于是，他开始大量阅读与之相关的书籍、公司年报以及企业的财务报告。慢慢地他开始了解到，政府雇员保险公司是美国的第七大汽车保险公司，主要业务就是为政府雇员、军人等收入稳定的中年人提供汽车、住房以及财产等方面的保险业务，而且由于该公司的客户服务人群是那些习惯于安全驾驶的司机，他们对于公司的低成本和高质量的服务十分满意，这样一来他们的再投保率就非常高。同时，巴菲特还了解到，和大多数保险公司不同的是，政府雇员保险公司具有独特的销售方式。它采用的是直接销售的方式，将保险单直接邮寄给投保人，这样的做法为公司减少了很多交易成本，使公司在降低了管理成本的同时，加强了自己的竞争优势。凭借其良好的信誉在保险业内拥有了举足轻重的地位。这些信息对于投资者而言都是极有价值的，因为这意味着投资者如果投资这家公司必然会获得可观的回报。就这样费尽心思地阅读和了解之后，巴菲特胸有成竹，最终投资了该公司。

然而，要做到像巴菲特那样从浩如烟海的资料里提取出有用的重要信息并不是每一个投资者都能做到的，很多时候，投资者都会迷失于眼花缭乱的大量材料和信息之中，不知所措。

对此，巴菲特给出了他的建议：不管眼前的材料和信息有多少，企业的财务报告是非看不可的，因为企业的财务报告是投资者获取信息的至关重要的渠道。投资者在作出投资决策之前要做的一件事就是评估企业的价值，以便从中分析出投资该企业的前景如何。然而很多公司为了吸引投资者，在很多时候会刻意隐瞒公司的真实情况，提供虚假的公司信息，报喜不报忧。在这个过程中，会有不计其数的投资者被误导而作出错误的投资决策。然而，公司的财务报告却是不会说谎的，它可以将公司的所有财务信息毫无保留地展现给投资者，只要投资者拥有很高的鉴别力，他就可以从中获取到大量的信息为己所用。所以，对于一般的投资者而言，企业的财务报告是投资的必读材料。

巴菲特几十年的投资生涯其中一半是属于阅读的，他的巨大成功也是来自于此。巴菲特说："学习投资很简单，只要愿意阅读就行了。"他认为作为一个合格的投资者，就要对投资公司的各方面信息做到了如指掌，需要投资者眼观六路、耳听八方。投资者要知道，仅仅掌握了投资公司所公开的信息是远远不够的，要想更加深入地了解投资公司，投资者就必须善于从众多相对较为隐性的信息中，搜索到大量对于自己来说是至关重要的信息。

"在我的大半生中，我花了很多时间走出办公室到外面走一走、看一看，不是去旅游而是去打听我所要投资的公司的具体情况，我不仅会获取到它自身的相关资料，就连它的竞争对手的情况我也是清清楚楚。对于每一个投资者来说，当你在作出投资决策之前，先去收集有关投资公司的年报以及与这个公司有关的5～10年间的资料，然后认真分析，仔细研究，从中提炼出对自己来说非常重要的信息，依据这些再作出是否投资的决定。"

2. 开拓新领域，找寻新商机

其实，有很多值得投资的新领域，只是一般人没有眼光，也没有花费时间与精力去寻找。

——沃伦·巴菲特

巴菲特总是告诉所有的投资者，已经取得的成功早已成为历史，总是沉浸在过去的人难免变得懒散而且目光短浅。投资者要想源源不断地获取利益，就要做到眼观六路、耳听八方。那样才能不断地开拓新领域，发现新商机。

现今巴菲特所投资的公司涉及了诸多领域和众多行业。巴菲特的投资之所以多元化，原因就在于几十年来他不断寻找那些可以让他获利的机会。

德克斯特制鞋公司是 20 世纪末美国最大的独资鞋类制造商，该公司的产品一直以来深受消费者喜爱，每年的销售额都以惊人的速度增长，公司的盈利巨大。这在当时并不被十分看好的制鞋业中，可以说是一个奇迹。巴菲特敏锐地察觉到了它的潜力所在，于是投入巨资买入了该公司大量的股份，这意味着他将在制鞋领域占有一席之地。

然而巴菲特并没有就此止步和心满意足，此刻的他早已把目光投向了另一个领域，他将在这个领域里寻找他的猎物。这时，斯科特·费策公司进入了他的视线。该公司以销售坎贝尔空气压缩机、气动工具和世界百科全书著称，巨大的市场份额给他带来了巨大的利润，巴菲特随即以重金收购了这家企业，该企业成为了伯克希尔公司收购的最大企业之一，随着该公司盈余的大量增加，巴菲特水到渠成地获得了他想要的回报。

这场交易刚刚尘埃落定，巴菲特旋即又将他的触角伸向了另外一个企业，继续攻城略地。这家公司的主要业务是制造并分销制服。悠久的历史、雄厚的实力让该公司在制服制造行业里独领风骚、鹤立鸡群。巴菲特当然不会让这样的公司从他眼前溜走，于是在1986年他用了4600万美元的资金买下了该公司84%的股权，他摇身一变成为了该公司最大的股东。如此百里挑一的公司也绝不会让巴菲特失望，他赢得了高达5000万美元的净利润。

随着巴菲特的四面出击和他那一浪高过一浪的投资获利，巴菲特的财富也在与日俱增，人们惊叹于他所涉及的领域之广和行业之多。而这一切都缘于巴菲特的不断寻找和发现。在巴菲特的世界里，巨大的商机似乎永远和他形影不离，多年的投资历程使他在各个领域里都留下了自己的身影。

对此，巴菲特说道："其实，有很多值得投资的新领域，只是一般人没有眼光，也没有花费时间与精力去寻找。"

3.绩优股企业的企业商誉高

持续竞争优势企业其最明显的特征是具有巨大的企业商誉。

——沃伦·巴菲特

简单而言，绩优股就是收益稳定增长的股票，如果一家公司的每股盈利能够持续不断地增长，那么，表现在这家公司账面上的每股价值也会持续不断地增长，从长期看，这家公司的股票价格也一定会回归到其内在价值上来。这就是说，投资者把资金投向这样的公司，将来一定会得到相应的投资回报。

如果仔细研究绩优股，我们会发现绩优股企业有着良好的企业商誉，而良好的企业商誉是公司长远发展的基础。巴菲特在投资时非常重视企业的商誉。在他看来，如果一个公司一直以来都具有良好的企业商誉，那么这家公司就是一个值得投资的公司。这是巴菲特在几十年的投资实践中总结出来的结论。

巴菲特所说的企业商誉包括经济商誉和会计商誉。所谓经济商誉，所代表的是公司的潜在价值，而会计商誉是和企业资产账面价值相关联的一个概念。在巴菲特看来，如果一个企业的净资产收益率高于同行业其他公司，那就说明该公司的实际价值要远远高于它的账面价值，也就从一个侧面说明了该企业具有良好的商誉。

一个公司要想拥有一个良好的商誉，就必须具有良好的社会形象、良好的公司文化和优秀的企业管理者。商誉就像是一条线，在这条线上系着公司的命运，也系着投资者的投资收益。因为投资者只有投资于具有良好企业商誉的企业，才有可能获得丰厚的利益回报。如果一个公司具有良好的商誉，它将受益无穷。

以巴菲特非常喜欢的喜诗糖果公司为例。20世纪70年代，巴菲特以高出其账面价值3倍的价格将这家公司收入囊中。这让人们不禁要问，究竟是什么原因让巴菲特竟不惜投入如此高价也要把这家公司买进来呢？原因就在于喜诗糖果公司一直以来所拥有的良好的商誉。这种商誉和公司硬件设施毫无关系，而是代表了该公司的市场盈利能力。如果公司在未来的时间里，能够继续保持这种良好的商誉，那么公司就会源源不断地创造出可观的收益，投资者就可以获得超额的利益回报。当初所花的高价也会在未来的时间里得到补偿。

巴菲特从投资喜诗糖果公司的经验中更加深刻地体会到在进行投资选择时企业商誉是何等的重要。后来巴菲特投资《华盛顿邮报》时，在外人看来俨然是投资喜诗糖果公司的翻版，因为《华盛顿邮报》和喜诗糖果一样都是具有良好商誉的优秀公司。

绩优股企业往往具有很高的企业商誉，因此，注重企业的商誉成为巴菲特投资企业的金牌原则并一生恪守。

4. 目光长远，长期持有绩优股

我和查理都希望长期持有我们的股票。事实上，我们希望与我们持有的股票白头偕老。

——沃伦·巴菲特

美国的华尔街可以称之为世界经济的"晴雨表"，这里聚集了众多的百万富翁、千万富翁和亿万富翁。但是，尽管他们拥有让人羡慕的耀人财富，然而他们却永远也不如一个人的名字那样烙在人们心中，这个人就是沃伦·巴菲特。和比尔·盖茨一样，巴菲特是当今世界上最为耀眼的亿万富翁，他是华尔街财富神话中的神话，是无可比拟的佼佼者。巴菲特之所以能有这样的成就，是因为他有着与别人不一样的长远目光，这让所有投资者都俯首称臣、自愧不如。

美国华尔街股市在20世纪70年代初期出现了股价的大幅上涨，而且上涨的速度令人吃惊，但更令人心花怒放。刹那间，那些以往被人们认为是高风险的行业成为了人们竞相追逐的对象。于是，众多投资者将一夜暴富的厚望寄托在了像施乐、雅芳、柯达等公司的股票上，大多数的投资者都渴望能够抓住这次机会来满足自己的财富饥渴。而巴菲特面对如此高昂的股票价格却显得忧心忡忡，因为他发现此时已经没有让他满意的股票了，失望之余，他不得不把大量的资金重新投入到了那些传统的低风险的行业上。

事实证明巴菲特的决策是英明的。就在大多数投资者都沉浸在一夜暴富的幻想中时，灾难从天而降，股票价格就像断了的电梯一样只降不升，那些被人们看好的公司出现了巨大亏损，恐惧和失望交织在一起的人们便疯狂地抛售股票以求自保。当那场灾难呼啸而过之后，整个华尔街顿时变得一片狼藉，惊魂未定的人们才懂得为何巴菲特会在那个时候转身而去了。人们不禁惊叹巴菲特的独特眼光，面对巨大利益的诱惑，巴菲特竟能够心如止水，不为所动。原因就在于当大多数投资者都被利益蒙住了双眼时，他却把眼光放到了股价猛涨之后的未来，看出了其中埋藏的巨大隐患。

巴菲特坚信："如果一个投资者能够把自己的思想和行为同市场上盛行的、具有超级感染力的情绪隔离开来，形成自己良好的商业判断，那么他就必将取得成功。"在巴菲特看来，只有投资者把目光投向远方才能使自己在充满诱惑的股票市场里，始终能够保持冷静的头脑，作出正确的判断。所以，当20世纪90年代时，数以万计的投资者纷纷涌向网络科技股时，巴菲特却背道而驰地选择了他向来就兴趣浓厚的运通、可口可乐、吉列等优秀的传统企业，尽管他为此遭到了质疑，但他仍然顶住巨大的压力，逆流而上。在他的眼里，网络科技公司的暴涨只能是暂时的，无论它跑得多远，它也是要永远受到价值的呼唤。而对于那些传统企业来说，它们的经营更加稳定，持续的市场竞争力是投资者获得投资回报的坚实的后盾。

巴菲特投资目光的远大不仅表现在他能够在众人蜂拥而上的时候急流勇退，更表现在他对优秀公司股票的长期持有上。他认为投资就是要做到目光远大，长期持有，才能获利丰厚。在巴菲特几十年的投资生涯中，他购买过数百种的股票，而对于那些优秀的股票，他一定会在买进之后，长期持股，因为优秀企业的价值增值前景必定会填补一时的亏空，同时未来的长期回报必定是可观的。如果只因为股票价格上涨就将它们卖掉，那是一种丢了西瓜捡芝麻的愚蠢做法。

对《华盛顿邮报》的投资是巴菲特投资成功的经典案例。当20世纪70年代规模巨大的股灾向华尔街袭来时，众多企业都成了这场灾难的受害者，《华盛顿邮报》当然也不例外。它的股票瞬间成了便宜货，处处遭人冷眼。但就在此时，巴菲特却把它当做是一个千载难逢的机遇，向它伸出了援助之手，他开始向《华盛顿邮报》注入大量的资金，以此来挽救这个曾经辉煌的企业。作为一个投资者，巴菲特当然不会因为大发善心一时冲动而做亏本买卖，他看中的是《华盛顿邮报》在业内所具有的无与伦比的强大优势。它的业务规模庞大，不仅拥有《华盛顿邮报》，而且还包括《新闻周刊》、三家电视台、一家广播电台，另外还有《国际先驱论坛报》。这些业务每天都在为《华盛顿邮报》源源不断地创造着巨大的利润，巴菲特从它的身上发现了巨大的潜在价值，从长远来看，目前的困境只是暂时的，不久的将来它一定会东山再起、重现辉煌的。这就是巴菲特的远大目光。从1973年买入《华盛顿邮报》开始，至今已有将近40年的时间了，巴菲特仍然持有着该公司的股票。他曾经说过："我将永远持有《华盛顿邮报》的股票，直到我死去。"如此长时间的持有，对许多人来说几乎是不可思议的，但巴菲特就能做到这一点，因为他具有常人所没有的远大目光。也正是因为这种独到的眼光，使巴菲特成就了"股神"的奇迹和投资家不朽的传奇。

5.股票持有的态度取决于企业的盈利能力

对于那些投资数额较大的股票，其中大多数我们都持有了很多年份。我们的投资决策取决于企业在那一时期的经营绩效，而非哪一个给定时期的市场价格。在能够拥有整个公司的时候，过度关注短期收益就是极其愚蠢的。同样，我们认为，在买入一家公司的一小部分的时候，却被短期投资的预期收益所迷惑，也是不明智的。

——沃伦·巴菲特

巴菲特曾经买入过数十只股票，有一些股票持有时间较短，其中大部分持有期限长达数年，可口可乐、富国银行、《华盛顿邮报》、吉列等少数几只股票自买入后一直持有，长达10多年甚至20多年。

大多数人采用股价上涨或下跌的幅度作为判断持有或卖出股票的标准，而巴菲特却并非如此。

巴菲特判断持有还是卖出的唯一标准是公司的价值增值能力是否与买入时相当，甚至有所增加，而不是其价格上涨或者下跌。

"每当查理和我为伯克希尔公司下属的保险公司购买普通股的时候，我们像在购买一家私营公司那样着手整个交易。我们考察企业的经营前景，负责运作公司的管理层以及我们必须支付的价格。我们根本不考虑在什么时候或以什么价格出售。实际上，我们愿意无限期地持股，只要我们预期这家公司的内在价值能以令人满意的速度增加。"

那么衡量公司价值增值能力的方法是什么呢？巴菲特认为最佳方式是透明盈利。

巴菲特认为透明盈利由三部分组成：报告营业利润，加上主要被投资公司的留存收益，如果这些留存收益分配给投资人时，应该扣除缴纳的税款。

巴菲特认为，投资者专注于他们投资组合的透明盈利将大大受益。为计算透明盈利，投资人应该确定投资组合中每只股票相应的可分配收益，然后进行加总。每个投资人的目标，应该是要建立一个投资组合(类似于一家投资公司)，这个组合在从现在开始的10年左右将为他或她带来最高的预计透明盈利。这样的方式将会迫使投资人思考企业真正的长期远景而不是短期的股价表现，这种长期的思考角度有助于改善其投资绩效。当然无可否认就长期而言，投资决策的计分板还是股票市值，但价格将取决于未来的获利能力，"投资就像是打棒球一样，想要得分大家必须将注意力集中到球场上，而不是紧盯着记分板。"

巴菲特曾经也因为有些公司的经营发生重大变化，导致其长期竞争优势大大减弱甚至消失，巴菲特最终坚决卖出。其中最典型的例子是巴菲特对曾经公开声明永久持有的股票大都会／美国广播公司，却在该公司盈利能力发生重大变动后，全部出售。巴菲特在伯克希尔公司1986年的年报中说："我们可以公开声明，我们希望永久地保留我们的三种主要持股：大都会／美国广播公司(Capital Cities／ABC, Inc)、富国银行、《华盛顿邮报》。"但在迪士尼收购了美国广播公司之后导致公司的规模过大，不能把主要精力放在美国广播公司的发展上，从而使其一直以来所拥有的长期竞争优势迅速减小，在这样的情况下，巴菲特于1998年开始减持，到1999年几乎把持有的迪士尼股票都出售了。

但是，他对待同期可口可乐公司的盈利持续下降却有不同的观点。1997年，可口可乐公司股票资产的回报高达56.6%，由于受国际金融危机的影响，1998年下滑到42%，1999年则下滑到35%。尽管如此，巴菲特在伯克希尔公司1999年的年报中指出："我们仍然相信这些公司拥有相当强大的竞争优势，可使其继续稳定经营下去，这种可以让长期投资有不错回报的特点，是查理跟我还有点自信可以分辨得出的地方，股价上涨或下跌不是判断持有还是卖出的标准。"他告诉《纽约时报》记者："某个国家在某一时期总会出现一些暂时性的小问题，但是，这并不能阻止你畅想10年或15年之后的事情——那就是要让世界上所有的人都只喝可口可乐。"巴菲特继续坚决持有可口可乐公司股票，他与董事会解雇了可口可乐原CEO艾维思特，聘任达夫特为新

CEO。果然可口可乐不久就重振雄风。

巴菲特在伯克希尔公司1993年的年报中将可口可乐公司作为一个长期投资的最成功范例——"1919年，可口可乐股票以每股40美元的价格公开上市。到1920年底，由于市场对于可口可乐的前景看法相当冷淡，股价下跌50%以上，跌至19.5美元。但是，如果将收到的股利再重复投资，那么当时价值40美元的一股股票将增值到210万美元……也就是说，如果在1919年以40美元买入可口可乐公司一股股票的投资业绩将会是一个传奇。1938年，在可口可乐公司问世50年且早已成为美国的象征之后，《财富》杂志对该公司作了一次很好的报道。在这篇文章的第二段写道：'每年都会出现几次这样的情况，一个态度认真的重量型投资人长时间关注可口可乐公司后，尽管对其过去的辉煌业绩记录表示敬意，却也只能得出非常遗憾的结论：他关注可口可乐公司太晚了。因为市场饱和以及激烈竞争的幽灵已经出现在他面前。'的确，1938年，市场竞争非常激烈，而1993年也是如此。但值得注意的是1938年可口可乐公司1年总共卖出2亿箱的饮料(若是将当时销售加仑数量换算成现在一箱192盎司的计算标准)，到了1993年，该公司1年卖出饮料高达107亿箱，对这家在1938年就已经成为软饮料产业主导者的公司，在后来近50年间又增长了50倍。即使对于1938年新加入的投资者来说，盛宴也根本没有结束，虽然在1919年投资40美元在可口可乐公司股票的投资人(包括将所收到的股利再投资)，到了1938年可获得3277美元，但是如果在1938年一个新的投资者以40美元投资可口可乐股票，到1993年底可以增值到25000美元。"

6.持有绩优股的时间与收益成正比

投资的一切秘诀在于:在适当的时机挑选好的股票之后,只要它们的情况良好就一直持有。

——沃伦·巴菲特

许多投资者认为长期投资非常困难,显然巴菲特不同意这种观点,他在 2001 年 7 月 21 日于西雅图俱乐部的演讲中说:"我从不认为长期投资非常困难……你持有一只股票,而且从不卖出,这就是长期投资。我和查理都希望长期持有我们的股票。事实上,我们希望与我们持有的股票白头偕老。我们喜欢购买企业。我们不喜欢出售,我们希望与企业终生相伴。"

伯克希尔从 1989 年开始入股吉列,巴菲特当时拿出 6 亿美元买下近 9900 万股吉列股票,并且协助吉列成功地抵挡了投机者的恶意收购攻势。在随后的 16 年中,巴菲特抱牢吉列股票,即使 20 世纪 90 年代末期吉列股价大跌引发其他大股东抛售股票时也不为所动。巴菲特对吉列品牌深信不疑。

巴菲特长期持有吉列股票最终得到了报偿:吉列股价因吉列被宝洁购并,于 2005 年 1 月 28 日每股 5.75 美元猛涨至 51.60 美元,这使得伯克希尔的吉列持股总市值冲破了 51 亿美元。以 1989 年伯克希尔最初在吉列投资的 6 亿美元计算,这笔投资在 16 年中已增值 45 亿美元,年均投资收益率高达 14%。

如果投资者在 1989 年拿 6 亿美元投资于标准普尔 500 指数基金,现在只能拿到 22 亿美元。这就意味着巴菲特投资收益比标准普尔 500 指数基金高出一倍还多,用专业人士的话说就是"巴菲特跑赢了大市"。

巴菲特说："1988年，我们大笔买进联邦家庭贷款抵押公司与可口可乐公司股票，我们准备长期持有。事实上，当我们持有杰出经理人管理的优秀企业的股票时，我们最喜欢的持有期限是永远。许多投资人在公司表现良好时急着想要卖出股票以兑现盈利，却紧紧抱着那些业绩令人失望的公司股票不放手，彼得·林奇曾恰如其分地形容这种行为是'铲除鲜花却浇灌野草'。我们的做法与他们恰恰相反。"

"即使这些证券的价格高得离谱，我们也不会卖出，就像即使有人以远远高于我们自己对企业的估值的价格购买，我们也不会出售喜诗和《布法罗晚报》（这两家公司为伯克希尔公司直接控股的私人公司）一样。在今天积极行动已经成为普遍潮流的企业界，我们这种持股到永远的做法看起来可能有些落伍。"

"尽管美国的企业界和金融界热衷于积极行动的频繁交易，我们仍然坚持我们'至死不分开'的永远持有的策略。这是唯一让查理和我感到自在的策略，它产生了相当不错的效果，而且这种方式让我们的经理和投资人专注于干好自己分内的事而免于分散注意力。"

对于普通股，巴菲特说："我们拥有我们不会出售的可交易的普通股，即使其市价高得离谱。实际上，我们认为这些股票投资就像我们成功的受控制企业一样是伯克希尔公司永远的一部分，而不是一旦'市场先生'给我们开了一个足够高的价格就会被卖掉的商品。对此，我要加上一个条件：这些股票由我们的保险公司持有，如果绝对必要的情况下，我们会卖出部分股票，支付异常的保险损失。但我们会尽力避免卖出这些企业的股票。查理和我一致决定买入并持有这些企业的股票，这里面既有个人情感，又有财务上的因素。"

"当然，在最近几年过度注重交易的华尔街上，我们的立场肯定非常古怪：对于华尔街的许多人来说，公司和股票不过是用来交易的原材料而已。但是我们的态度适合我们的个性以及我们想要的生活方式。丘吉尔曾说过：'你塑造你的家，你的家也塑造你。'我们知道我们愿意被塑造而成的样子。由于这个原因，我们宁愿与我们非常喜欢和敬重的人合作获得一定的回报，也不愿意与那些令人乏味或讨厌的人进行交易而再增加10%的回报。"

巴菲特还表示，他将继续持有大多数主要股票，无论相对公司内在价值而言它们的市场定价过高还是过低。这种至死也不分开的态度，再加上这些股票的价格已经达到高位，将意味着不能预期它们在将来能够还像过去那样快速推动伯克希尔公司的价值增加。也就是说，迄今为止，伯克希尔公司的业绩受益于双重力量的支持：一是投资组合中的公司内在价值有出乎意料的增加；二是在市场适当地"修正"这些公司的股价时，相对于其他表现平平的公司而提高对它们的估值，从而给了巴菲特额外的奖赏。"我们将继续受益于这些公司的价值增长，我们对他们未来的增长充满信心。但我们的'市场修正'奖赏已经兑现，这意味着我们今后不得不仅依靠另外一种支持，即单纯依靠公司的价值增长。"

除了股票分割以外，1992年伯克希尔公司的持股数只有以下4家公司的股票有所变化：适当增持了吉尼斯和富国银行，联邦房屋抵押贷款公司的仓位增加了一倍以上，新建了通用动力公司的持股仓位。

7. 创造财富奇迹的复利累进

复利有点像从山上滚雪球，最开始时雪球很小，但是往下滚的时间足够长，而且雪球粘得适当紧，最后雪球会很大很大。

——沃伦·巴菲特

对于复利，富兰克林说："……复利这块神奇的石头能够把铅变成金子的……记住，金钱是会增值的，钱能生钱，钱能生更多的钱。"所谓复利，就是人们俗称的"利滚利"、"利叠利"、"利生利"、"利长利"，是一种计算利息的方法。按照这种方法，利息除了会根据本金生成外，新得到的利息同样可以生息。复利计算的特点是，把上期末的本利加赢利作为下一期的本金，在计算时每一期本金的数额是不同的。

复利的力量是令人难以置信的，这从一个简单的例子中便可看出来：假设有一家公司，只发行100股，每股10美元，公司净资产1000美元。一年后，公司的利润是200美元，净资产收益率为20%。然后，将这些利润再投入公司，这时第一年年底公司的净资产为1200美元。第二年公司的净资产收益率仍为20%，这样到第二年年底公司的净资产为1420美元。如此运作79年，那么1000美元的原始投资最终将变成1.8亿美元的净资产。

因此，复利的概念是很容易理解的，但是由于某些奇怪的理由，在投资理论中这个观念却常常被轻描淡写。巴菲特认为，复利累进理论是至高无上的，是世界上最神奇的事物之一，运用这个神奇的事物能使投资以可观且富戏剧性的比率成长。所以，在早期给少数几位合伙人的书信和记录中，他极力阐释复利的功能。"在长期投资中，没有任何因素比时间更具有影响力。随着时间的延续，复利的力量将发挥巨大的作用，为投资者实现巨额的税后收益。"

对于巴菲特来说，运用复利真正的技巧在于：既获取高额的年复利累进报酬率，却不会受到个人所得税的限制，也就是说，"让长期持有持续竞争优势的股票，带来最大可能的复利"。

投资具有长期竞争优势的企业，投资者所需要做的就是长期持有，并耐心地等待股价随着企业的发展而上涨。具有持续竞争优势的企业具有超额价值的创造能力，其内在价值将持续稳定地增加，相应地，其股价也将逐步上升。最终，复利累进的巨大力量，将会为投资者带来巨额财富。

假设有一笔10万美元的投资，分别在10年、20年和30年期间，以5%、10%、15%及20%的比率，在不考虑税负循环复利累进的情况下进行累计，其最终的累进价值会有惊人的差距（见表1）。

收益率（%）	5	10	15	20
累进价值（美元）10年	132889	259374	404555	619173
累进价值（美元）20年	265329	672749	1636653	3833759
累进价值（美元）30年	432194	1744940	6621177	23737631

表1

由表1可知，仅仅是5%和10%的差异，对投资的整体获益会有惊人的影响。10万美元以每年10%的获利率经由免税的复利累进计算，10年后将会价值259374美元，若将获利率提高到20%，那么10万美元在10年后将增加到总值为619173美元，20年后则变成3833759美元，持续30年，其价值会增长到23737631美元，这是一个相当可观的获利。

相差甚微的百分比，在一段长时间所造成的差异也是令人吃惊的，10万美元以5%的免税年获利率计算，经过30年后，能增至432194美元。但是若年获利率为10%，在30年后，10万美元将值1744940美元，倘若年获利率再增加5%，即以15%累进计算，

30年后，该10万美元将变为6621177美元，若再从15%调升到20%，10万美元每年以20%累进，在30年后将会增加到23737631美元。由此可见复利那令人惊叹的奇迹效果。

而巴菲特所要寻找的，便是那些可能在最长的时间获得年复利报酬率最高的公司。在伯克希尔的数十年间，巴菲特一直能够以23.6%的平均收益率来增加其公司的净值。这确实是非常了不起的。

（1）复利累进与税收的关系

以复利来进行报酬累进和那些属于被动性的投资是不同的。通常债券投资者是以一笔固定金额（假设是1000美元），在一段期间内（例如5年），贷给像是通用汽车公司这样的债券发行者，并以8%的固定利率（即公司债券票面利率）来计算。在5年的期间里，投资者每年可以收到80美元，5年期满后，通用汽车公司会还给投资者1000美元。投资者将会赚到总数400美元的利息（5 × 80 = 400）。

从税的观点来看，每次当投资者从通用汽车公司收到80美元的利息时，美国国税局就会将其列为收入，并以适当的个人所得税率对投资人课税。如果投资人是个高收入者，那80美元的税率约在31%左右，意味投资人的税后年收益将是55.2美元[80 − (80 × 31%) = 55.2]。在5年的期间，投资人实质税后利息收益总额为276美元（55.2 × 5 = 276）。

但想想看，如果通用汽车自动地将其计算在投资人原本贷给公司的本钱上，而不是以8%的利率支付给投资人成为个人所得，将会增加投资人贷给通用汽车的本金，也就是投资人用来赚取每年8%利息的本金增加。这意味着投资者在通用汽车债券的投资将会以8%的年率累进。也会使投资人免除个人所得税的缴纳，直到债券到期日止，通用汽车会还给投资人本金加上利息。

如此，在通用汽车的案例中，投资人在每一年贷给通用汽车1000美元并赚取8%，也就是80美元的利息后，不采用现金支付的方式，通用汽车保有这些钱，并给投资人更多的债券，这使得投资人自第二年的第一天起贷给通用汽车的款项达1080美元。在第二年期间，通用汽车将会付给投资人1080美元的8%的利息，也就是86美元。然后这86美元又会算到已增加至1080美元的本金上，使得自第三年的第一天起，投资的本金增加到1166美元。这个程序就一直持续到第五年年终。

在第五年年终，当债券到期时，投资人将会获得一张1469.31美元的支票。这表示通用汽车的累进债券还给投资人1000美元的本钱，加上5年期间469.31美元的利息。由于要支付31%的个人所得税，投资人必须由所收到的469.31美元利息收入中扣除31%，其实际收益为323.82美元[469.31－(469.31×31%)＝323.82]。这表示他的投资在美国国税局征税前，5年来每年以8%的年复利率累进。在这里，巴菲特的复利累进体现出了很强的优势，投资者多获得了47.82美元的收益(323.82－276＝47.82)。

尽管美国国税局不会让投资人这么做，很久以前他们就了解这种伎俩，并且会在赚到利息的当年就送给他一张税单。但是对巴菲特来说，美国国税局漏掉了一个非常关键的因素：在巴菲特的世界中，买进一家公司的股票(普通股)和购买它的债务是一样的，他认为股票是一种"股权债券"。它和一般债券的唯一差异是，普通股的报酬率不像债券的收益是固定的，而会年年随着公司的营业收入而变化。美国国税局忽略的是，巴菲特投资在它所谓股权债券的获利并不归属于个人所得，除非其所投资的公司将盈余以股息发放给投资人。

投资人要知道，公司在它的年度报告所公开的净利，或是由像史坦普和价值线这样的公司所出版的投资调查中所刊载的净利数字，都是扣除公司营利事业所得税之后的税后数字。也就是说，除非该公司把所赚得的净利以股息方式发放给股东，否则这些保留在公司的税后净利，将不再课以其他的税，直到该公司支付股利，那么收到股利的股东才必须支付个人所得税。

例如，如果A公司的每股税后盈余是10美元，而且它发放每股10美元的股利给股东，那些股东就必须支付10美元股利收入的个人所得税，这使得他们的税后获利成为6.9美元。但是，如果A公司选择保留那10美元，同时不将它视为股利发放，这些钱就可以留在公司内，以避免个人所得税的惩罚效果，且能继续以复利来累进。

巴菲特看出由公司和政府债券所赚得的收入要扣个人所得税，也就是说，如果他购买支付利息为8%的某家公司或是政府债券，那么个人税后所得获利率约为5.52%[8%的获利率－(8%×31%)的税率＝5.52%]。

巴菲特会对获利强劲、并且显现出上扬趋势的公司感兴趣。这是说，他可以买下这些他所谓的"股权债券"并因而提高它的报酬率。想想看，报酬率会因而成长，而不是被固定。而且如果该公司不以股息支付给巴菲特，而是选择保有它们，巴菲特在卖出他的股票之前，就不必缴纳个人所得税。当然，只要该公司持续获利，巴菲特是不可能出售这些股票的。

（2）复利累计与支付价格的关系

许多投资分析师相信，如果你打算长期持有绩优公司的股票，那么你一点也不需要去考虑所支付的价格，但巴菲特却认为这是错误的。

例如，在1987年的时候，烟草和食品业界的巨人菲利浦·莫里斯公司股票价格在6.07美元到10.36美元之间。10年后也就是1997年，该股以每股44美元交易。如果投资者在1987年以每股6.07美元买入，并且在1997年以每股44美元卖出，那么投资者的税前复利报酬率将近21.9%。但是如果在1987年以每股10.36美元买进，在1997年以每股44美元卖出，那么税前复利报酬率则只有近15.56%。

如果投资者曾在1987年投入10万美元以每股6.07美元的价位买入菲利浦·莫里斯公司股票，每年以21.9%的复利报酬率来累进，到了1997年，其价值会增长到将近724497.77美元。但是如果投资10万美元，以每股10.36美元买入菲利浦·莫里斯公司股票，以15.56%的复利报酬率来累进，到1997年时，其价值只增长到将近424693.22美元。不同的买进价位，不同的报酬率，进而产生299804.55美元的差异，这种差异实在惊人！

许多人都只知道巴菲特喜欢驾驶老式汽车，但并不知道他这样做的根本原因。在他与人合伙的早期，他开着一辆VW Beetle(甲壳虫)。很多人因此认为他不喜欢物质的享受。其实这只是表面现象，他的复利累进报酬思维影响到了他的花费习惯。在今天一辆价值2万美元的汽车，10年后将会变得一文不值。但是巴菲特知道，他的投资能够获得23%的年累进获利。这表示今天所投资的2万美元，在10年后将会价值158518美元，20年后将会价值1256412美元，30年后将会价值9958257美元。对巴菲特来说，30年后的9958257美元巨款绝对比今天的一辆新车有价值。

总之，复利累进理论是巴菲特财富持续增长的最大奥秘。很多投资者没有了解复利累进理论的价值，即使了解了也没有长期坚持下去的毅力。这是大多数投资者难获得成功的主要原因之一。所以，要想在投资中获得高回报，就必须对复利累进理论引起足够的重视，并坚持长期持有绩优股的理念。

8.明确投资标准，甩掉非绩优股

我不会只为增加我们公司收入的一点零头就停止一项利润在正常水平以下的业务，但如果公司一旦出现将来可能会大亏本的迹象，那么，哪怕它目前效益很好，也不能继续提供资金。

——沃伦·巴菲特

大多数人都将投资错误等同于投资损失，但巴菲特对错误投资的定义更严格：不符合自己的投资标准，即使一笔不符合他的标准的投资最终盈利，他也将其视为一个错误。对于这些错误，巴菲特自然不能坚持其"长持"。

也许有人要问，如果说巴菲特坚定地遵守着他的投资标准，怎么会犯这样的错误呢？当然，这些错误大都是无意中犯下的。比如，巴菲特1961年用100万美元（也就是他的合伙公司1/5的资产）控制了登普斯特·米尔制造公司。这家公司位于一个离奥玛哈144公里远的小镇，生产风车和农用设备。那时候，巴菲特使用的是格雷厄姆式的购买"烟屁股"企业的策略，而登普斯特就属于这种企业。作为控股股东，巴菲特成了董事长。他每个月都得恳求管理者们削减日常开支并减少存货，他们嘴上答应好好的，但心里却盼着他赶快回奥玛哈。当巴菲特意识到他收购这家公司是个错误后，立即决定将它卖掉。但可惜一直无人对登普斯特感兴趣。

此前，巴菲特没有认识到当少数股东和当控股股东的区别。如果他只有10%或20%的股份，他可以很轻松地把这些股份抛掉。但如果手中握有70%的股份，他要卖的是控制权，但没人想要这家公司的控制权。

巴菲特发现，扭转企业的状况不是他的"特长"。为了纠正错误，他找到了他的朋友查理·芒格，而芒格认识一个叫哈里·伯特的人，他可能是登普斯特的救世主。哈里·伯特入主公司后，开始削减成本，大幅减少存货，挤出了不少现金。巴菲特把这些钱再投资到债券中。

1963年，巴菲特将已经扭亏为盈而且有200万美元债券资产的登普斯特以230万美元的价格卖掉。巴菲特后来承认，如果他只是一个少数股东而不是企业的拥有者，他纠正这类错误的速度会快得多。

伯克希尔棉花制造公司是巴菲特最早投资的企业。这家公司成立于1889年，至1929年时，伯克希尔与其他纺织工厂合并，成为英国最大的工业公司之一，其生产的棉花占英国所需的25%，并消耗掉新英格兰发电量的1%。至1955年，伯克希尔棉花制造公司和哈撒韦制造公司合并后，改名为伯克希尔·哈撒韦公司。但由于当时持续低迷，使合并后的伯克希尔·哈撒韦公司的日子并不好过，至1965年时，该公司股东权益已经滑落了一半，营运损失已超过了1000万美元。

20世纪70年代后期，伯克希尔·哈撒韦公司的股东们开始怀疑继续在纺织行业投资的明智性。巴菲特并未隐瞒困境，但多次表达了自己的考虑：伯克希尔·哈撒韦公司下属的纺织厂是所在地区最大的雇主；员工队伍相对来说只需较为固定的技能；企业管理班子显示出了高度的热情；工会也一直比较配合公司管理层的工作。总之，巴菲特相信经营纺织品仍有利可图。不过，他也声明，他希望纺织集团能以少量的资本支出取得比较多的收益。

伯克希尔·哈撒韦公司进入80年代后，巴菲特逐渐从事实中悟出了一些道理。首先，纺织生意的特定本质决定了它不可能实现高回报。纺织品是一种与竞争对手的产品很难区分的商品，国外的竞争者依靠雇佣廉价劳动力的低成本竞争优势挤压经营利润。其次，为了保持竞争力，纺织厂需要补充相当大的资本投入，这在通货膨胀的环境中是很可怕的，一旦经营回报匮乏就会陷入灾难之中。

巴菲特当时面临艰难的抉择。如果为了保持竞争力而对纺织分部投入大量资本，伯克希尔·哈撒韦公司可能会陷入资本支出扩张但收入可怜的境地；如果不追加投资，伯克希尔·哈撒韦公司的纺织厂就会在与国内外其他纺织厂的较量中失去竞争力。而不论伯克希尔·哈撒韦公司在纺织分部是否追加投资，国外厂家仍然具有雇佣廉价劳动力的低成本竞争优势。

1980年，伯克希尔·哈撒韦公司年度报表显露出了纺织分部的凶兆。那一年，纺织分部失去了它在董事长报告中的显著位置，紧接着第二年，报告根本未提到纺织业务。最终，1985年7月，巴菲特终于删除了有关纺织部门的一页，从而结束了这项大约有100年历史的业务。

这是一项失败的投资，也是巴菲特投资经验的宝贵积累。尽管纺织部门遭遇不幸，但这一经历并不完全意味着失败。首先，巴菲特悟出了一个宝贵的教训：很少有人能成功地挽救一个病入膏肓的亏损企业。其次，巴菲特用纺织业务早期阶段创造的利润购买了一家后来成为伯克希尔公司摇钱树的保险公司——政府雇员保险公司，可谓失之桑榆，收之东隅。

这些退出策略有一个共同点：它们都是不带情绪色彩的。巴菲特关心的不是他会在一笔投资中赚多少或赔多少，他只是遵循他的系统，而他的退出策略只不过是这个系统的一部分罢了。

巴菲特认为，一种成功的退出策略不可能独立于其他因素，它是一个投资者投资标准和投资系统的直接产物。这就是典型的盲目的投资者兑现利润和接受损失如此困难的原因。正是依赖于"甩掉损失，让利润增长"这一原则，巴菲特才建立了一个使他们得以成功贯彻这一法则的系统。

通常，利润和损失都会让盲目的投资者紧张。当一笔投资小有盈利时，他开始担心这些利润会化为泡影。为了消除压力，他脱手了。毕竟，专家们不是说"保住利润你就永远不会破产"吗？当然，他再往银行里存这些利润的时候感觉良好，尽管只是10%或20%的利润。

在面对损失的时候，他可能会告诉自己那只是纸面损失——只要他不割肉。他一直希望这只是"暂时"的调整，价格将很快反弹。如果损失越来越大，他可能对自己说只要价格反弹到他的买价他就抛出。当价格继续下跌，对持续下跌的恐惧最终取代了对价格反弹的期望，他终于全部抛出——往往是在最低价附近抛出的。

总的来看，他的一系列小盈利经常被一长串大损失抵消，与巴菲特的成功秘诀"保住资本"正好相反。

没有标准，是否兑现利润或接受损失的问题就被紧张情绪支配了。在价格一路下跌的过程中，盲目的投资者不断寻找新借口，告诉自己某只股票可能是好股票，说服自己坚持下去，因此一直没有直面这个问题。

大多数人在感到迷惑的时候都会紧张，但无论如何都要行动。一个投资者可能无限期地推迟一笔投资，但他回避不了兑现利润或接受损失的决策。只有明确自己的投资哲学和投资标准，他才能摆脱紧张。

第三章

想看透股市，首先要看透企业
——巴菲特独到的企业分析师眼光

不管人们相不相信，对于股市而言，"股神"巴菲特其实是一个局外人。因为巴菲特绝不像一般的投资者一样将目光只局限于股市行情，而是深深地探入所投资企业的每一个层面，经营、管理、人事、盈利能力……无所不包。正是这样独到的企业分析师眼光，使得巴菲特的每一次投资都目标明确、胸有成竹，最终获得令人惊叹的回报。

1. "股神" 的真面目是企业分析师

当我投资购买股票的时候，我把自己当做企业分析家，而不是市场分析家、证券分析家或者宏观经济学家。

———**沃伦·巴菲特**

作为"股神"，巴菲特难免会给人们一种神秘之感，但其实只要我们认真地分析巴菲特的投资策略，就可以揭开他的庐山真面目——企业分析师。

曾经有一位美国的基金经理，因久慕股神的大名，于是专程拜访巴菲特。经过详细面谈后，这位基金经理大失所望。他下结论说：巴菲特是一个业余选手。这句评价的含义是，巴菲特不是股市中人，他的舞台在股市之外。其实，这个评价是非常准确的，对于巴菲特来说，自己主要是个实业投资家，股市只是他收购中意公司股权的一个场所。

巴菲特认为在投资的时候，投资者应该将自己看成是企业分析家，而不是市场分析师或宏观经济分析师，更不是证券分析师。这表示，巴菲特在评估一项潜在交易或是买进股票的时候，他会先从企业经营者的角度出发，衡量该公司经营体系所有质与量的层面。

正如他所言："每当查理和我为伯克希尔的保险公司购买普通股的时候，我们像购买一家私营企业那样着手整个交易。我们着眼于企业的经济前景、负责运作的人以及我们必须支付的价格，我们从不考虑出售的时间或价格。"

"我们感兴趣的并非股票本身，而是公司的潜在价值及其发展。要根据一家公司的愿景展望进行相应的投资，我们需要的是有才能的投资基金委托人，而非利用财务杠杆收购谋利的股市赌徒。"

对巴菲特来说，股票是抽象的概念，他认为股票是股票持有人拥有和管理企业的凭证，代表的是企业的价值。因此，他本质上关心的不是股票本身，而是股票背后的企业。他不以市场理论、总体经济概念或各产业领域的趋势等方式去思考。相反地，他的投资行为只和该企业实际的经营状况有关。他对证券市场总是持有怀疑态度，他相信，如果人们的投资行为只是基于一些表面的观点，而完全不了解企业的基本面，那他们很容易在出现一点小状况的时候就被吓跑，而这种情形的结果就是赔钱。巴菲特当然不会这么做，因此，他每天所做的唯一事情就是阅读投资企业的相关资料，了解企业的业务范围、经营历史、盈利能力和管理层素质。他将注意力集中在尽可能地收集他有意买入的企业的相关资料上，主要可分成下面三方面。

（1）该企业是否易于了解

以巴菲特的观点，投资人财务上的成功，和他对自己所投资对象的了解程度成正比，以这样的了解，可以区别以企业走向作为选股依据的投资人和那些带着一夜暴富的投机心态，整天抢进抢出的人。

多年来，巴菲特一直拥有许多企业：加油站、农场开垦公司、纺织厂、连锁性的大型零售商、银行、保险公司、广告公司、铝业及水泥公司、报社、油田和矿产开采公司、食品、饮料、烟草公司以及无线和有线电视公司。巴菲特或者拥有这些企业的控制权，或者只是拥有该公司部分的股票。但无论哪一种情形，巴菲特总是明确地掌握那些企业运作的状况。他了解所有伯克希尔持股公司的年收入、开销、现金流量、劳资关系、定价弹性和资本分配等情形。

1969年，巴菲特买下了他的第一份重要报纸——《奥玛哈太阳报》连同一些周报。虽然他尊敬高品质的新闻事业，但巴菲特一想到报纸总是把它当做企业看待。他期望一个报社老板得到的奖赏是利润而不是影响力。拥有《奥玛哈太阳报》让巴菲特学到一些报纸的经营方式。在开始买进《华盛顿邮报》的股票之前，他已经有4年经营报社的经验。

同样，巴菲特基于对保险业的深刻了解，投巨资购买GEICO的股票。1950年，巴菲特还在哥伦比亚大学念书的时候，他注意到他的老师格雷厄姆是GEICO的董事之一。好奇心刺激巴菲特花一个周末去华盛顿拜访这家公司。巴菲特有许多问题，营业处主管大卫森花了5个小时告诉巴菲特GEICO的特点。

后来，当巴菲特回到奥玛哈他父亲的经纪公司时，他推荐公司顾客购买GEICO的股票，而他自己也投资1万美元在GEICO的股票上，这大约是他所有财产的2／3。然而，许多投资人拒绝了巴菲特的建议。奥玛哈的保险经纪人向巴菲特的父亲抱怨，他的儿子竟推荐一家"无人敢当经纪人"的保险公司。这一度让他感到非常灰心。一年后，巴菲特卖掉手上的GEICO股票，赚得50%的利润，然后到1976年以前都没有再买GEICO的股票。

不久，巴菲特就又毫无畏惧地继续向他的委托人推荐保险业股票。他以它盈余的3倍，购买堪城人寿的股票；他在伯克希尔的有价证券投资组合里，拥有马萨诸塞州损害赔偿暨人寿保险公司。1967年，他购买国家偿金公司的控股权。在之后的10年中，杰克·林奇教导巴菲特如何经营保险公司，这次的经验帮助巴菲特了解保险公司如何赚钱，这种经验不易从其他地方得到。尽管GEICO的财务状况仍是危机重重，但巴菲特仍很有信心购买其股票。

（2）该企业过去的经营状况是否稳定

巴菲特不仅不愿碰复杂的企业，对于那些正因面临难题而苦恼，或者因为先前的计划失败而打算彻底改变经营方针的企业，他也敬而远之。根据巴菲特的经验，报酬率高的公司，通常是那些长期以来都持续提供同样商品和服务的企业。彻底改变公司的本质，会增加犯下重大错误的可能。

巴菲特相信，重大的变革和高额报酬率是没有交集的。不幸的是，大多数的投资人都背道而驰。看到有许多投资人拼命抢购那些正在进行组织变革的公司，巴菲特说："基于某些不可理解的原因，投资人往往被一些企业将来可能带来的好处的假象所迷惑，而忽略了眼前的企业现实。"

巴菲特从经营与投资的经验中总结到，把气力花在以合理的价位购买绩优的企业，远比以较低的价格购买经营困难的公司更为划算。巴菲特解释说："查理和我还没有学习到如何处理难以应付的企业问题。我们学会的只是去避开它们。我们之所以能够成功，并不是因为我们有能力清除所有的障碍，而在于我们专注地寻找可以跨越的障碍。"

　　巴菲特告诉伯克希尔的股东，他第一次和华盛顿邮报公司有财务上的关联，是在他13岁的时候，当时他的父亲在国会服务，他做送报生就专门送《华盛顿邮报》和《时代前锋报》。很明显，巴菲特非常了解报纸丰富的历史，他认为《新闻周刊》是一个可以预测其未来的企业。他也很快就知道了公司电视台的表现。多年来华盛顿邮报公司，一直报道他们广播部门主要的绩效。巴菲特根据他本身的经验和公司成功的历史判断，他相信这家公司拥有一贯优良的营运历史，未来的表现将可预期。

　　然而，看了巴菲特收购GEICO的表现，我们的第一个反应可能是巴菲特违背了他关于公司稳定经营的原则。很明显，GEICO的营运在1975年和1976年完全不具一致性。当伯恩成为GEICO总经理的时候，巴菲特说，他的工作目标是使公司起死回生。但是巴菲特以前提及起死回生却是一件非常困难的事。那么该如何解释伯克希尔对GEICO的购买行为?更重要的是，巴菲特认为，GEICO还未被危机击垮，只是受创而已。它在提供低价、无中间代理的保险商品上所具有的特许权仍然是独一无二的。而且，GEICO还有机遇，市场上仍然存在着小心谨慎的群体，公司仍为他们提供保险需求来赚取利润;在价格基础上，GEICO一定可以打败它的竞争者。10年来，GEICO将资金投注在其竞争优势上，并为它的股东赚取了丰厚的利润，巴菲特认为这些优点仍然存在。GEICO在20世纪70年代所遭遇的困境，与其是否还保有市场上的特许权毫无关系，而是因为业务上以及财务上的问题使公司误入歧途。即使没有任何资产净值，GEICO还是非常值钱，因为它的特许权仍在。

　　(3)该企业长期发展的远景如何

　　根据巴菲特的说法，经济市场是由一小群有特许权的团体和一个较大的商品型企业团体所组成，后者中大多数是不值得投资的。他将小部分拥有特许权的团体定义成是提供商品和服务的企业，而这些商品和服务的特点是有旺盛的消费需求、无近似替代性产品和不受法律规范的。因为具有这些特色，使得有特许权的经销商可以持续提高其产品和服务的价格，而不用害怕会失去市场占有率或销售量的减少。

　　一般来说，有特许权的经销商甚至在供过于求以及产能未完全利用的情况下，也能提高商品的价格。像这样的价格变动能力是此类经销商的重要特征之一。这使得它们获得较高的资本投资报酬率。另一个重要的特征是，有特许权的经销商拥有很高的经济商誉，这使得它们能够承受通货膨胀所带来的影响。

而大多商品型企业（商品型企业是商品没有品牌，消费者采购标准是价格和品质）所提供的商品多半大同小异，竞争者之间也没有太大的差别。尽管有庞大的广告预算，要有效地区别这些产品的差异仍然极为困难。

一般来说，商品型企业的报酬率都不高，而且也最有可能是获利不易的企业。既然产品基本上没有什么不同，他们只能在价格上互相较量，拼命地把产品的价格压低到比成本高不了多少。除此之外，也只有在商品供应紧缩的时候能够赚钱。巴菲特指出，决定商品型企业长期获利能力的关键，是供应紧缩年数和供应充足年数的比值。然而，这个比值通常都很小。巴菲特开玩笑地说，伯克希尔纺织部门的最近一个供应紧缩时期，总共只持续了"那天早晨最美好的一段时光"。

在分析过公司经济方面的特性之后，巴菲特还会判断公司在竞争上的优势和弱势。他透露说："我所喜欢的企业，一定具有我所能了解、并且认定它拥有能够持续长久的经济优势。"

大多数拥有特许权的经销商，也都拥有经济上的优势。一个主要的优势是，他们拥有随时抬高价格以及在投资资本上赚取高额利润的能力；另一个优势是，他们能够在经济不景气的时候生存。巴菲特认为，最好的情况莫过于经营不善还能够获得高额报酬。他说："特许权经销商能够容忍经营不善的失误。不当的管理会减少特许权经销商的获利能力，但不至于造成致命的伤害。"

特许权经销商最大的弱势是，它们的价值不会永远不变。它们的成功不可避免地会吸引其他业者进入市场，竞争将会随之发生。替代性的产品跟着出现，各家商品之间的差异性也就越来越小。在这段竞争期间，经销商将逐渐地退化成巴菲特所说的"弱势特许权经销商"，然后进一步成为"强势的一般企业"。最后，曾经拥有无限潜力的特许权经销商，会萎缩成为"一般性的商品企业"。当这样的情形发生的时候，良好的经营管理能力的价值和重要性将大为提升。特许权经销商可以在不当的经营管理下生存，一般的商品性企业却不能。

以报纸为例，在美国国内大约有1700份报纸，其中将近1600份没有直接的竞争对手。那些报纸每年之所以能赚得超乎预期的利润，是因为它们具有一定的新闻品质。巴菲特说："事实上就算是三流的报纸，如果它是城镇里唯一的报纸，也能赚到足够的利润。"不可否认，一份高品质的报纸会有较大的市场渗透力，巴菲特解释说即使是一份平凡的报纸，由于它可以将消息广为流传，所以对大众也是很重要的。城镇里的每个企业、每个房屋卖主或任何一个人，只要想将信息让大众知道，都需要报纸的宣传来达到自己的目的。巴菲特相信拥有一份报纸，就好像从城镇里每一个想制作报纸广告的企业中独占刊登广告权一样。所以，巴菲特不断加大对报纸行业的投资，使其成为伯克希尔投资公司最重要的投资行业之一。

巴菲特总是喜欢说："我们买进的是企业，而不是股票，股票充其量只是投资获利的工具，企业才是投资获利的关键所在。"因此，成就巴菲特"股神"美名的，是他那独到的一以贯之的企业分析视角。

2.选择优秀的企业去投资

我们始终在寻找那些业务清晰易懂、业绩持续优异、由能力非凡并且为股东着想的管理层来经营的大公司。这种目标公司并不能充分保证我们投资盈利，我们不仅要在合理的价格上买入，而且我们买入的公司的未来业绩还要与我们的估计相符，但是这种投资方法——寻找超级明星股——给我们提供了走向真正成功的唯一机会。

——沃伦·巴菲特

多年来，巴菲特始终遵循着这样的投资习惯，即先看准一家优秀企业，等它的股价下降到理想的价位时再出手购买。由于巴菲特深知找准投资的对象是致富的关键，因此他总是以非常谨慎的态度和精细的分析来选择投资的企业。巴菲特以企业家的眼光和企业主人翁的心态去关注投资的对象，从企业的实际价值和未来价值增值的能力来判断企业的优劣。

（1）寻找优秀企业的三种标尺

股神巴菲特对优秀企业的选择往往是很准确的，因为每当他面临选择，他都要用三条"标尺"来衡量它，看它是否与之相符而进行选择。

①避免商品型的企业

巴菲特避开商品型企业的道理很简单。商品型企业的顾客群不是消费者，而是其他的公司。这些公司不像消费者有消费人情，会对品牌产品日久生情，情有独钟。反之，它们完全以价格和品质作为采购标准。因此，对于投资人而言，不但很难注意多个行业里的动态，而且竞争非常激烈，从而导致盈利很小。一不小心，这些公司就会转换供应商。这不是这些公司不讲人情，而是如果它们讲太多的人情、向你取更贵的货，他们就会被自己的行业竞争者击败而倒闭。

巴菲特认为，商品型的企业一不小心就会被取代。更糟的是，商品型企业的命运并不完全是自己主宰的。劳工成本就是一个例子。所以我们看到了各种工业从先进国移到发展中国家和地区，接着转到落后国家和地区的现象。

当巴菲特谈到商品型的企业时，他说："一个企业所生产的商品，价格是消费者最主要的购买因素之一。在我们的日常生活中，最明显的商品企业是纺织企业、食品原料供应（如玉米和稻米）。这些公司所生产的商品，在市场上面临强劲的竞争。"

巴菲特进一步解释说："你所购买的玉米来自于何处并不重要，只要它是玉米，而且口味像玉米就可以了，由于玉米市场强大的竞争导致利润非常微薄。"

在商品型企业中，低成本的公司将取得领先地位，这是因为低成本的公司在定价方面有较大的自由，成本越低，利润就越高，虽然这是个简单的概念，但是却有非常复杂的意义，因为要降低成本就表示公司在生产制造方面必须不断追求进步，以保持领先的地位。这需要资金额外的支出，而消耗掉保留盈余，并因而造成研发新产品以及收购新企业速度的降低，而这两者能够增加公司的价格。

其中的过程通常是这样的：A公司在生产制造的过程当中，做了某些改进以降低成本并增加收益，于是A公司降低市场上的销售价格，增加边际效益，企图从B、C、D公司手中瓜分更多的市场。而B、C、D公司不可能将市场拱手让给A公司，因此他们只好和A公司一样不断改进生产过程，B、C、D公司于是不可能降低价格，以与A公司竞争，这样就削减了A公司因为改善生产过程而得到的利润，由此恶性循环就开始了。

有时候市场对某种服务和产品的需求大于供给，这些产品的价格便会迅速上升。此时，所有的厂商都能够得到实值的收益，但是需求增加通常也会导致供应增加，一旦需求疲弱，过度供应也会造成价格和利润的再度下跌。此外，商品型的企业也会完全依赖管理层的品质与智慧去创造利润，如果管理层缺乏眼光，或是浪费公司宝贵的资产，误用公司的资源，就会丧失优势，最终在强劲的竞争中导致破产。

从投资的角度看，商品型企业的未来成长空间非常小，由于价格的竞争，这些公司的利润一直很低，所以公司较缺乏经费扩充企业，或是投资更新、更有赚钱能力的企业；就算它们设法开始赚钱，资金也通常用来更新工厂设备，以保持竞争的能力。

巴菲特喜欢将柏林顿纺织厂作为不良投资的例子。1964年，柏林顿的营业额是12亿美元，股票大约30美元一股，1964-1985年，公司的资本支出大约30亿美元，为的是要提升公司的效率挣更多的钱，资本的大部分支出都用来降低成本、扩充设备。1985年，公司的营业额是28亿美元，由于通货膨胀而丧失不少销售机会，收益也比1964年大幅减少，1985年，股票每股34美元，只比1964年高一些，公司21年的营运，花了投资人30亿美元，却只让股东的收益获得微小的增加。

柏林顿的管理层是纺织业界最能干的一群人，但是问题是这个行业本身由于过度的竞争，使得其在经济层面表现不佳，而造成整个纺织业实质上的生产力过剩，表现在价格上的强烈竞争，造成较低的利润，这代表表现不佳的股票以及失望的股东。巴菲特喜欢说："当杰出的管理层碰上了不良的企业，通常是不良的企业依然保持原状。"

要认出商品型的企业并不难，它们通常销售许多其他企业也在销售的产品，它们有以下六方面的特点。

a、低利润：低利润是价格竞争的产物——一家公司降低产品价格，以便与另外一家公司竞争。

b、缺乏对品牌的忠诚度：如果你所买的产品其品牌意义不大，你买的产品便是商品型的产品。

c、有大量的生产者：走进任何一家汽车用品店，你会发现有七八种不同品牌的油品，它们都卖同样的价格。由于众多的生产商，产生了竞争，竞争导致低价，低价又使得利润降低，而低利润就使股东的收益减少。

d、实质生产力过剩：任何时候业界发生实质生产力过剩的现象，就没有人能从需求增加当中真正获利，一直到生产力过剩的现象消失，价格才会开始回升，然后当价格开始回升的时候，管理层又蠢蠢欲动开始想要成长。在他们的脑海中，企业帝国的伟大形象开始形成，由于口袋中有股东所托付的资本，管理阶层最后会为这些异象采取行动，他们会扩充产能，造成生产力过剩。问题是，其他企业也有同样的想法，于是所有的人都开始扩充产能，生产力过剩的恶性循环又开始了。生产力过剩意味着价格上的战争，而价格战争意味着利润的降低。

e、利润变化不定：真正能够让你辨识商品企业的方法是利润变动剧烈，研究公司过去7~10年间每股盈余变动的情形，你会发现它上下震荡，这是商品形态企业中常有的现象。

f、收益几乎完全依赖管理层有效运用公司的资产：一旦公司的收益主要依赖公司运用资产的能力，譬如说工厂和设备，而不是依赖无形的专利、著作权以及商标，你就应该怀疑这家公司有可能是属于商品形态的企业。

巴菲特警告说："如果价格是选购商品唯一考量的因素，那么你很可能就是和商品形态的企业交易，因此这家公司很可能长期提供给你的只是一般的利润。"

②选择低成本公司

近年来，巴菲特对销售业低成本的公司产生了兴趣。其实这并不奇怪。毕竟，你购入行业的领导公司，并不表示你能够确保永远领先。但如果你购入的是行业里最低成本的公司，它抢占市场，只是时间上的问题。原因很简单：没有谁能够击败它。透明度、资讯自由流通、消费者变聪明这三大世界趋势，将会促使这些公司成功。

低成本公司的威力，从伯克希尔所投资几家公司的例子即可看得出来。

美国家具销售业里，除了伯克希尔以外，成本较低的公司是Levitz，其操作成本是营业额的40%，所以它必须收取45%的价格差别。换言之，顾客每买100美元的家具，其中55美元是这家店的家具成本。不要忘了，这是除伯克希尔以外全美国最低成本的家具店。白沙属下的NFM，操作成本只是15%，这使它能够只收取以上那家最低成本的竞争者的一半价格差别，来吸引顾客群。换言之，光顾NFM的美国消费者，每买100美元的东西，和其他地方最低价的相比之下，就已经节省了20美元。试想，当一家公司的操作成本是最佳竞争者的一半时，时间将是它的最好朋友。只要它继续保持这个优势，绝对没人能够击败它。

另外两个例子是Borsheims珠宝店和沃尔玛百货公司。前者的操作成本是营业额的18%，后者是15%。全美最大的电器连锁公司的相关比率是25%，而全美最大的家具连锁公司则是40%。

销售业的情形是，当公司成本最低时，就可以卖得便宜些，因而吸引到更多顾客，进而提高销售量，能提供更多种类的选择、更便宜的价格，吸引到更多的消费者，如此良性循环，永无止境，迈向成功。

③找出值得投资的优质企业

巴菲特喜欢的企业是，该公司产品并不会因为科技的进步而遭淘汰。其中的诀窍是，你了解你投资的是什么，而从不会迷失在竞争的旋涡中。你必须了解这个企业的本质，了解企业的本质是了解企业潜在经济状况的本质。而它的经济状况也可以让你分辨出，这是商品或是消费独占企业形态的公司。它也可以告诉你管理层是否有能力将保留盈余转入再投资，转而嘉惠投资人。而它也将告诉你公司值多少钱以及是否可预测公司未来盈余趋势的概念。预测公司未来盈余趋势，是你计算公司价值的关键。

只要仔细观察每天生活的点点滴滴，我们会发现许多优秀企业。汽车技师了解汽车业，医师了解医学业，药剂师了解制药业，而在便利商店柜台后的服务人员，能不假思索地告诉我们哪种饮料、啤酒、香烟或糖销路最好，而他可能一辈子也没读过一份分析报告。

假如我们手上有很多自己了解的企业，也就等于拥有了许多个潜在的投资目标。

（2）优秀企业的一般特征

对于优秀企业，巴菲特说道："我们希望与那些热爱他的公司而不仅仅是卖出给他带来钱的人做生意。当这种附加的感情存在时，就说明在这个公司中可能会发现重要的品质：诚实做账、以产品为傲、尊重客户以及一群有强烈方向感的忠实伙伴。"

巴菲特曾说过，他的偶像是一个叫Eddie的球童，这位球童先后加入过白袜队、布鲁克林道奇队、纽约洋基队，这些队要么首次打入世界大赛，要么蝉联冠军，所以他的收入也非常可观。Eddie说，他如何拎球棒其实并不重要，重要的是他能为球场上最当红的明星拎球棒。同样的道理，投资者的投资技巧或在信息上的优势并不重要，重要是所投资的企业是一个优秀企业。那么在巴菲特看来，这些优秀企业都有哪些特征呢？

①具有消费垄断性

1938年，约翰·霍普金斯大学一个叫劳伦斯·布鲁伯格的学生在他的博士论文中论述了消费者垄断型企业的投资价值。这篇题为《商誉的投资价值》的论文把具有消费者垄断的公司的投资价值与普通商品公司的投资价值进行了比较。布鲁伯格认为，是消费者的商誉意识带来了消费者垄断。他写道："尽管商誉意识只是一种心理状态，但它却使消费者只买某几种商品，因为这些商品具有与众不同的特征，它使得消费者对其产生了偏好与信任。"

布鲁伯格认为，消费者的商誉意识与下列因素相关联：企业便利的地理位置、彬彬有礼的员工、便捷的送货服务、让人满意的产品。他还认为，持久而诱人的广告使某种产品和商标深深印在了顾客心里，从而在购买时只买这几种商品。或者通过某种秘方和专利，一个公司提供的产品与众不同从而吸引顾客——就像可口可乐的秘密配方。

布鲁伯格说："由于上述这些因素的影响，给公司带来了可喜的结果：更高的权益收益率、利润的增长、股票的良好业绩，从而使这些公司的股票无论在经济景气还是萎缩的情况下，也可以占领市场，获得发展。"

沃伦·巴菲特参考布鲁伯格的理论，发明了一种方法来检验某企业是否存在消费者垄断性。他的问题是："如果有几十亿资金和在全国50名顶尖经理中挑选的权力，能开创一个企业并且成功地与目标企业竞争吗？"如果问题答案是"不"，那么这个企业就具有某种类型的消费者垄断。

在巴菲特看来，检验消费者垄断效力的一种方法就是，如果不以赚钱为目的，竞争者能对该企业产生多大的破坏力。比如你有可能和《华尔街日报》竞争吗？你可能花了几十亿资金，但仍不能减少该刊物的读者人数。你能开创一个口香糖公司与箭牌公司抗衡吗？好像迄今为止无人成功。还有可口可乐呢？

想一想全世界有多少不同的地方在卖可口可乐！几乎每个加油站、电影院、超级市场、饭店、快餐连锁店、酒吧、旅馆、运动场，都有可口可乐的影子。它是如此受人欢迎，以至于商店和饭店都不得不销售它，否则他们就会失去很多顾客。你能再想出其他品牌的商品是各个摊贩们非卖不可的吗？如果想和可口可乐竞争，那就必须具有相当于两个通用汽车公司的雄厚资本，但即使这样也未必能够获胜，因为可口可乐是一种无人能敌的品牌，它独特的配方保证了其天然的优势。

如果某人拥有城区内唯一的自来水公司，那他一定会赚大钱。但唯一的难题在于，长期以来自来水行业都受到严格管制。并且，大多数公用事业公司都是如此。如果管制不存在，这个企业必定是可以为你带来丰厚利润的产业。所以，你所需要的就是不受管制的自来水公司。但是，投资者们都意识到了这一点，导致那些不受管制的公司的股票价格就会非常昂贵。由于所支付的价格决定回报率，所以大多时候这样的投资并不合算。因此，最好的方法就是，寻找一种还没有被公众所认识的公司股票，也许是一个伪装的自来水公司。

巴菲特认为，具有很强的消费者垄断的公司，之所以能够有很高的盈利，就在于它们不必过度依赖于对土地、厂房和设备的投资，因为这些固定的费用和财产税会大大消耗那些普通商品企业的利润。

相反，具有消费者垄断的公司的财富，主要以无形资产的形式存在，这样，由于联邦税收主要是针对利润，所以税收可以根据公司利润而变，而像通用汽车公司那样，必须不断投资于有形资产的公司，其利润的弹性就不大。在企业扩张的早期，一般商品类型的企业，只有依靠大规模地扩建厂房，才能满足需求增长的需要。

相反，具有消费者垄断的公司，由于具有很大的现金流量，所以几乎没有什么负债。箭牌公司和UST(美国烟草公司)的资产负债表上就没有什么负债。由于负债非常少，它们就有很大的自由去向别的更有盈利能力的企业投资，购买它们的股票。另外，由于没有竞争者的威胁，它们的生产设备能够使用更长的时间，这也意味着不必不断地进行设备更新和厂房改造。

值得注意的是，商业的历史显示出不同类型的消费者垄断，自从贸易开始形成以来就一直存在。从早期在远东贸易中享受消费者垄断的威尼斯人，到英帝国对冶铁业的垄断，再到早期的西部美洲，那时科尔特和威切斯特就象征着高质量的火器。这些企业都从消费者垄断中获利，由于其产品和服务的质量，消费者愿意为之多付钱。

②利润丰厚，财务稳健

具有消费者垄断固然非常好，但是管理人员也许不能利用好这一因素，从而使每股利润起伏不定，所以巴菲特寻找的是那些具有丰厚利润并且利润呈上升趋势的公司。

巴菲特喜欢财务政策保守的公司。通常而言，如果一个公司具有消费者垄断，那么它就会有相当丰富的现金，没有长期的债务负担。巴菲特最喜欢的公司如箭牌公司、UST和国际香水公司就没有什么长期债务，而巴菲特经营业绩较好的公司，如可口可乐和吉列公司的长期债务也不超过公司净现金利润的一倍。

有时候，一个优秀的企业即使具有消费者垄断，它也会大借外债来获得对其他企业的控制权，如大都会公司就曾使自己的长期债务增加一倍以购买ABC电视台网。如果情况是这样的话，投资者就必须保证要购买的公司也具有消费者垄断，否则就必须要小心了。巴菲特认为，当长期债务用来购买其他公司时，必须：

a、当两个具有消费者垄断的公司结合时，这将是一次奇妙的联姻。由于两者都具有消费者垄断，这将产生巨大的现金流量和超额利润，从而很快就能将所借的长期债务还清。

b、当一个具有消费者垄断的公司与另一个普通商品类型的公司结合时，其结果往往不尽如人意。这是因为，普通商品类型的企业为了改善自己不佳的经济状况，会侵蚀掉消费者垄断型企业所产生的利润，从而没有足够的资金来偿还所借的长期债务。一种例外的情况就是，某个商品类型企业的管理者利用公司的现金流量，购买了另一个具有消费者垄断的企业，随后就抛弃了急需补充现金的商品类型企业。

c、当两个商品类型企业结合时，这就是一种灾难，因为两个企业都没有能力获取足够多的利润来偿还借款。

总之在寻找优秀企业的过程中，应寻求那些具有消费者垄断并且财务状况较保守的企业。如果一个具有消费者垄断的公司想借一大笔长期债务，那么除非它想购买另一家也具有消费者垄断的公司，否则就是不足取的。

③能用留存收益再投资

巴菲特认为，一个优秀企业还应具有这样的特征：企业有能力对其保存盈余进行再投资，以便获得额外的高利润。

巴菲特小时候曾迷上过一种弹子机游戏。他发现别人也非常想玩，但一部弹子机不是谁都能买得起的。于是，他购置了一部弹子机出租给别人玩，生意非常火。如果他只做弹子游戏机出租业务，永远不扩展其他业务，把从中所挣的钱都存入银行，那么他的利润率就是银行存款利率。但如果他把赚来的利润投在一个新的企业上，其投资回报率高于银行利率，那么他就能获得更高的权益收益率。

对此，巴菲特算了一笔账：想一想，如果10年之中每年给你1万美元，你都将其锁在抽屉里，那么10年后你一共会攒10万美元。但如果你以年利率5%的存款利率将钱存入银行，10年后你就会有132067美元。但是，如果每年可以以23%的复利率进行投资，那么10年后你将会有370388美元。这比藏在抽屉里的10万美元以及存在银行的132067美元要多得多。

巴菲特相信，只要一个公司能以超过平均数的收益率进行投资，那么就应该将盈利保存在公司进行再投资。他不止一次地说过，只要公司能获得平均数以上的收益率，他就对伯克希尔公司保存所有的盈余而不分派红利感到高兴。

巴菲特正是利用这一投资哲学进行投资，并把它运用到那些他的股东没有太大兴趣的公司。他相信，只要公司以前能很好地利用保留盈余进行再投资，或将能以合理的收益率进行运用，那么将盈利保留下来再投资就对股东有利。

但是要注意，如果一个公司的资本需求不大，但资本运营不佳，或者管理人员常常把留存盈余用于盈利率较低的投资项目，在这种情况下，比较好的选择应该是将利润以红利形式派发，或者购回股票。

如果保留盈余被用来购回股票，公司实际上是在收回其财产权利，同时也增加了那些仍持有股票的股东们未来的每股盈利。我们可以这样来看这个问题：如果一个合伙企业有三个合伙人，并且每人拥有该企业1／3的产权。现在企业用资金买断了其中一个人的股份，那么剩下的两个股东每人拥有50%的股份，公司的盈余就会由两个人平分。这样，股票购回就使每股盈余增加，从而造成了公司股价的上升，这就给股东带来了更大的财富。

所以说，在对企业进行长期投资时，最重要的一个问题就是公司的管理人员能否有效利用其保留盈余。如果将资金投向了那些没有什么前途的企业，那么所投的资金就会落空，甚至血本无归。

（3）选择具有长期稳定竞争优势的企业

由于巴菲特总是执著于长期投资，所以他非常重视企业是否有着良好的长期发展前景，但企业的长期发展前景取决于许多不确定性因素，分析起来非常困难。巴菲特为了提高对企业长期发展前景判断的准确性，在选股时严格要求公司具有长期稳定的经营历史，这样他才能够据此确信公司有着良好的发展前景，未来同样能够继续长期稳定经营，继续为股东创造更多的价值。

　　许多公司管理层与投资者总是希望公司开拓新的业务，形成新的增长点，而巴菲特却认为，公司应该保持业绩的稳定性，在原有的业务上做大做强才是使竞争优势长期持续的根本所在，因此巴菲特最喜欢投资的是那些不太可能发生重大变化的公司或产业。

　　巴菲特表示，他这样选择的原因很简单，即在进行子公司和普通股两者中的任何一种投资时，寻找那些从现在开始的 10 年或者 20 年的时间里实际上肯定拥有巨大竞争力的企业。"至于那些环境迅速转变的产业，尽管可能会提供巨大的成功机会，但是它排除了我们寻找的确定性。"

　　巴菲特认为，一家公司如果经常发生重大变化，就可能会因此经常遭受重大失误。推而广之，在一块总是动荡不安的经济土地之上，是不太可能建造一座城堡似的坚不可摧的经济特许权的，而这样的经济特许权正是企业持续取得超额利润的关键所在。

　　许多投资者非常喜欢那些正在进行或是即将进行公司重组的公司股票，他们认为这些公司很有可能会咸鱼翻身，甚至乌鸦变凤凰，从而股价会有巨大的增长。巴菲特本人在追踪了数百家这类公司后，发现乌鸦变凤凰只是少数例外，大多数仍是乌鸦。

　　巴菲特从 1982 年起，在他想要收购企业的基本标准中公开声明："我们对由亏转盈的'反转'公司不感兴趣。"他感叹道："解决问题不如避开问题更加简单容易，尽管拥有长达 25 年之久的购买并监控大量不同企业的投资经验，查理和我还是没有学会如何解决公司经营中的困难问题。我们唯一学会的是避开这些问题企业。在投资方面我们之所以做得非常成功，是因为我们全神贯注于寻找我们可以轻松跨过的 1 英尺栏杆，而避开那些我们没有能力跨过的 7 英尺栏杆。也许可能看起来不太公平，但在公司和投资中，专注于解决简单容易的问题，往往要比解决那些困难的问题的回报高得多。"

　　在巴菲特眼里，具有长期稳定竞争力的企业最杰出的代表莫过于可口可乐。可口可乐是世界上最大的软饮料生产和经销商。公司的软饮料早在 1886 年就已经问世，迄今畅销 120 年，遍布全球 190 多个国家和地区。

　　1886 年 5 月 8 日，美国亚特兰大的一位药剂师约翰·斯迪斯·彭伯顿在玛丽爱街 107 号他家的后院，用一只三脚铜壶第一次调制出可口可乐糖浆。彭伯顿第一年就卖出了 25 加仑，第一年的总销售额为 50 美元，总成本是 73.96 美元。1887 年，他将地发明的"可口可乐糖浆浓缩液"申请了专利。

彭伯顿听从了他的记账员富兰克·罗宾逊的建议，用"可口可乐"来为他发明的产品命名。可口可乐(Coca－Cola)名字中的两个"C"来源于这种饮料的两种成分，它们是从可乐叶子和可乐果中提炼出的浓缩液。在广告中，可口可乐名字用流畅的斯宾塞字体书写，其中两个"C"看起来十分美观。经过100多年，可口可乐的这一标识如今为全世界所熟知，可口可乐饮料已经成为美国人乃至全世界人们生活中不可缺少的一部分。

可口可乐公司业务非常简单：公司买入原料，制成浓缩液，然后再销售给装瓶商，由装瓶商把浓缩液与其他成分调配在一起，再将最终制成的可口可乐饮料卖给零售商，包括超市、便利店、自动售货机、酒吧等。

巴菲特对可口可乐公司非常熟悉，他与可口可乐公司的关系可以追溯到他的童年时代。巴菲特在20世纪80年代买入可口可乐公司之前，已经关注了它52年，才等到可口可乐公司价格下跌形成足够的安全边际，他终于抓住了这绝好的投资机遇。巴菲特在1989年大笔买入可口可乐股票后，在1989年的年报中兴致勃勃地回顾了自己52年来长期关注可口可乐公司的过程。

"我记得大概是在1935年或1936年第一次喝了可口可乐。不过可以确定的是，我从1936年开始以25美分6瓶的价格从巴菲特父子杂货店成批购买可口可乐，然后再以每瓶5美分零卖给周围的邻居们。在我跑来跑去进行这种高利润零售业务的过程中，很自然地就观察到可口可乐对消费者非同寻常的吸引力及其中蕴藏的巨大商机。在随后的52年里，当可口可乐席卷全世界的同时，我也继续观察到可口可乐的这些非凡之处……"

目前，可口可乐公司向全球近200个国家约1000家加盟者提供其糖浆和浓缩液。尽管在这200个国家里，同时销售其他230多种品牌的饮料，但在大多数国家中，几乎没有什么饮料品牌能够与可口可乐相竞争。世界上一半的碳酸饮料都是由可口可乐公司销售的，这一销量是它的劲敌百事可乐公司的3倍。全世界成千上万的人一天就要喝掉10亿罐的可口可乐，这相当于全球饮料市场日消费量的2%。

在1997年可口可乐公司的年度报告中，可口可乐公司前主席道格拉斯·伊维斯特写道:"可口可乐公司的创业者们绝不会想到会有今天的成绩,当你读到这份报告的时候,可口可乐公司已经取得了一个里程碑式的发展:公司的可口可乐产品以及其他产品每天的销售已逾10亿罐。第一个价值10亿美元的可口可乐饮料,我们花了22年的时间才卖出,如今,我们一天就能卖出10亿罐饮料。"

巴菲特告诉《福布斯》杂志说,他购买可口可乐的一个主要原因就是,在这个大众口味日趋相同的世界里,可口可乐的股票价格并没有反映出可口可乐国际市场销售额中的增长。他在买入可口可乐股票后感叹道:"当时我看到的是:很明白……世界上最流行的产品为自己建立了一座新的丰碑,它在海外的销量爆炸式地迅速膨胀。"

巴菲特1988-1989年间分批买入可口可乐公司股票2335万股,投资10.23亿美元。1994年继续增持,总投资达到12.99亿美元。他在伯克希尔1991年的年报中高兴地说:"3年前当我们大笔买入可口可乐公司股票的时候,伯克希尔公司的净值大约是34亿美元,但是现在,光是我们持有的可口可乐的股票市值就超过了这个数字。"可口可乐是巴菲特最成功的投资,比他自己想象的还要成功。2003年年底巴菲特持有的可口可乐的股票市值为101.50亿美元,15年间增长了681%。仅仅在可口可乐一只股票上的投资,就为巴菲特赚取了88.51亿美元,这是使巴菲特成为世界第二富豪的重要因素之一。

(4)投资具有超级盈利能力的企业

"我所看重的是公司的盈利能力,这种盈利能力是我所了解并认为可以保持的。"巴菲特十分重视公司产品的盈利能力,这主要体现在公司的销售利润率上。他指出,如果管理者无法把销售收入变成销售利润,那么企业生产的产品就没有创造任何价值。

巴菲特选择的公司产品盈利能力在所有上市公司中并不是最高的,但是在这些公司所处的行业中,它们的产品盈利能力与竞争对手相比,却往往是竞争对手们可望而不可即的超级水平。

巴菲特在伯克希尔公司的年报中,经常对所投资公司的产品销售利润率以及导致其变化的原因进行分析,在这些方面他与投资大师费雪有着一致的观点。费雪在他的名著《怎样选择成长股》中,非常重视销售利润率的分析:

"从投资人的观点来说,营业收入导致利润增加才有价值。如果多年来利润一直不见相对增加，则营业额再怎么增长，也无法吸引投资对象。检视公司利润的第一步是探讨它的利润率，也就是说，算出每一元的营业额含有多少营业利润。数字算出来，马上可以看出不同的公司差别很大，即使同一行业的公司也不例外。投资人不应只探讨一年的利润率，而应该探讨好几年的利润率。整个行业欣欣向荣之际，几乎所有的公司都有高利润率以及高利润额。不过，我们也能明显看出，经济呈上升趋势的时期，边际公司——也就是利润率较低的公司——利润率成长的幅度几乎总是远高于成本较低的公司；后者的利润率也提高，只是提高的幅度没有那么大。因此，年景好时，体质疲弱公司的盈余成长率往往高于同行中体质强健的公司。但是我们也应记住，一旦年景不好了，前者的盈余也会急剧下降。由于这个理由，我相信投资边际公司，绝对无法获得最高的长期利润……"

对于历史较悠久和规模较大的公司，费雪同样指出，真正能够让投资人赚大钱的公司，大部分都有相对偏高的利润率，通常它们在业内有最高的利润率。所以，投资人最要注意的地方，应该是确定导致利润率下降的行为，而不只是为取得高成长率所需的行为，实际上还要做更多的研究、促销等。除了刻意拉低利润率，以进一步加速成长率的这些公司，希望长期大赚的投资人，最好远离利润率低的公司或边际公司。

与此同时巴菲特也提醒投资人，要关注公司做了什么事以维持或改善利润率。购买股票要赚钱，不是看购买当时这家公司有哪些事情普遍为人所知，相反地，能不能赚钱，要看买进股票之后需要知道的事情。因此，对投资人来说，重要的不是过去的利润率，而是将来的利润率。

在我们生存的这个时代中，利润率似乎不断受到威胁。工资和薪水成本年年上涨。许多公司有长期劳动合约，未来几年的薪资涨幅都已确定。劳动成本上扬，导致原材料和进货价格对应上涨。税率趋势，特别是不动产和地方税率，也似乎稳定攀升。在这种背景下，各公司的利润率趋势将有不同的结果。

有些公司似乎站到幸运的位置，只要提高价格，就能维持利润率。不过，在我们的经济中，以这种方式维持或改善利润率，通常只能保持相当短暂的时间。这是因为竞争性产品会很快制造出来，这些新产品足以抵消增加的利益，随着时间的流逝，成本增幅不再能够转嫁到价格涨幅上，接着利润率开始下滑。

巴菲特特别指出，高利润率并不代表一定要比平均水平高好几倍，"高于平均水准"的利润率或"高于正常水准"的投资回报率，不必——实际上是不该——高达业界一般水准的好几倍，这家公司的股票才有很大的投资吸引力。事实上，如果利润或投资回报率太惹人觊觎，反而可能成为危险之源，因为各式各样的公司可能禁不起诱惑，想来一竞长短，争食蜂蜜，结果这种优势会迅速变成劣势。相对地，只要利润率一直比次佳竞争同业高出 2% 或 3%，就足以作为相当出色的投资对象。

由于巴菲特所投资的公司大都是那些业务长期稳定的公司，所以这些公司利润率的高低在很大程度上取决于公司的成本管理。巴菲特多年的投资经验表明，成本管理存在着"马太效应"，高成本运营的管理者趋向于不断寻找办法增加成本，而低成本经营的管理者却总在寻找办法降低成本："我们过去的经验表明，一家经营成本高昂的公司管理层，总是能够找到各种各样增加公司总部费用开支的办法；而一家经营成本严格控制的公司管理层，即使是其经营成本水平已经远远低于竞争对手，仍然会继续寻找更多降低成本的方法。"

巴菲特厌烦那些允许成本日益增长的管理者，但是他也并不认为降低成本是一件很容易的事情。巴菲特感叹道："每次我看到某家公司的削减成本计划时，我就会想到这家公司根本不知道什么是真正的成本。那种想在短时间内毕其功于一役的做法在削减成本领域是不会有效的。一位真正优秀的经理人，不会在早晨醒来后说'今天就是我们削减成本的日子'，就像他不会早上醒来后决定开始呼吸一样。"

巴菲特认为，一个企业要真正能够削减成本，实现高额的盈利能力，这家企业首先要具备卓越的创新能力。无疑，只有占据绝对优势的好产品，才有资格和能力来削减其成本。在巴菲特看来，吉列公司就是具备了这种能力。

1990 年，吉列公司推出了革命性的产品"感应剃须刀"，这个世界上第一种可以根据人的面部特征自动感应和调节的剃须刀获得了巨大的成功。1990 年年底吉列感应刀架和刀片占据了美国市场 9% 的份额，1991 年年底则超过了 15%。目前，吉列液体剃须产品系列占据美国同类产品市场的 68%，并且还占据女性剃毛产品市场的 70%。

后来，吉列公司又以 68 亿美元的价格，收购了全球最大的电动剃须刀厂商德国布劳恩公司，使自己在全球剃须刀市场的份额进一步扩大。

好产品加好营销，吉列的增长模式似乎就这么简单。1991-1999 年任吉列 CEO 的阿尔弗雷德·泽恩曾把研发、资本投资和广告并列称为吉列的增长驱动器。在泽恩任内，吉列市值由 60 亿美元增至约 600 亿美元，这或许正是吉列基业得以长青的秘密之一。

实际上，吉列的历史也印证了这一点。从公司创始人金·坎普·吉列时起，吉列公司就非常强调营销，被称为世界上在营销方面最为强悍的公司之一。1939 年，吉列获得了世界职业棒球大赛独家转播赞助权，并一直保持到 20 世纪 50 年代。在以后的年代，吉列的名字频频在赛马、拳击、橄榄球等各种体育比赛中出现。

20 世纪 80 年代以后，吉列经历的两次较明显的低迷都与营销不力相关，而重新回升也都与营销力度的加强有着密不可分的联系。在某些时期，吉列的广告费用甚至远远超过其研发费用。比如 2001 年，吉列的广告费是 5.76 亿美元，相当于研发费用的 3.08 倍，2003 年的广告费与研发费用之比为 4.09∶1。另外，吉列还在跨国公司中率先实行了全球统一的营销策略。

吉列公司不仅在美国剃须刀市场上一支独秀，而且在全球化经营方面做得非常成功，海外市场销售在公司总销售中占有非常高的比例。吉列在美国每销售 1 片刀片，就意味着在海外市场同时销售出 35 片。吉列在全球市场占有率高达 64%，远远领先于居第二位的沃勒—兰伯特公司，后者的市场占有率只有 13%。

在发展中国家，吉列公司剃须刀的销售量以每年 30% 的速度增长。在发展中国家，剃须刀业务的经营利润率不像在美国那样高达 40%，但也接近于公司 20% 的平均水平。吉列公司进入新市场的典型做法通常是先以利润不高的刀片打开新市场，然后逐步推出高利润的剃须刀系列。因此，公司的销售量和利润率都将稳步提高。

（5）选择具有经营特许权的明星企业

在企业激烈的竞争中，某些企业可以通过不断努力使自己的产品或服务超越于同行之上，形成某种经济上的特许权，巴菲特认为这种"经济特许权"是企业竞争优势的根本来源，也是企业持续取得超额利润的关键所在。

据巴菲特分析，一项经济特许权的形成，来自于具有以下特征的一种产品或服务：

①它是顾客需要或者希望得到的；

②被顾客认定为找不到类似的替代品；

③不受价格上的管制。

以上三个特点的存在，将会体现为一个公司能够对所提供的产品或服务进行主动提价，从而赚取更高的资本报酬率。不仅如此，经济特许权还能够容忍不当的管理，无能的经理人虽然会降低经济特许权的获利能力，但并不会对它造成致命的伤害。

相对而言，一般企业想要获取超额利润只有两种途径：或者成为低成本运营商，或者使所提供的产品或服务供不应求。关于第一种途径，尽管通过卓越的管理，一家公司可以长期维持低成本运营，但即便如此，还是会面临竞争对手攻击的可能性。第二种途径，供不应求的情况通常也持续不了多久。

由于各种原因，特许经营是一种在市场中占主导地位的经营方式。这种地位既可以反映在具有垄断形式的报纸，例如《华盛顿邮报》公司对新闻报刊市场的控制；也有可能是著名的企业品牌，例如通用食品公司——巴菲特一直持有这家公司的股票，直到在20世纪80年代以高价被菲力普·莫里斯公司收购；或者是单一的知名产品品牌，例如可口可乐。这种企业的市场竞争力非常强大，以至于其他企业根本无力与它们竞争，甚至根本无法进入市场。

最近几年，巴菲特一直在寻找一些具有强大市场垄断地位，但还尚未被市场所认可的特许经营业务。他最早是在报纸行业的垄断中想到了这一思路。巴菲特解释说："对特许经营权的真正考验在于，一个真正的企业经营家，在拥有足够资金的情况下，能够给它带来什么样的影响。如果你给我10亿美元，然后再为我配备全美国最出色的50位经理的话，我绝对可以创造出这种出人头地的企业。但是如果你让我去击垮《华盛顿邮报》的话，我会把这10亿美元还给你。尽管我不愿意失去这10亿美元，但是我别无选择，只能还给你，因为我无法完成你交给我的任务。"

巴菲特认为，人们希望得到具有垄断地位的电视台或是报纸的原因在于："大多数其他企业都必须通过它们进行广告宣传。"这也是被巴菲特称为来自于忠实顾客的收入——一个城市里，几乎所有企业都不得不支付的费用。如果你恰好拥有所在城市中的这个电视台、广播电台或是报纸，你就可以高枕无忧地通过广告业务获得大量收入。

这是一个非常重要的原因，但是在20世纪70年代，很多人并没有意识到这一点，而巴菲特也正是出于对这种垄断性的发现，才会投资于《华盛顿邮报》、《时代周刊》、

《爵士骑手报》、《传媒世界》、《多媒体》以及拥有《波士顿环球》联合出版公司等传媒企业的股票。其中，最具代表性的、也是给巴菲特带来最丰厚利润的也许就是对华盛顿邮报公司的投资。

华盛顿邮报公司拥有报纸、杂志、电视台等大量传媒企业，股票的市场价值总额已经远远超过了50亿美元，而公司一半的营业收入则来源于报纸《华盛顿邮报》。

《华盛顿邮报》曾获得过18项普利策奖。许多人认为它是继《纽约时报》后美国最有声望的报纸。1998年年初，《华盛顿邮报》又第一个报道了美国总统克林顿与白宫实习生莱温斯基的性丑闻事件，造成了很大的影响。

华盛顿邮报公司1／4的收入来源于杂志，主要杂志《新闻周刊》的国内发行量超过300万份，国际发行数量超过70万份。

同时，华盛顿邮报公司与《纽约时报》分别拥有《国际先驱论坛报》一半的股份，这份报纸在巴黎发行，并在世界各地的8个城市同时印刷，主要转载《华盛顿邮报》和《纽约时报》的报道，报纸在全世界180个国家发行。《国际先驱论坛报》的发行量大约为24万份。

此外，华盛顿邮报公司还控制着洛杉矶—华盛顿邮报新闻社一半的股份，这个新闻社为世界各地50个国家的768家客户提供新闻、专访和评论。

1992年3月，华盛顿邮报公司收购了加瑟斯伯格·加塞特公司80%的股份，这家公司是加塞特报社的母公司，目前在马里兰州发行了39份周刊，这些周刊的综合发行量大约为60万份。

华盛顿邮报公司还在当地的军事基地发行了一系列周报，其中包括在保龄空军基地的《光束》、美国空军学院的《三叉戟》以及沃尔特·里德军事医疗中心的《星条旗》。

在2001年年初，华盛顿邮报公司的加塞特公司还收购了马里兰州艾尔克顿切萨皮克出版公司的《南方马里兰报》。

公司其他1／4收入主要来源于电视部门。华盛顿邮报公司目前拥有6家电视台：底特律的WDIV／TV4电视台、迈阿密／福特劳德代尔堡的WPLG／TV10电视台（与麦雷迪斯公司交换得到）、奥兰多的WCPX电视台——1998年为了纪念凯瑟林·梅耶·格雷厄姆而更名为WKMG电视台（与麦雷迪斯公司交换了哥伦比亚广播公司之后）和杰克逊维尔的 WJXT／TV4 电视台。华盛顿邮报公司还在 1994 年以 2.53 亿美元的价格收购了休斯敦的 KPRC－TV 电视台和圣·安东尼奥 KSAT－TV 电视台。

此外，公司还拥有一个有线电视网，这个有线电视网是 1986 年以 3.5 亿美元的价格从资本城公司购买的，当时该有线电视网已经拥有大约 36 万名用户。巴菲特是所有这些交易的中心人物。华盛顿邮报公司有线电视一台在亚利桑那州的菲尼克斯通过收购用户已经达到了大约 75 万(同时还拥有 23.9 万数字有线电视用户)。目前有线电视业务的利润水平远远超过当初收购的水平。

华盛顿邮报公司拥有斯坦利·卡普兰公司(现在被称为卡普兰教育中心)，负责为学生提供各种注册资格考试和入学考试，包括目前非常盛行的学习能力考试。

这一系列的产业，使华盛顿邮报公司成为一个涵盖各个领域的传媒大亨，从而形成了一个强大的经济特许权。巴菲特认为，这正是给投资人带来高回报率的保障。

1973 年巴菲特持有华盛顿邮报股票 461.75 万股，1979 年拆细为 186.86 万股，1985 年略有减少为 172.78 万股，然后到 2003 年年底巴菲特仍然保持持股毫无变化。这是巴菲特持有时间最长的一只股票，长达 31 年。1997 年年底，华盛顿邮报公司股票在伯克希尔公司的普通股投资组合中占 18.4%，这是一个非常高的比重。在 1973 年时巴菲特还没有买入 GEICO 保险股票，当时在投资组合中占的比重可能超过 30%以上。

巴菲特在伯克希尔 1985 年的年报中感叹道："在伯克希尔公司我通过投资《华盛顿邮报》，将 1000 万美元变成 5 亿美元。" 1973 年巴菲特用 1062 万美元买入华盛顿邮报公司的股票到 2004 年年底市值增加到 16.98 亿美元，30 年的投资利润为 46.87 亿美元，投资收益率高达 160 倍。华盛顿邮报公司股票是巴菲特寻找到的第一只超级星股，也是回报率最高的一只超级明星股。

3.事在人为，选择优秀的企业经营者

在进行控股收购和买入股票时，我们想要购买的目标公司不仅要业务优秀，还要有非凡出众、聪明能干、受人敬爱的管理者。

——沃伦·巴菲特

巴菲特多年的投资经验使他坚信，只有选择那些他喜欢、信任和敬佩的经理人管理的优秀企业，他才有机会获得良好的投资回报，巴菲特将这一理念概括为：与伟人在一起才能成就伟业。

对此，巴菲特解释说，投资优秀经理人的原则本身并不能确保成功，"二流的纺织厂或百货店并不会仅仅因为它的经理优秀就一定会生意兴隆"，但是，一位企业所有者或投资者如果尽量与优秀品质的经理人合作，肯定能成就伟业。相反，巴菲特绝不希望与那些根本不具备值得其敬佩的优良品质的经理为伍，无论他们的企业发展前景多么具有吸引力。"与一个品质恶劣的家伙为伍，我们从来只能是竹篮打水一场空。"

因此，在巴菲特的众多投资标准中，投资企业的管理层品质是否达到他所要求的标准将会对他的投资策略产生重大影响。"管理人员把自己看成是公司负责人，就不会忘了公司最主要的目标——增加股东持股的价值。同时，他们也会为了进一步达到这个目标，作出理性的决定。"在巴菲特看来，一家企业是否拥有优秀的管理人员关系到企业未来的发展，更和投资者的利益息息相关。倘若没有一群优秀的管理人员，即使再优秀的企业，也有可能使投资者蒙受巨大损失。

所以，巴菲特认为，一个成功的投资者实际上只有两项工作，其中一项便是吸引

并留住才华横溢的经理们来管理他的业务。通常，与伯克希尔收购的公司一并而来的经理们，已经在各种迥异的公司环境和职业生涯中证明了他们的才华，他们在很久以前就已经是管理明星，巴菲特认为自己的主要工作就是不挡他们的路。他说道："这种方法的基本要素是：如果我的工作是管理一支高尔夫球队，而且杰克·尼克劳斯(Jack Nicklaus)或者阿诺德·帕尔马(Arnold Palmer)愿意为我打球，那么两者都不会从我这里得到关于如何挥杆的指导。"

然而，与巴菲特不同的是，大多数投资者在投资时往往只对能否盈利和未来的收益充满兴趣，而公司管理层的品质和能力在他们看来是无关紧要的。巴菲特提醒这些投资者：如果投资企业的管理层很糟糕，那么就不要幻想它会给你带来回报。

那么，具备了什么样的管理层的公司才值得投资者投资呢？在巴菲特看来，投资企业的管理层只有达到了以下标准，他才会考虑对其进行投资。

（1）管理层必须坚持专业化经营

巴菲特强调，一个优秀的经理人要使公司长期保持专业化经营，因为他专业化经营的盈利能力更高。"经验表明，经营盈利能力最好的企业，经常是那些现在的经营方式与5年前甚至10年前几乎完全相同的企业。"当然，这并不是说管理层可以因此而自满，不再进步。企业总是有机会进一步改善服务、产品线、生产技术等，这些机会一定要好好把握。但是，一家公司如果经常发生重大变化，就可能会因此经常遭受重大失误。巴菲特最担心的是公司偏离主业的专业化经营。

如果一家公司的管理层偏离主业，忽视了公司非凡出众的基业所在，而忙于收购其他平平常常或者更加糟糕的公司时，那么公司经营就会出现一个非常严重的问题。当出现这种问题时，投资者常常会受到无休止的磨难。"当查理和我思量投资于总体看来相当优秀的公司时，偏离主业是最让我们感到担忧的事情。一次又一次，当傲慢或者无聊导致管理层的注意力偏离主业时，我们看到公司价值增长的步伐停滞不前。"

其实，关于"多元化"与"专业化"的争论已经持续了很久，每个公司情况不同相应有不同的选择，但大多数具有持续竞争优势的企业都是高度专业化的，集中于一种在细分市场上遥遥领先的核心业务。专业化的公司是一个简单的公司，一切都保持简单：一条简单的经营战略、一条简单的产品或服务价值链、一个简单的组织结构等，而这种简单的专业化公司，正是巴菲特选择股票时最喜爱的公司类型。

巴菲特认为，只有那些懂得专业经营的经理人，才会把企业带入正常的轨道，从而使投资者获得最大的收益。"我们持续受惠于这些所持股公司的超凡出众的经理人。他们品德高尚、能力出众、始终为股东着想，我们投资这些公司所取得的丰厚的投资回报恰恰反映了这些经理人非凡的个人品质。"

巴菲特长期观察了无数家公司的经营管理状况后认为，大都会是美国管理得最好的公众公司，而其CEO汤姆·墨菲是美国管理水平最好的首席执行官。巴菲特在接受《频道》杂志访问时说："我很喜欢与墨菲一起合作。我从来不愿与我不喜欢的人一起合作，幸运的是，我能够与我喜欢、敬重的经理人合作。在做有价值的生意时，墨菲是我想合作的第一人选。"

在1985年3月初，伯克希尔以每股172.95美元的价格买入300万股大都会／ABC公司的股票，这个价格是签订购买合同时的市场价格。其实，巴菲特已经持续观察大都会的管理多年，他认为这是美国最优秀的上市公司，甚至汤姆·墨菲不仅仅是伟大的经理人，还是那种你想以身相许的理想人选。"能与他们合作实在是人生一大幸事，而且乐趣无穷，每个认识他们的人都会深有同感。"

汤姆·墨菲毕业于哈佛商学院，开始在哈德逊峡谷广播公司工作，管理奥尔班尼市一家濒临破产的超高频电视台。后来，公司搬到纽约，汤姆·墨菲任命丹·伯克当自己的副手。他们紧密合作，汤姆·墨菲负责制定战略和交易，而强硬的丹·伯克则负责具体管理。后来公司又更名为大都会公司，逐渐发展成一个集广播、有线电视和出版业为一体的传媒帝国。

汤姆·墨菲十分节俭，严格控制成本。大都会公司尽管规模很大，却没有修建自己的办公大楼，汤姆·墨菲和丹·伯克的办公室十分简朴。有一次粉刷奥尔班尼的总部时，他只让刷朝着大街的两面墙，对着哈德逊河的那两面则不用刷。虽然大都会公司拥有像《妇女时装日报》和《堪萨斯之星》这样的报纸，公司却并不知名，汤姆·墨菲和丹·伯克为人处世也非常低调，传媒圈外的人对其知之甚少。

1985年1月，汤姆·墨菲与美国广播公司董事长伦纳德·高德森经过协商后，决定收购美国广播公司。一年之后，汤姆·墨菲提出以每股股票121美元的价格收购美国广播公司，这个价格是宣布合并前美国广播公司股票市价的两倍。全部收购所需要的资金高达35亿美元，汤姆·墨菲向他的朋友巴菲特筹措资金。

1986年3月，巴菲特以当时的市场价格每股172.50美元买入300万股大都会公司股票，占大都会公司总股本的18%，总投资共计5亿美元。

除了巴菲特提供的5亿美元，大都会又向银团贷款了21亿美元，卖掉了大约9亿美元的电视台、广播电台，同时，还出售了法律限定不能拥有的一个电视网（包括后来卖给华盛顿邮报公司的电缆公司），最终完成了对美国广播公司的并购。这次并购创造了电视网行业历史上最大宗的交易，也是传媒业规模最大的并购。收购完成后，公司更名为大都会／美国广播公司。

这笔交易的确有问题，这在交易还没有完全结束时就表现出来了。美国广播公司转手后一年，电视的广告收入剧减，成本严重失控，从原来1.3亿美元的盈余变成了7000万美元的亏损。但是，巴菲特把赌注押在汤姆·墨菲和丹·伯克通过降低成本来提升ABC下属电视台的盈利能力。

汤姆·墨菲和丹·伯克的管理哲学是分权。他们尽可能雇用优秀人员，并让他们尽情发挥才能，所有的决策都由各部门经理自主做出，部门经理就像经营自己的公司一样。

汤姆·墨菲和丹·伯克要求公司管理人员牢记的一件事就是控制成本，而汤姆·墨菲和丹·伯克本人压缩开支的本领也是非常惊人的。

汤姆·墨菲第一次去洛杉矶时，招待所派了一辆白色的高级超长轿车去接他。从那以后，汤姆·墨菲只坐出租车。他关闭了管理人员专用的饭厅和电梯。几个月后，汤姆·墨菲和丹·伯克把原来ABC整座非常豪华气派的办公大楼卖给了一位日本投机商，同时他们还解雇了1500名员工。经过大幅度整顿，美国广播公司这个曾经最动荡的电视网，逐渐变成了一个财政稳定、业务过硬的电视网。

需要注意的是，随着传媒产业的迅速发展，争夺电视观众的竞争日益激烈，电视网日益受到有线电视和录像业的挑战。当年大都会购买美国广播公司时，电视网的收视率为80%，后来大幅下降到60%。由于竞争日益加剧，提高广告收费也更为困难，而提高广告收费价格是广播电视公司能够保持高盈利能力的最主要因素。广播电视在失去赖以提高定价的经济特许权后与普通公司没什么区别，这时管理素质和水平对于股东来说就更有意义了。对巴菲特来说，汤姆·墨菲这位明星经理人的价值显得更为重要。

巴菲特尽他所能做到的最大努力与汤姆·墨菲建立了长期合作关系。1985年大规模买入大都会／美国广播公司股票时与管理层签订协议，由公司首席执行官汤姆代理伯克希尔公司行使投票权，而且保证他们有权限制伯克希尔卖出。巴菲特在伯克希尔1985年的年报中解释，这种不寻常的经济约定是因为"这样安排汤姆·墨菲就可以专心经营而不用担心被人并购袭击了"。

最终，汤姆·墨菲没让巴菲特失望，他对大都会／美国广播公司的投资获得了丰厚的回报。从1986年开始巴菲特在大都会并购美国广播公司时大规模买入299万股大都会／美国广播公司股票，1987年增持1万股，总持股达到300万股，由于公司1992年回购股票，巴菲特持股总数变为200万股，在1995年年底，巴菲特持有大都会／美国广播公司200万股，投资成本3.45亿美元，投资盈利共计21.225亿美元，投资收益率高达615.22%。

（2）管理层必须具有理性的品质

公司资金的分配对公司的股东而言是最重要的管理行为。因为从长远来看，资金分配决定了股东投资的价值。巴菲特认为，怎样分配公司盈利——是继续用于投资，还是将其作为股利分配给股东，是一个需要理性斟酌的问题。

每一个公司都有自己的生命周期，而怎样分配公司盈利的问题，与公司处于生命周期的哪一阶段密切相关。公司不同的发展阶段需要有不同的资金运用战略。当一家公司沿自己的经济生命周期向前发展时，它的成长速度、销售收入、利润和现金都会发生较大的变化。在第一阶段，即初始发展阶段，公司因为开发产品和建立市场，支出大于收入。

在第二阶段，即迅速成长阶段，公司盈利能力虽然逐渐增强，但内部产生的现金仍无法支持公司快速发展对资金投入的需求。此时，公司不仅要保留所有的盈利，还要通过借债或发行股票来筹集发展资金。

而第三阶段，即成熟阶段，公司得到了壮大和稳定，发展速度开始减慢，并产生超过扩展和经营所需要的现金。

最后一个阶段，即衰落阶段。公司开始体验到销售和利润同时下降，但仍能产生多余的现金。怎样有效分配利润这一问题突出体现在企业成长的第三、四阶段，特别是第三阶段。

这时资金该如何运用取决于再投资收益率和股权资本成本即公司股东收益率的对比。如果前者超过后者，则公司应保留所有的利润进行再投资；如果前者小于后者，那么保留盈利进行再投资就是不合理的行为。如果公司产出的现金超过内部投资与维持经营对资金的需求，但继续在本公司业务上投资只能获得平均水平甚至低于平均水平的投资回报率，那么这家公司的管理者在利润分配时面临三种选择：一是再投资于公司现有业务上；而是购买成长型公司；三是分配给股东。

这是一个真正体现公司管理者的行为是否理性的十字路口，巴菲特对这一决策尤为关注。

总体而言，那些不顾再投资收益率会低于平均水平仍然继续投资的管理者，往往认为低回报率的情况只是暂时现象。他们对自己的才能有充分的自信，认为在不久的将来，他们可以提高公司盈利能力。如果一家公司多次忽视低投资回报率问题，执意将多余现金进行再投资，那么该公司现金的价值将不断枯竭，公司股价也会相应下跌，利润回报会日益恶化。同时，公司并购者很青睐那些现金富裕、股价较低的公司，当公司引来并购者的时刻也就是公司现任管理层任期终结的开端。为了保护自己，公司管理者往往会选择第二个方案：购买另外一家成长型的公司。

尽管宣布并购计划有激励股东、阻止公司并购者的作用，但巴菲特对需要通过并购其他企业来促进自身成长的公司持怀疑态度。其原因有两点：①这样的成长可能代价过高，得不偿失。②这样的公司需要整合成一家新公司，这就有可能犯损害股东利益的重大错误，容易出现大的问题。

对于陷入现金不断增加，却难以获得高于投资平均收益率苦恼的公司来说，巴菲特认为最为合理的做法就是将这些现金返还给股东。具体做法有两种：①增加红利；②购股份。股东拿到现金红利后，就可以自主选择其他回报率更高的投资机会。从表面来看，增加红利似乎是一件好事，因此很多人认为红利不断增加是企业经营良好的表现。但在巴菲特看来，只有股东利用他们分得的红利进行自主投资的回报率高于公司利用盈利再投资的回报率时，这才是最正确的。

这些年来，巴菲特在他的投资上获得了很高的回报，而且保留其中所有的收益。在这样高的收益下，给股东分红就等于是提供了错误的服务，损害了股东的收益率。所以，在投资高回报的情况下，伯克希尔·哈撒韦公司不对股东派发现金红利并不令人惊讶，股东也相当满意。1985年，巴菲特曾询问伯克希尔·哈撒韦公司的股东以下的三种股利政策中哪一种更符合他们的心意：

①继续将所有的盈利再投资，不分红派息；

②适当分配现金红利，用经营利润的5%～15%分红派息；

③按时下美国公司典型的做法分红派息，即将全部利润的40%～50%分红派息。

结果，88%的股东愿意继续不分红派息的股利政策。这充分显示出在回报预期上，伯克希尔·哈撒韦公司的股东们绝对相信巴菲特。

而对于采用回购政策把盈利返还给股东的做法，从很多方面来讲，股东从中得到的利益更间接、更无形。

巴菲特认为股票回购的回报是双重的。如果股票的市场价格低于其内在价值，那么回购股票就有良好的商业意义。例如，某公司股票市价为50美元，内在价值却是100美元。那么管理层每次回购时，就等于花费1美元而得到2美元的内在价值。这样的交易对余下的股东来说，收益是非常高的。

巴菲特进一步认为，公司管理者在市场上积极回购股票时，是在表示他们以股东利益最大化为准则，并且会给其他投资者留下他们并非不计效益而草率扩展公司资产与业务的良好印象。这种行为向市场发出了利好信号，从而吸引其他正在股市上寻找管理优秀且可以增加股东财富的公司的投资者。此时，股东通常可以得到两项回报——第一是最初买入股票时，第二则是因投资者的追捧而造成的股价上涨。

（3）管理层必须对股东忠诚

巴菲特说："误导公众的总经理，最终也将误导自己。"可以看出，巴菲特喜欢那些对股东绝对忠诚的管理者。他认为，企业管理层对待股民的态度很重要，他极为看重管理人员是否能够将企业营运状况完整而且翔实地报告给股民。巴菲特特别尊敬那些不会凭借一般公认的会计原则隐瞒企业营运状况的管理者。他们把成功分享给他人，同时也勇于承认自身的错误，并且永远向股东们保持足够的坦诚。

这种坦诚和忠诚绝不仅仅是对别人的要求，更是巴菲特对自己的要求。巴菲特在每一次召开股东大会的时候，都会毫无保留地把公司近期的经营业绩、公司所面临的问题和自己在经营过程中所犯过的错误发布出来，他努力使自己的公司在所有的股东面前透明化，只有这样才能得到股东的信任。他始终相信，这样做不论是对管理者还是对股东来说都会有好处。

然而，并非所有的公司管理层都能做到这一点。许多公司的管理层为了短期利益，总是会公布一些对公司有利的信息，隐瞒问题，从而用这种欺骗的方式吸引更多的投资者。巴菲特非常厌恶这样的做法。他知道没有一个公司的经营能做到完美无缺，因此，犯下错误是必然的。如果有哪个公司的报告书里看不出一点的瑕疵，巴菲特会立即将其排除在自己的投资意向之外，因为该公司在说谎。

综观巴菲特所投资的企业，这些企业的管理者都是他所欣赏的。这些管理者不论何时都保持着对股东的忠诚，所以巴菲特才愿意向他们投资，放心地把自己的巨额资金托付给他们。

4.静待优秀企业出现危机

巨大的投资机会来自于优秀的企业被不寻常的环境所困，这时会导致这些企业的股票被错误地低估。……当他们需要进行手术治疗时，我们就买入。

——沃伦·巴菲特

有时候，巴菲特的投资行为会让那些股市观察家们大跌眼镜。1960年年末，在美国运通银行发生色拉油丑闻事件后，巴菲特出资吃下该银行的股份；20世纪70年代，他买下了GEICO公司；20世纪90年代初期，他又买下了被业内人士宣布"注定要完蛋"的富国银行。

巴菲特为什么要这么做呢?他牢记格雷厄姆所说的:市场上大多充斥着抢短线进出的投资人，而他们为的是眼前的利益。这就是说，如果某公司正处于经营的困境，那么在市场上，这家公司的股价就会下跌，甚至还会造成股价低于企业内在价值几倍的局面。格雷厄姆认为，这正是投资人进场做长期投资的最好时机。

足够的安全边际往往出现在具有持续竞争优势的企业遇到暂时性重大问题的时候。尽管这些问题非常严重，但属于暂时性质，对公司长期的竞争优势和盈利能力没有根本性的影响。如果市场在企业出现问题后发生恐慌，大量抛售股票，从而导致股价大幅下跌，使公司股票被严重低估，这时将为价值投资人带来足够的安全边际和巨大的盈利机会。随着企业解决问题后恢复正常经营，市场重新认识到其长期盈利能力丝毫无损，股价将大幅回升。也就是说，如果一个优秀的企业被一些特殊因素困扰，从而导致股价被低估，这就是最佳的投资机会。

　　巴菲特首先注意到，投资于被低估的大公司相对于同样被低估的小公司会有更大的投资收益："如果我们承认由于普通股显示了优良的成长性和迷人之处，过高估价成长股是市场的一贯作风，那么逻辑上因为一时发展活力不太令人满意而公司失宠于投资者，至少相对而言，市场对该股票估值过低也是预料之中的。这也许是股票市场存在的一个基本规律，它提示了一种可以证明是最保守和最有希望的投资途径。"

　　"进攻型投资者最关键的是，要全神贯注于那些正经历不引人注意时期的大公司。当小公司被过度低估时，并且在许多情况下，即使以后它们的收益和股价增长，它们也会有最终丧失盈利能力的风险，以及不管收益是否好转都会有被市场长期忽略的风险。而大公司相比之下则有着双重的优势：第一，它们有资本资源和智力资源帮助它们渡过难关，恢复到令人满意的正常收益；第二，市场对它们任何好转的表现都往往会有适度敏感的反应。"

　　"当一些大企业暂时出现危机或股市下跌，出现有利可图的交易价格时，应该毫不犹豫买进它们的股票。"巴菲特喜欢在一个优秀公司因受到质疑或误解干扰，使股价暂时受挫时进场投资。虽然一个人不能预测股市波动，但几乎所有对股票市场历史略有所知的人都知道，一般而言，在某些特殊的情况下，能够很明显地看出股票价格是过高还是过低了的诀窍在于：在股市过度狂热时，只有极少的价格低于其内在价值的股票可以购买；在股市过度低迷时，可以购买的价格低于其内在价值的股票则如此之多，以至于投资者因为财力有限而不能充分利用这一良机。巴菲特用自己多个成功案例证明，市场狂跌是以较大安全边际低价买入股票的最好时机。

　　对于企业而言，周期性的经营循环经常发生，以电视台和报社为例，他们依赖的是广告收入，而整体经济状况会影响广告费率，进而造成营收的变动。经济不景气，广告收入锐减，报社和电视台的营收必然减少，反映在市场上，就是该公司的股价下跌。

　　1990年，美国广播公司就面临了这个问题。该年度，由于经济不景气，该公司宣布它1990年的净利大致和1989年的净利一样，而之前市场上的看法认为，该公司的每股盈余应该增长27%左右。这个消息一经公布，在6个月内，该公司股价从每股63.3美元跌落到每股38美元，跌幅约为40%。1995年，美国广播公司同意和迪士尼公司合并，使美国广播公司的股价上涨至每股125美元，如果在1990年，某人以每股38美元买入该股，并在 1995 年以每股 125 美元的价格卖出，则每股获利为 87 美元，换算成税前的年复利报酬，约为 26%。

同样的状况也可能会发生在银行业。某年度利率的改变会影响银行的营业收入和获利，而不动产市场的景气循环也会对银行界造成影响。经过一段时期的不景气，随之而起的可能是不动产业界的大幅扩张。但是全面性的经济不景气，对各种银行的影响程度不一，对大型银行而言，其所受冲击的程度，就远比地方型的小银行严重得多。

大型银行在整个商业体系和经济社会中扮演重要的角色。除了和成千上万的个人、企业有业务往来之外，对小型银行而言，还扮演着资金融通的角色，实属银行中的银行。他们可以直接向美国财政部购买公债，再转售给其他银行或机构。在美国联邦储备银行眼中，这些大型银行是金融体系的重心，一旦发生任何经营不善的问题，所波及的范围将会牵连甚广。因此，联邦储备银行会尽全力要求其他大型银行将经营不善的银行加以购并，以防风暴愈演愈烈。然而，在经济萧条之际，所有的银行都或多或少发生经营上的问题，此时，联邦储备银行可以做的就是放松银根（即货币供给），并尽可能协助大型银行正常营运。

大多数民众并不清楚银行间彼此的借贷状况，事实上，联邦储备银行扮演着"融通窗口"的角色，允许其他银行以便宜的资金借款来协助自身营运。在寻常的营运时期，如果有某家银行向联邦储备银行申请借贷资金过于频繁，就会受到相关银行法规限制。但是，面临全国性的经济萧条，唯有联邦储备银行这个融通窗口是唯一一个可以协助并确保大型银行维持正常营运的地方。

在全面性的经济萧条情况下，虽然没有企业不受到伤害，但是经营体制强韧的公司和不堪一击的公司却很容易在这场战役中分辨出来。在美国西岸，有一家财力雄厚、营运良好但也最保守的银行，就是全美排行第七的大银行——富国银行。在 1990 年和 1991 年，由于房地产不景气，富国银行在不动产贷放业务上出现 13 亿美元的账面损失，约相当于每股净值 53 美元中的 25 美元。所谓账面损失，并不一定代表这些损失已经实现或者将来会发生，而是表示银行必须从净值里提存这笔金额，作为应付将来损失发生时的储备金。也就是说，一旦这些损失确定发生，就必须从每股净值中取出 25 美元来弥补，所以该银行的净值会从每股 53 美元减少为每股 28 美元。为了提存这些损失储备，几乎已经把该银行在1991年的盈余全数耗尽，从而导致当年该银行的净利只有2100万美元，约为每股盈余0.04美元。

由于富国银行在1991年可以说没有赚钱，市场立即对该银行的股价作出反应，从每股86美元跌到每股41.30美元，跌幅高达52%左右。但此时，巴菲特却买进该公司10%的股份，约500万股，平均价格每股57.80美元。

在巴菲特眼中，富国银行是全国经营良好、获利最佳的银行之一，但是该银行此时的股价却远低于那些和富国银行并列同级的银行。在加利福尼亚州，有许多居民、企业和许多其他的中小型银行依靠富国银行的相关金融服务，如存款、汽车贷款、房屋贷款以及对其他中小型银行做资金融通。

实际上，富国银行所遭到的损失并不如预期的严重。7年后，也就是在1997年，它的股价已经上涨到每股270美元。巴菲特的这项投资，为他赚进了约24.6%的税前复利报酬率。

富国银行是一家经营管理良好的公司，在业界扮演着重要的角色，所以当其他经营不善的银行纷纷倒闭时，该银行仍能屹立不倒。

总体而言，如果已经证实某家公司具有营运良好或者消费独占的特性，甚或两者兼具，就可以预期该公司一定可以在经济不景气的状况下生存下去，一旦度过这个时期，将来的营运表现一定比过去更好。经济不景气对那些经营体制脆弱的公司是最难挨的考验，但经营良好的公司，在这场淘汰赛中，一旦情势有所改观，必将会展现强者恒强的态势，并扩大原有的市场占有率。

巴菲特在1996年的伯克希尔公司股东手册中指出，市场下跌使买入股票的价格降低，所以是好消息。"我们面临的挑战是要像我们现金增长的速度一样，不断想出更多的投资主意。因此，股市下跌可能给我们带来许多明显的好处。首先，它有助于降低我们整体收购企业的价格；其次，低迷的股市使我们下属的保险公司更容易以有吸引力的低价格买入卓越企业的股票，包括在我们已经拥有的份额基础上继续增持；第三，我们已经买入其股票的那些卓越企业，如可口可乐、富国银行，会不断回购公司自身的股票，这意味着，他们公司和我们这些股东会因为他们以更实惠的价格回购而受益。总体而言，伯克希尔公司和它的长期股东们从不断下跌的股票市场价格中获得更大的利益。对伯克希尔公司来说，市场下跌反而是重大利好消息。"

"大多数人都是对别人都感兴趣的股票才感兴趣。但没有人对股票感兴趣时，才正是你应该对股票感兴趣的时候。越热门的股票越难赚到钱。只有股市极度低迷，整个经济界普遍悲观时，超级投资回报的投资良机才会出现。"

5. "股神"的核心法宝——评估企业的内在价值

内在价值尽管模糊难辨却至关重要，它是评估投资和企业的相对吸引力的唯一合理标准。

——沃伦·巴菲特

巴菲特认为，一个有竞争优势的企业并不一定能够给投资者带来丰厚的利润，还必须要对这家公司的内在价值进行评估，确定自己准备买入的企业股票的价值是多少，然后再跟股票市场价格进行比较。这就是巴菲特经常提到的"价值投资法"。这一方法来源于巴菲特的老师格雷厄姆。

格雷厄姆认为：价值投资最基本的策略正是利用股市中价格与价值的背离，以大于股票内在价值相当大的折扣价格买入股票，在股票上涨后以相当于或高于价值的价格卖出，从而获取超额利润。也就是说，投资成功的前提就是要对你所投的企业进行正确的价值评估。

价值评估是价值投资的前提、基础和核心。巴菲特在伯克希尔1992年的年报中说："内在价值尽管模糊难辨却至关重要，它是评估投资和企业的相对吸引力的唯一合理标准。"可以说，没有准确的价值评估，即使巴菲特本人也无法确定应该以什么价格买入股票。

因此，价值投资法是巴菲特最重要的投资理论，是巴菲特投资的基础。巴菲特认为，价格是你将付出的，价值是你将得到的。你没有必要等到最低价才去买，只要低于你所认定的价值就可以了。如果能以低于价值的价格买进，而且管理层是诚实可靠有能力的，你肯定会赚钱。巴菲特在1994年伯克希尔公司的年报中，花了大量的篇幅解释其追求内在价值的过程。就像大多数投资人所预期的，巴菲特会固定报告公司的每股账面价值。"就像我们不断告诉各位的，内在价值才是重点所在，有一些事情是无法条列说明但却必须列入考虑的。"然后他继续指出，"我们把内在价值定义为，可以从企业未来营运中拿回来的折扣现金价值。"巴菲特毫不讳言，随着外在利率的变动，企业未来的现金流量也必须做修正，这种主观认定的内在价值也因此会有所变动。

一般说来，采用价值投资法的人都是以买下整个公司的谨慎态度来下单买股票的，而对于所谓的股市行情和当时的经济与政治环境基本是采取忽略不计的态度。再直接点来说，采用价值投资法的人买股票的时候，会在心里详细地询问一系列的问题：该公司的财务状况如何？是否负债过多？交易价格由哪几部分组成？未来的盈利能力如何？它的投资回报率如何？将来的发展潜力如何？

倘若投资者对于上述问题有一个清晰且满意的答案，并且还能以比未来实际价值还低的价钱买入这家公司，就等于捡到了天上掉下的馅饼，也就是挖到了一个价值投资的标的。

价值投资法的宗旨是资产出现的折让越大、市盈率越低，那么该公司就越值得投资。但投资者可能会有一个疑问，我们怎样才可以知道每一家公司的资产值是多少？市盈率我们当然可以从报章之中找到，股价从报章中每日都有报道。但公司的每股资产值及折让多少，要从哪里得知？答案其实非常简单。这些数据很多时候都可以从公司的年报中找到。上市公司每年会发一份年报，报道过去一年公司的发展情况，盈利或是亏损，公司的资产变动，每股的资产值多少，等等。这些数据并不难找到，我们可以从报章或是公司发表的半年总结及年总结的盈亏账及资产负债表里面看到。不过，找到数据之后，投资者就要自行计算一下，现时这家公司的股价和其每股的内在价值相差是多少。究竟是否有折让，如果有的话，折让又是多少。计算出这些数据之后，投资者就可以比较不同的公司，究竟哪一家值得买，哪一家不值得买了。

格雷厄姆曾经在一场演讲中说明他自己的投资哲学，请注意他以下所说的重点：

"我的声誉——不论是现在或最近被提起的，主要都与'价值'的概念有关。事实上，我一直希望能以清楚、令人信服的态度说明这样的投资理念，也就是从获利能力与资产负债表这些基本要素着眼，而不去在乎每季获利成长的变动，也不去管企业所谓的'主要获利来源'涵盖或不涵盖哪些项目。一言以蔽之，我根本就不想花力气预测未来。"

　　价值投资法是巴菲特最值得称道的、最有效的投资方法，因为这一方法抓住了企业的本质，抓住了投资过程中的要点。准确而灵活地运用这一方法，就会大大地降低投资的风险，提高投资成功率和回报率。

6. 艺术与科学——企业内在价值的评估

价值评估，既是艺术，又是科学。

——沃伦·巴菲特

尽管价值评估是投资的最佳方式，但事实上没有谁能精确评估出一个企业的内在价值，就连股神巴菲特也坦然承认："我们只是对于估计一小部分股票的内在价值还有点自信，但这也只限于一个价值区间，而绝非那些貌似精确实为谬误的数字。"

价值评估的最大困难和挑战是，内在价值取决于公司未来的长期现金流量，而未来的现金流量又取决于公司未来的业务情况，而未来是动态的、不确定的，预测时期越长，就越难准确地进行预测。正如巴菲特所说："价值评估，既是艺术，又是科学。"非常准确地预测是一种艺术，但满意地进行预测以满足投资决策的要求却是一门科学。

要想科学评估一个企业的内在价值，为自己的投资做出正确的判断提供依据，必须注意以下几个方面：

（1）现金流量贴现模型

巴菲特认为，唯一正确的内在价值评估模型，是1942年约翰·伯尔·威廉斯提出的现金流量贴现模型。

在《投资价值理论》中，约翰·伯尔·威廉斯提出了价值计算的数学公式，我们可以将其精炼为：今天任何股票、债券或公司的价值，取决于在资产的整个剩余使用寿命期间，预期能够产生的、以适当的利率贴现的现金流入和流出。

请注意，这个公式对股票和债券来说完全相同。尽管如此，两者之间有一个非常重要的而且很难对付的差别:债券有一个息票和到期日,可以确定未来的现金流;而对于股票投资,投资分析师则必须自己估计未来的"息票"。另外,管理人员的能力和水平对于债券息票的影响甚少,一般只有在管理人员极其无能或不诚实,以致暂停支付债券利息的时候才有影响。与之相反,股份公司管理人员的能力却对股权的"息票"有着巨大的影响。

巴菲特曾经用一则伊索寓言做比喻,强调价值评估应该采用现金流量贴现模型。他说:"我们用来评估股票与企业价值的公式完全相同。事实上,这个用来评估所有为取得金融收益而购买的资产的价值评估公式,从公元前600年时由一位智者第一次提出后,从来就没有变过。这一奇迹就是伊索和他那永恒的、尽管有些不完整的投资智慧:一鸟在手胜过两鸟在林。要使这一原则更加完整,你只需要再回答三个问题:你能够在多大程度上确定树丛里有小鸟?小鸟何时出现以及有多少小鸟会出现?无风险利率是多少?如果你能回答出这三个问题,那么你将知道这片树丛的最大价值是多少,以及你现在需要拥有小鸟的最大数量是多少,才能使你现在拥有的小鸟价值正好相当于树丛未来可能出现的小鸟的价值。当然,不要只是从字面上理解为小鸟就是资金。"

巴菲特还表示,伊索的投资格言放之四海而皆准,它适用于评估农场、油田、债券、股票、彩票以及工厂等的投资。不论蒸汽机的发明、电力的开发,还是汽车的问世,都丝毫没有改变这个公式,连互联网也无能为力。只要输入正确的数字,你就可以对资本在世界上任何一种可能用途的投资价值进行评估。

一般的评估标准,诸如股利收益率、市盈率或市价净值比,甚至是成长率,与价值评估毫不相关,除非它们能够在一定程度上提供一家企业未来现金流入流出的线索。事实上,如果一个项目前期的现金投入,超过了未来该项目建成后资产产生的现金流贴现值,反而会摧毁企业的价值。

(2)正确的现金流量预测

巴菲特曾经告诫投资者:应该明白会计上的每股收益只是判断企业内在价值的起点,而非终点。

在许多企业里,尤其是那些有高资产利润比的企业里,通货膨胀使部分或全部利润徒有虚名。如果公司想维持其经济地位,就不能把这些"利润"作为股利派发。否则,企业就会在维持销量的能力、长期竞争地位和财务实力等一个或多个方面失去商业竞争的根基。因此，只有当投资人了解自由现金流时，会计上的利润在估值中才有意义。

巴菲特指出，按照会计准则计算的现金流量并不能反映真实的长期自由现金流量，所有者收益才是计算自由现金流量的正确方法。所有者收益包括报告收益，加上折旧费用、折耗费用、摊销费用和某些其他非现金费用，减去企业为维护其长期竞争地位和单位产量而用于厂房和设备的年平均资本性支出，等等。

巴菲特提出的所有者收益，与现金流量表中根据会计准则计算的现金流量最大的不同是，它包括了企业为维护长期竞争优势地位的资本性支出。

大多数企业经理人不得不承认，在很长的时期内，仅仅是为了保持企业当前的单位产量和竞争地位，就需要投入比非现金费用更多的资金。如果存在这种增加投入的必要性，也就是说如果年平均资本性支出超过非现金费用，那么根据会计准则计算的现金流量收益就会远远大于所有者收益。

这表明，常常在华尔街的报告中提供的"现金流量"是很荒谬的，因为这些数字例行公事地包括报告收益加上非现金费用，而没有减去年平均资本性支出。另外，大多数投资银行家的销售手册上也有这种欺骗性的介绍，他们暗示正在出售的企业是一座商业金字塔，永远是最现代化的，而且永远不需要更新、改善或整修，而实际上这是根本不可能的。

巴菲特认为，如果投资者相信，评估一家企业的偿债能力时，或对其权益进行估值时，可以用报告收益加上非现金费用，而忽略年平均资本性支出，肯定会遇上大麻烦。在伯克希尔公司拥有的其他企业中，以历史成本为基础的——也就是不包括无形资产的摊销和其他收购价格调整——在数额上相当接近于年平均资本性支出。对此，巴菲特深信不疑，这是他将摊销费用和其他收购价格调整分列的原因。

巴菲特提醒投资者，会计师的工作是记录，而不是估值，估值是投资者和经理人的工作。"会计数据当然是企业的语言，而且为任何评估企业价值并跟踪其发展的人提供了巨大的帮助。没有这些数字，查理和我就会迷失方向，对我们来说，它们永远是对我们自己的企业和其他企业进行估值的出发点，但是经理人和所有者要记住，会计数据仅仅有助于经营思考，而永远不能代替经营思考。"

需要注意的是，一些企业的未来现金流量容易预测，但也有一些企业的未来现金流量预测起来却有很多麻烦，巴菲特总是只关注那些未来现金流量容易预测的企业。

巴菲特曾经在谈话中多次重申，他喜欢的企业的标准之一是具备"经证明的持续盈利能力"，他本人对预测未来收益不感兴趣。在伯克希尔公司1982年的年报中，巴菲特说："查理提醒我注意，伟大企业的优点在于其巨大的盈利增长能力，但只有我对此可以非常确定的情况下我才会行动。不要像得克萨斯仪器公司或者宝丽来公司，它们的收益增长能力只不过是一种假象。"

格雷厄姆指出：定价越是依赖于对未来的预期，与过去的表现结果联系越少，就越容易导致错误的计算结果和严重的失误。一个高盈率的成长型股票，它的大部分价格构成同过去的表现有着显著不同的预测结果——现有的增长可能除外。

所以，价值评估的一般做法是，根据真实的并且经过合理调整的公司历史收益记录，计算长期平均收益，并以此为基础推断分析公司未来可持续的盈利能力。计算平均收益时，必须包括相当长的年份，因为长期的、持续和重复的收益记录，总要比短暂的收益记录更能说明公司可持续盈利能力。

在实践中，巴菲特主要采取以下两个指标来分析公司的长期经营记录：

①股东权益报酬率

格雷厄姆和多德指出，盈利能力的计算应是"平均收益"，即根据过去较长一段时期内实际获利收益的平均数形成的未来平均收益预期。这种平均收益并非简单的算术平均，而是"具有正常或众数意义的平均值。其内涵在于每年的经营结果具有明确的接近这个平均的趋势"。这种基于长期平均收益的盈利能力，比当前收益更能反映公司长期价值创造能力。

巴菲特认为，衡量公司价值增值能力的最好指标是股东权益报酬率，他说："对公司经营管理业绩的最佳衡量标准，是取得较高的营业权益资本收益率，而不是每股收益的增加。我们认为，如果管理层和金融分析师们将最根本的重点不是放在每股收益及其年度变化上的话，公司股东以及社会公众就能更好地理解公司的经营情况。"

巴菲特认为，对公司价值创造能力最基本的检验标准是使股本投资获得高水平的权益投资收益率（当然是在没有不合理的财务杠杆和会计花招等情况之下），而不是每股盈利的持续增长。权益投资回报率表现了管理层利用股东投入资本的经营效率。

高水平的权益投资回报率，必然导致公司股东权益的高速增长，相应的也会导致公司内在价值及股价的稳定增长。集中投资于具有高水平权益投资回报率的优秀公司，正是巴菲特获得巨大投资成功的重要秘诀之一。

②账面价值增长率

如果一个公司能够持续地以一个较高的速度提高每股盈利，那么就会相应导致每股账面价值以一个较高的速度增长。在长期内，账面价值的增长必定导致公司内在价值及股票价格按照相应的速度增长。巴菲特在伯克希尔公司1996年年报中指出："尽管账面价值不能说明全部问题，但我们还是要给大家报告伯克希尔公司的账面价值，因为至今账面价值仍然是对伯克希尔公司内在价值大致的跟踪方法，尽管少报了许多。换言之，在任何一个年度里，账面价值的变化比率很可能会合乎逻辑地与当年内在价值的变化比率接近。"

美国股市100年来的实证研究表明，股票价格与净资产比率围绕其长期平均值波动。其最显著的表现是Q值的长期稳定性。Q值是诺贝尔经济学奖获得者詹姆斯·托宾于1969年提出的，指公司股票市场价值与公司净资产价值的比率，或者公司每股股票市场价格与每股净资产价值的比率。罗伯逊和赖特在论文《有关长期股票回报率的好消息与坏消息》中，用100年来美国股市的统计数据进行的统计检验表明，Q值的平均值具有令人惊奇的长期稳定性，Q值呈现出明显的均值回归，即尽管短期内Q值会偏离其长期平均值，但长期内会向其平均值回归。

由于每股盈利很容易受到各种因素的影响，公司管理层可以采用多种合法的会计手段来操纵盈利，每股盈利经常不能准确地反映出公司价值创造能力，而账面价值的变化则相对稳定，不易受到众多因素的影响。因此，巴菲特将账面价值的变化尤其是账面价值在长期内的稳定增长作为判断企业未来经营稳定性的指标之一。

（3）合适的贴现率

确定了公司未来的现金流量之后，接下来就是要选用相应的贴现率。让很多人感到惊奇的是，巴菲特所选用的贴现率，就是美国政府长期国债的利率或到期收益率，这是任何人都可以获得的无风险收益率。

一些投资理论家认为，对股权现金流量进行贴现的贴现率，应该是无风险收益率（长期国债利率）加上股权投资风险补偿，这样才能反映公司未来现金流量的不确定性。但巴菲特从来不进行风险补偿，因为他尽量避免涉及风险。

首先，巴菲特不购买有较高债务水平的公司股票，这样就明显减少了与之关联的财务风险。其次，巴菲特集中考虑利润稳定并且可预计的公司，这样经营方面的风险即使不能完全消除，也可以大大减少。对此，他表示："我非常强调确定性。如果你这么做了，那么风险因子的问题就与你毫不相关。只有在你不了解自己所做的事情的时候，才会有风险。"

如果说公司的内在价值就是未来现金流量的贴现，那么恰当的贴现率究竟应该是多少呢？巴菲特选择了最简单的解决办法："无风险利率是多少？我们认为应以美国长期国债利率为准。"

基于以下三个方面的理由，巴菲特的选择是非常有效的：

第一，巴菲特把一切股票投资都放在与债券收益的相互关系之中。如果他在股票上无法得到超过债券的潜在收益率，那么他会选择购买债券。因此，他的公司定价的第一层筛选方法就是，设定一个门槛收益率，即公司权益投资收益率必须能够达到政府债券的收益率。

第二，巴菲特并没有费过多的精力为他所研究的股票分别设定一个合适的、唯一的贴现率。每个企业的贴现率是动态的，它们随着利率、利润估计、股票的稳定性以及公司财务结构的变化而不断变动。对一只股票的定价结果，与其作出分析时的各种条件紧密相关。两天之后，可能就会出现新的情况，迫使一个分析家改变贴现率，并对公司作出不同的定价。为了避免不断地修改模型，巴菲特总是很严格地保持他的定价参数的一致性。

第三，如果一个企业没有任何商业风险，那么他的未来盈利就是完全可以预测的。在巴菲特眼里，可口可乐、吉列等优秀公司的股票就如同政府债券一样没有风险，所以应该采用一个与国债利率相同的贴现率。

（4）经济商誉

事实上，根据债券价值评估模型在进行企业股权价值评估时，企业的有形资产相当于债券的本金，未来的现金流量相当于债券的利息。和债券一样，本金在总价值中占的比例越大，受未来通货膨胀的影响越大。现金流量越大，公司的价值越高。持续竞争优势越突出的企业，有形资产在价值创造中的作用越小，企业声誉、技术等无形资产的作用越大，超额回报率越高，经济商誉也就越庞大。

因此，巴菲特最喜欢选择的企业一般都拥有巨大的无形资产，而对有形资产需求却相对较小，能够产生远远超过产业平均水平的投资回报率。简而言之，巴菲特最喜欢的优秀企业的内在价值只有一小部分是有形资产，而其余大部分都是无形资产创造的超额盈利能力。

喜诗糖果是美国最著名的巧克力企业，也是巴菲特收购的第一家有持续竞争优势的企业，这一次收购的巨大成功，是巴菲特彻底从购买"雪茄烟蒂式"的便宜企业转向优秀企业的开始。巴菲特经常以喜诗巧克力作为企业经济特许权的例子，"假设你听售货员说喜诗巧克力卖完了，并随即推荐一种无品牌的巧克力，如果你宁愿再步行穿越一条街去购买一块喜诗巧克力，或者说，一块喜诗巧克力让你愿意为它比购买无品牌的巧克力或其他类似产品多付5分钱，这正是经济特许权的价值。"

对于"商誉"，巴菲特是这样解释的：如果一家企业被收购了，那么根据会计准则，首先收购价先转入收购的可确认资产的公允价值中，这些资产（在扣减了负债之后）的公允价值总和通常小于企业的收购总价。在这种情况下，差额就转入一项名为"收购成本超出所收购资产权益值的部分"的资产账户中，而这就是我们所说的"商誉"。

商誉创造了一种消费者特许权，它使产品对于消费者的价值，而不是产品的生产成本，成为售价的主要决定因素。消费者特许权是经济商誉的一个主要来源，其他来源包括不受利润管制影响的政府特许权（例如电视台）以及在一个行业中持续保持低成本生产者的地位。

巴菲特还认为，一个公司具有的经济商誉，远远超过会计商誉的原始总成本。换言之，在会计商誉从收购之时起就有规律地减少的同时，经济商誉则以不规律但却非常坚实的步伐增加。

任何一家需要具有一些有形资产净值进行经营的无财务杠杆的企业，都肯定会受到通货膨胀的损害。一般人认为，对付通货膨胀最好的保护手段是企业大量购置自然资源、厂房设备或者其他有形资产。而巴菲特则认为，这种保护并没有什么效果。资产规模庞大的企业，往往只能取得较低的收益率，常常仅仅能提供现金，以满足企业在通货膨胀下保持现有能力水平不变的需要，而除此之外却产生不了更多的现金来支持企业的实际增长，或者用来给投资者发放股利，或者用来收购新的企业。

相比之下，在通货膨胀时期形成的巨大企业财富增值，来自于拥有这样的企业：把价值持久的无形资产与相对需求较少的有形资产相结合。在这种情况下，按名义美元计算的收益会不断提高，而且这些收益总体上完全能够用以收购其他企业。这种现象在传媒企业中尤其明显，这些公司只需要很少的有形资产的投资，但它的经济特许权仍然能够持续。因此，在通货膨胀时期，经济商誉是一种不断给予人们回报的厚礼。

7.越保守的价值评估越可靠

我们永远不可能精准地预测一家公司现金流入与流出的确切时间及精确数量，所以，我们试着进行保守的预测，同时集中于那些经营中意外事件不太可能会为股东带来灾难性恐慌的产业中。

——沃伦·巴菲特

尽管在巴菲特看来，价值评估是投资决策的一个有效工具，但巴菲特并不认为价值评估是一件容易或精确的事，他对投资者说："无论谁都可能告诉你，他们能够评估企业的价值，你知道所有的股票价格都在价值线上下波动不停。那些自称能够估算价值的人对他们自己的能力有过于膨胀的想法，原因是估值并不是一件那么容易的事。但是，如果你把自己的时间集中在某些行业上，你将会学到许多关于估值的方法。"

巴菲特认为，由于公司未来长期现金流量的数量和时间难以预测，只能进行保守的预测，而且只是在偶然情况下，少数公司的股价才会低于对其未来现金流量最保守的估计而计算出来的最保守的内在价值。巴菲特认为要想给出未来现金流量出现的时间和数量这两个变量的具体数值是一个非常困难的任务。想要使用这两个变量的精确值事实上是非常愚蠢的，找出它们可能的区间范围才是一个更好的办法。一般情况下，对这两个变量的估计往往不得不在很大的区间范围内，以至于根本得不出什么有用的结论。但在某些偶然情况下，即使对未来树林中可能出现的小鸟数量进行最保守的估计，也会发现价格相对于价值太低了。我们把这种现象称为无效树丛理论。可以肯定的是，投资人要想得出一个证据充分的正确结论，需要对公司经营情况有大致的了解，并且需要具备独立思考的能力。但是，投资者既不需要具备什么出众的天才，也不需要具备超人的直觉。另一个极端，有很多时候，即使是最聪明的投资人都没有办法提出小鸟确实会出现的证据，即使是在最宽松的假设下仍是如此，这种不确定性在考察新成立企业或是快速变化的产业时经常发生。在这种情况下，任何资本的投入都属于投机。

巴菲特说："在伯克希尔公司我们从来没有试图要从无数个其价值未经证实的公司中挑出几个幸运的胜利者，我们根本没有聪明到这种程度，对此我们很有自知之明。相反，我们试着运用伊索寓言中提出的具有2600年悠久历史的公式，寻找那些我们有合理的信心来确定有多少只小鸟在树林中以及它们何时会出现的公司（或许以后我的孙子可能会把这个公式改为一个敞篷车上的女孩胜过五个电话簿上的女孩）。显然，我们永远不可能精准地预测一家公司现金流入与流出的确切时间及精确数量，所以，我们试着进行保守的预测，同时集中于那些经营中意外事件不太可能会为股东带来灾难性恐慌的产业中。即便如此，我们还是常常犯错，大家可能还记得我本人就曾经自称是相当熟悉集邮、纺织、制鞋以及二流百货公司等产业的家伙。"

伯克希尔公司的保险业务主管迈克尔·A.戈德堡曾这样描述巴菲特追求确定性的方法："他总是在权衡他所听到的一切信息：它前后一致吗？可靠吗？有什么错误吗？他的大脑中有一个关于整个外部世界的模型。这个模型会把每一个新的信息与他已经处理过和了解过的信息进行比较，然后思考所有这一切对他来说意味着什么。"

有人问巴菲特如何评估一个企业的价值，巴菲特回答说："我的工作是阅读。"

巴菲特首次对保险公司GEICO产生投资兴趣时，他是这样做的："我阅读了许多资料。我在图书馆待到最晚时间才离开……我从BESTS（一家保险评级服务机构）阅读了许多保险公司的资料，还阅读了一些相关的书籍和公司年度报告。我一有机会就与保险业专家以及保险公司经理们进行沟通。"

巴菲特阅读最多的是企业的财务报告。他阅读所关注公司的年报，他也阅读它的竞争对手的年报，这些是他最主要的阅读材料。巴菲特39年来在伯克希尔公司年报中写给股东的信中，对企业会计报表的财务分析能力让人无比佩服。

巴菲特认为，分析企业会计报表是进行价值评估的基本功："当经理们想要向你解释清楚企业的实际情况时，可以通过会计报表的规定进行。但不幸的是，当他们想弄虚作假时，起码在一些行业，同样也能通过报表的规定来进行。如果你不能辨认出其中的差别，那么，你就不必在资产管理行业中混下去了。"

巴菲特看待上市公司信息披露的态度也与众不同："我看待上市公司信息披露（大部分是不公开的）的态度，与我看待冰山一样（大部分隐藏在水面以下）。"

巴菲特给阅读企业财务报告的投资者提出了以下3个建议。

"第一，特别注意会计账务有问题的公司，如果一家公司迟迟不肯将期权成本列为费用，或者其退休金估算假设过于乐观，千万要当心。当管理层在幕前就表现出走上了邪路，那么在幕后很可能也会有许多见不得人的勾当。厨房里绝对不可能仅仅只有你看见的那一只蟑螂。

第二，复杂难懂的财务报表附注披露通常暗示管理层不值得信赖，如果你根本就看不懂附注披露或管理层分析，这通常表明管理层压根儿就不想让你搞懂，安然公司对某些交易的说明至今还让我相当困惑。

第三，要特别小心那些夸大收益预测及成长预期的公司，企业很少能够在一帆风顺、毫无意外的环境下经营，收益也很难一直稳定增长。至今查理跟我都搞不清楚我们旗下企业明年到底能够赚多少钱，我们甚至不知道下一季的数字，所以，我们相当怀疑那些常常声称知道未来会如何如何的CEO们。而如果他们总是能达到他们自己声称的目标收益，我们反而更怀疑这其中有诈。那些习惯保证能够达到预测数字目标的CEO，总有一天会被迫去假造这些数字。"

8.运用价值投资法的注意事项

无论是否合适，术语"价值投资"被广为使用。典型地，它意味着买入有诸如低市净率、低市盈率或者高红利率特征的股票。不幸的是，即使这些特征一齐出现，对于投资者是否真正买入物有所值的股票，并因此真正按从他的投资中获取价值的原则操作来说，它们也远不是决定性的。

——沃伦·巴菲特

巴菲特认为，价值投资就是寻找价格"等同于内在价值或小于内在价值"的"健全企业"，而后长期持有，直到有充分理由把它们卖掉为止。当然，这个"健全企业"就是巴菲特所谓的优秀公司，而不是所谓的"雪茄烟蒂"企业。在这方面，巴菲特是有着深刻教训的，他曾寻找过那种"便宜货"，结果受到了严厉的处罚，而这种处罚也让他更加重视企业的内在价值。

目前，在市场上流传较广的投资方法有三种，即多层面投资法、预期方法和内在价值投资法。所谓多层面投资法，是研究一家上市公司时，从多方面去看，既要研究其每股实值，又要看其市盈率、派息率、公司计划、公司董事局作风等。预期方法是分析一家公司的预期收益，再以数学的折算方法去计算一家公司每股价值是多少。相比之下，还是内在价值投资法的风险最低，也最容易获得成功。多层面投资法，它所研究的因素实在太多，而这些因素，譬如公司的作风，又可以说是完全不确定的因素，并且不可以量化。投资人如采用这种方法投资，可能就会流于主观，从而导致高风险，因此不可取。至于第二种方法，计算一家公司的预期收益，也非常困难。因为预期收益受太多因素所影响，譬如政治因素、经济大势、经济循环起落、政府干预市场的手段等，变量也太多。如果以这个方法买卖股票，风险亦是不小。唯一风险最低的投资方法就是价值投资法，只要该公司股票的市价低于其股票实值，而且其市盈率亦是极低的话，就是值得投资的股票。股票价值高，但市价低，即使跌也极为有限，风险当然很低。

当然，价值投资法也并非说的那么简单，首先还得要区分市价和实值。市价当然就是这只股票的每日做价。这个价位日日都可以不同，有时升，有时跌。相比之下，股票的实值却是一段时间之内其应有的价值。

实值是以该公司拥有的物业、地皮、存货和应收款项等的资产，减去应付的款，然后除以发行股数。譬如一家公司，现有的地皮、物业、存货和应收款项，减去其负债之后值100亿元。而该公司总共发行了10亿股，那么每一股就应该值10元，这叫作内在价值。如果现时这只股票市价是20元，那它就是物非所值。相反，如果这只股票市价3元，就是折让了七成。如果市价只是1元，就是折让了九成。折让率越高，这只股票就越值得买。

依价值投资法，要买一只股票，除了市价要低之外，市盈率也要低。市盈率越低代表价值越高。譬如一只股票，市价是1元，而其盈利是每股1.5元，这样的话，市盈率是两倍。即是说，如果公司的盈利能保持，两年之内可以赚回这只股票的市价。又譬如市价是1元，每股去年亦赚到1元，即市盈率等于一倍，那么一年之内，这只股票就可以赚回股票的市价，更加是物超所值。总之，市盈率越低，股票的价值也就越低。

价值投资法说起来简单，而实际应用却并不那么容易，所以虽然在采用价值投资法的人当中不乏巴菲特和卡拉曼这些投资成绩过人的知名人物，安德鲁·巴瑞仍然在1995年《拜隆》金融双周刊上介绍90高龄的证券分析师艾文·卡恩时指出："严格说来，华尔街近来可以被称为价值投资者的人已经寥寥可数。"正因为如此，那些活跃在投资领域里的格雷厄姆的信徒们才更加引人注目。

1976年，在巴菲特对哥伦比亚大学格雷厄姆的著名礼赞中，把寻求基本价值的精英团体形容为"格雷厄姆与杜德派的超级投资人"。作为价值投资的优秀实践者，巴菲特的伯克希尔·哈撒韦公司市场价值不断增长，股票价格在5位数以上。该公司股东的投资报酬率30年如一日，始终维持在每年23.6%上下，而同期史坦普500指数的涨幅则落后约10%。

另一位价值投资人虽不像巴菲特那般人尽皆知，但是在金融界却也享有相当地位，他就是纽约卡恩兄弟公司创办人——艾文·卡恩。卡恩家族管理了将近2.5亿美元的证券资产，1990－1994年间，卡恩兄弟平均每年的股票资产组合报酬率是19.3%。

除卡恩兄弟公司之外，几个杰出的价值投资企业还包括：TweedyBrowne公司、水杉基金(Sequoia Fund)、Walter & Edwin Schloss Associates公司、加州BrandesInyestment Partners公司、加拿大Peter Cundill & Associates公司、宾州共同基金的操盘人Quest Advisors等，这些公司的年操作绩效都在13%～20%之间。

正是这些企业的优异成绩，使社会上研究价值投资法的人越来越多，它似乎成了一个随随便便就可以赚到很多钱的黄金准则。不过事实并没有这么简单，要成功运用价值投资法，还必须避免几个误会：

（1）将价值与成长相对立

把价值和成长对立起来，区分所谓"价值投资"和"成长投资"、"价值股"和"成长股"、"价值型基金"和"成长型基金"，这是最常见的误会之一。任何投资的价值都是未来现金流量折成现值的结果，因而价值与成长之间没有理论上的差异，它们在结合点上并不能完全被切割开。也就是说，价值与成长之间"情意绵绵"，有些投资者不问青红皂白地"挥刀斩情丝"的做法，无异于"棒打鸳鸯"。

（2）价值投资就是买便宜股票

早期的价值投资的确就是"买便宜股票"：低价格、低市盈率、低市净率，甚至股价大幅低于公司的净流动资产，而对公司的品质要求不高。巴菲特称之为"雪茄烟蒂投资法"。然而，价值投资也在"与时俱进"，在核心思想保持不变的情况下，逐渐分化发展为不同的风格。在价值低估或价格合理的时候投资于具有扩张价值的杰出企业，成为价值投资目前最具代表性的方法。

（3）价值投资都是长期投资

尽管价值投资经常是长期投资，但"经常是"和"都是"二者的区别是显而易见的。如果股价在很短的时间内就反映甚至高估其价值，此时卖出是最明智的选择。所以说，时间长短不是衡量价值投资的唯一标准。当然，价值投资者所从事的短期投资与根据股价波动进出的短线投机或所谓的波段操作有本质的区别，前者有安全边际的保护，后者则没有，错了就会亏钱。

总之，价值投资法的投资要点就是把握其内在价值，努力寻找物超所值的股票。这些股票，即使有机会下跌，但跌幅一定有限。这些股票可以抵御熊市的来临，可以长期持有。即使熊市来临，其下跌的幅度也一定会比市盈率高。用来对抗空头市场，价值投资法是一种有效的股票投资方法。它除了是一种投资方法之外，更是一门投资哲学。

第四章

简单才是王道，不做复杂难懂的行业

　　巴菲特是一个谦虚谨慎的投资者，他不是在尽可能地降低风险，而是力求风险为零，因此，他从来就不会去碰自己所不懂或不熟悉的企业和行业。对他而言，简单明了的企业和行业才是他的金囊，而对于那些被市场所看好的新兴行业他一贯保持着审慎的态度，在未充分了解这些行业之前他绝对不会出手。避险而不是冒险，这是巴菲特的投资信条。

1.财富来源于避险而不是冒险

我们不必屠杀飞龙，只需躲避它们就可以做得很好。

——沃伦·巴菲特

在巴菲特看来，赚钱的秘诀并不在于冒险而在于避险。他说："我还没有学习到如何处理难以应付的企业问题。我学会的只是去避开它们。我之所以能够成功，并不是因为我有能力清除所有的障碍，而是在于我专注地寻找可以跨越的障碍。"这一原则体现在他的投资决策中就是从来不冒险去碰触复杂难懂的企业，而是专注于简单明了的企业。

巴菲特认为，任何领域的最高境界都是简洁明了的，比如说爱因斯坦著名的质能公式：$E=mc^2$，如此简单的公式却揭示了宇宙的深刻奥秘。巴菲特的投资理论同样简洁：在自己的能力范围之内去投资，不去冒险碰复杂的企业，哪怕它看起来有多么高的回报。

巴菲特不碰复杂的企业，对于那些正因面临难题而苦恼，或者因为先前的计划失败而打算彻底改变营运方向的企业，他也是敬而远之。根据巴菲特的经验，报酬率高的公司，通常是那些长期以来都持续提供同样的商品和服务的企业。彻底改变公司的本质，则会增加犯下重大错误的可能。

巴菲特相信，"重大的变革和高额报酬率是没有交集的"。不幸的是，大多数的投资者却都背道而驰，拼命抢购那些正在进行重组变革的公司。巴菲特说："基于某些不可理解的原因，投资者往往被一些企业将来可能带来的好处之假象所迷惑，而忽略了眼前的企业现实。"

巴菲特从经营与投资的经验中学到，"咸鱼很少能够大翻身"。把气力花在以合理的价位购买绩优的企业，远比以较低的价格购买经营困难的公司更为划算。

巴菲特告诉伯克希尔公司的股东，他第一次和华盛顿邮报公司有财务上的关联，是在他13岁的时候。当时他的父亲在国会服务，他做送报生就专门送《华盛顿邮报》和《时代前锋报》。巴菲特总是喜欢提醒别人："我在格雷厄姆买下《时代前锋报》前，就已经将这两个报纸并购了。"

很明显，巴菲特非常了解报纸丰富的历史，他认为《新闻周刊》是一个可以预测其未来的企业。他也很快地就知道了公司的表现。华盛顿邮报公司多年来，一直报道他们广播部门主要的绩效。巴菲特根据自身的经验和公司成功的历史判断，他相信这家公司拥有一贯优良的营运历史，未来的表现将可预期。

巴菲特"不碰复杂的企业"的理念，使他的投资在自己的掌控范围之内，从而增加了投资的稳妥性和安全性。对可口可乐的投资，就集中体现出了他的这一理念。

1989年，巴菲特公开宣布他已持有可口可乐公司6.3%的股份。亚特兰大《机构》杂志的记者梅丽莎·特纳采访了巴菲特。她问了巴菲特一个经常被问到的问题：为什么没有更早持有可口可乐公司的股份？巴菲特谈了他最终决策时的想法。

巴菲特回答说："假如你要离开10年，而此时你想做一笔投资，你了解你现在所知道的一切，但当你不在的时候不能改变这一切。你会怎么想？"显然，这家公司的业务要简单易懂，在这些年内的政策要始终如一，并且其长期业绩的展望要令人满意。"假如我知道一些事情确定会发生——例如，市场会不断地扩大，公司领导不会更换，公司将有可喜的成长。但我唯独不了解像可乐这类商品和可口可乐公司的业务。"巴菲特解释说："我必须确信当我回来时，这家公司会比现在做得更多更好。"

但是，为什么现在又买进可口可乐公司股票呢？巴菲特解释说，可口可乐公司的特性已存在了几十年。他看上了可口可乐公司20世纪80年代在罗伯托·格伊祖塔和唐纳德·考夫领导下所发生的变化。

总之，巴菲特在投资中不碰复杂的公司，尽量投资简单易懂并且自己能掌控其经营情况的公司，也可以说是我们通常所说的"简单的问题不要复杂化"在投资中的应用。如果公司过于复杂，自己没有能力对这家公司的核心业务的前景做出判断，那再好的投资前景也不能冒险投入，最好的办法就是避而远之。对此，巴菲特有一个形象的描述："我们不必屠杀飞龙，只需躲避它们就可以做得很好。"

2.只投资了如指掌的企业

我只做我完全明白的事。

——沃伦·巴菲特

巴菲特说过:"我喜欢那些事实上根本无须多么费尽心思的管理就能带来很高的回报的企业,它们才是我梦寐以求的行业。"为此,他举了一个例子:假如你买下了一家电视台,你无论是把它交给有管理经验的,还是没有管理经验的人去经营,这个电视台都可以完全正常运转。对于前者,你当然可以放心地在家睡大觉,而对于后者你也不必太担心,电视台依然能持续正常地运转。最后你能得到你所期望的回报。但是这对于零售业来说就完全不一样了,一旦管理层失误,那么公司很可能就会在不久的将来倒闭掉。

巴菲特曾对《财富》杂志世界 500 强企业进行过仔细的研究,结果发现:在这些企业中,能够连续 10 年平均股东权益回报率达到 20%,并且没有一年低于 15% 的企业只有 25 家。

而这些企业之所以能够取得这样令人满意的业绩,首先在于它们只使用低于其利息支付能力的很小的财务杠杆,而并不需要高额的银行贷款;其次是因为这些企业所生产销售的产品几乎都和 10 年前的完全相同,而且也并不十分引人注目。

所以,巴菲特确信:对于那些一心致力于保持企业竞争优势的企业来说,只要专注于它的传统优势业务,增强它的经营特许权就足够了。因此巴菲特曾不止一次的在股东大会上宣称:"我们的重点在于试图寻找到那些在通常情况下未来 10 年,或者 15 年,甚至20年后的企业经营状况是可以预测的企业。"于是，可口可乐和吉列这样的超级明星企业便引起了他的高度关注，在他看来，尽管无法预测这两家公司在未来的10年或20年里究竟会生产多少软饮料和剃须刀，但是却可以预测在投资期内这两家公司在世界市场中的份额。如果对这两家公司进行准确的评估，就不难发现，它们仍会继续保持它们的主导地位，事实证明在过去的10年里，这两家公司都已经明显地扩大了它们本来就非常巨大的市场份额，而且所有的迹象都在告诉投资者，在下一个10年或20年中，它们仍将再创佳绩，独占鳌头。

20世纪80年代，网络科技股出现在投资者面前，面对这个陌生的新生儿，众多投资者就像着了魔似的被其所吸引，于是便蜂拥而上，以期实现一夜暴富的黄粱美梦。而实际上，这些投资者根本对网络科技股知之甚少，几乎没有几个人了解这种股票，甚至就连当时所谓全球最大的网址搜索引擎公司或全球最大的一些网络公司都无法预测它们的收益，而对于它们的市价为何会飙升到了营业额的几十倍甚至上百倍，他们也是既惊喜又迷惑。

而此时的巴菲特却出奇的冷静和清醒，他明确否定自己将投资科技公司，原因在于他对微软和英特尔的股票一无所知，他也无法描绘10年后世界的样子，网络科技在他看来似乎是一个危险物，在他还没有真正了解它的时候，唯一明智的选择就是敬而远之。

正如查理·芒格所说："我们没有涉及高科技企业，是因为我们缺乏涉及这个领域的能力。传统行业股票的优势在于我们很了解，所以，我们宁愿与那些我们了解的公司打交道。我们为什么要在那些我们没有优势而只有劣势的领域进行竞争游戏，而不在我们有明显优势的领域施展本领呢？"后来网络科技股泡沫破裂的事实证明巴菲特是幸运的，更是明智的。

在巴菲特看来，投资是不应该用冒险的心态去对待的，必须是理性的。如果你不能了解它，就不要投资，这是巴菲特几十年来一贯坚持的投资原则。综观他的整个投资历程，巴菲特做的股票并不多，但他却对每一个他所投资的公司都了如指掌。当年巴菲特选择投资可口可乐的时候，看中的就是可口可乐简单而明了的业务介绍，这些都没有超出巴菲特的理解力。他总是说："我喜欢我能够理解的那些产品，我不懂得网络科技是什么，可口可乐才是我的最爱。"巴菲特用他一次又一次的成功投资告诉所有的投资者：一定要在自己的理解力允许的范围内投资。

3. 简单是王道，不碰复杂企业

真正的投资策略就像生活常识一样非常简单，简单得不能再简单。

——沃伦·巴菲特

巴菲特第一次认识可口可乐是在他 5 岁的时候，那时他喝了一种饮料，有种特别的感觉，于是这种饮料便经常与他相伴。当有一天，他发现他还可以利用这种饮料小赚一笔的时候，他更是对这种特别的东西充满了兴趣。天长日久，他便对这种饮料了如指掌了，它由可口可乐公司生产，而且已经有了一百多年的经营历史，它的足迹已经遍布于世界各地，它的名声已经享誉全球。

巴菲特对可口可乐公司如何经营全球市场的庞大业务充满了好奇。经过一番了解之后，他终于明白了其中的奥秘。原来公司的业务并非多么复杂难懂，它只是将买来的原料制成浓缩的液体，然后通过遍布世界各地的销售网络出售给控股的装瓶商。装瓶商再将这些浓缩的液体加入其他成分，制成成品后再出售给零售商。如此简单的销售方式让巴菲特感到震惊。于是，作为投资者他购买了该公司的股票，并且直到今天还仍然持有该公司的股份。

在长达几十年的投资历程里，巴菲特似乎总是对复杂的企业敬而远之。这源于他的投资信条："一定要在自己能力允许的范围内投资。能力有多强并不重要，关键在于正确了解和评价自己的能力。"什么样的企业对巴菲特而言才算是复杂的企业呢?总的来说，就是它的经营业务总是处在飘忽不定，剧烈变革的动荡之中，不能做到长期持续提供同样的商品和服务，从而导致整个企业缺乏核心竞争力，在激烈的市场竞争中总是处于弱势，可想而知，投资这样的企业其回报结果肯定无法令人满意。

巴菲特向来对那些陷入重重困境而试图彻底改变经营方向的企业毫无兴趣，因为他始终认为剧烈的变革和丰厚的投资回报是水火不容的。而对于这样的公司，如何处理它的难题不是投资者应该关注的，投资者要做的仅仅是避开这些公司。

但大多数的投资者似乎对此都没有理性的认识，他们天真地以为能从这些公司的剧烈动荡中获利。于是，他们便不惜血本地购买这些公司的股票，对这类公司的现状和存在的问题视而不见。而巴菲特在思考一项投资决策的时候，总是花费大量的时间去寻找那些业务简单明了，自己又充分了解的企业。

20世纪80年代，一个叫做康斯坦丁·马科特斯的人曾在一本关于美国企业业务核心化的书中提到，在美国最优秀的企业中几乎有占四分之一比例的企业都具有业务经营专业化的特点，而且研究结果表明就是由于这样的特点，使得这些公司能够在竞争激烈的市场中长久保持持续的竞争力，从而使每一个投资者都从中获益。这个研究结论与巴菲特的看法不谋而合，巴菲特认为：那些处于风口浪尖的企业要想在经济全球化的激烈竞争环境中生存并壮大，就必须精心打造自己的核心业务，努力增强自身的竞争实力。

所以，从巴菲特所投资的每一个企业中，我们都可以清晰地看到核心业务的高度专业化，例如吉列、《华盛顿邮报》、喜诗糖果、可口可乐等。这些公司长期以来都是通过它们的主营业务来带动公司长期稳定的发展，从而为公司创造了高额的经营利润，为投资者带来高额回报。

巴菲特说："我们努力固守于我们可以了解的公司，这意味着那些公司具有相对简单且稳定的特征。我们偏爱那些不太可能发生重大变化的公司和产业。"

一家顾问公司的调查有力地证明了那些业务品种专业化水平高的企业，其股票盈利的平均增长率高达20%，远远高于那些经营业务广泛的企业。所以，巴菲特在选择投资目标时，总是将目光锁定在那些业务简单却高度专业化的企业上。

4.量力而行，不懂不做，不熟不买

要量力而行，你要发现你生活与投资的优势所在。每当偶尔的机会降临，即你对这种优势有充分的把握，你就全力以赴，孤注一掷。

——沃伦·巴菲特

巴菲特的老师本·格雷厄姆喜欢跳舞，有一次，他送一张舞蹈课的门票给巴菲特，巴菲特从未上过舞蹈课，显然，跳舞是巴菲特能力范围之外的事情。

在交易的世界里，巴菲特坚持做那些他知道的和他能做的，他不会去试着做那些他不能做的。他知道他了解媒体、金融和消费品公司，所以，在他的投资生涯里，他将资金集中投放在这些领域。在巴菲特经营合伙公司时，经常有客户打电话给巴菲特，提醒他要关注某些股票。巴菲特对这些人的回答总是一成不变："我不懂这些股票，也不了解这些股票。我不会买我不了解的股票。"

因为巴菲特只在他了解的范围内选择企业，所以对伯克希尔所投资的企业一直有高度的了解。巴菲特建议投资人，在竞争优势圈内选股，这不在于竞争优势圈有多大，而在于如何定义优势圈的参数。

有人批评巴菲特划地自限，使得自己没机会接触如科技工业等具有极高投资潜力的产业。但是根据巴菲特的观察，投资的成功与否并非取决于你了解的有多少，而在于你能否老老实实地承认自己所不知道的东西。"投资人并不需要做对很多事情，重要的是不能犯重大的过错。"在巴菲特的经验里，以一些平凡的方法就能够得到以上的投资成果。重点是你如何把一些平凡的事，做得极不平凡。

巴菲特选择投资华盛顿邮报公司，就在于他对报业的深刻了解。巴菲特的祖父曾经拥有并且编辑《克明郡民主党报》，一份内布拉斯加州西点市的周报，他的祖母在报社帮忙并在家里的印刷厂做排发工作，他的父亲在内布拉斯加州大学念书的时候曾编辑《内布拉斯加日报》，巴菲特则曾是《林肯日报》的营业主任。人们常说假如巴菲特不从事商业，那他最可能从事的是新闻工作。

同样，巴菲特基于对保险业的深刻了解，投巨资购买GEICO的股票。1950年，巴菲特还在哥伦比亚大学念书的时候，他注意到他的老师格雷厄姆是GEICO的董事之一。好奇心刺激巴菲特花一个周末去华盛顿拜访这家公司。巴菲特有许多问题，营业处主管大卫森花了5个小时告诉巴菲特GEICO的特点。

巴菲特同意奥森·斯科特·卡德的至理名言："大多数胜利者出自于迅速利用敌对方愚蠢的错误，而不是出自于你自己的计划精细出色。"

基于这一观念，巴菲特尽量避开科技股和医药股。曾经有名股东请教巴菲特对医药类股票的看法，巴菲特回答说："这不是伯克希尔公司所擅长的领域。"当然，这是巴菲特在1993年购买布里斯托尔·梅耶斯·斯奎泊股票之前的情况。

巴菲特又补充说："这并不意味着这个领域没有好的投资机会。"

巴菲特想说明的意思是，尽管医药类股票不是伯克希尔公司擅长的领域，但布里斯托无疑是一个非常出色的公司。可即便如此，巴菲特也绝对不会预测哪一种药品能取得成功，哪一种药品会身陷泥潭，官司缠身。

在某种程度上，医药类股票和被巴菲特称为禁忌之列的科技股相类似。巴菲特坦言自己没有能力预测这类科技公司的业绩，因为他对目前的技术发展状况知之甚少，至于竞争对手的未来技术发展趋势，他更是一无所知。

巴菲特想告诉投资者的是，对于这类科技股和医药股来说，也许其他人比他更擅长——但是他认为，即使是那些所谓的专家，也并不一定完全值得相信。对于一个敏感的投资者来说，这是一个充满着风险和变化的领域。

1998年在伯克希尔公司的年会上，巴菲特说："我一直很钦佩安迪·格鲁夫和比尔·盖茨，我希望能把这种钦佩转变成行动，财富能说明一切。但是谈到微软和英特尔，我无法预言10年后的世界会是一个什么样子，我可不愿意参加一场别人擅长的比赛。

我可以花掉我的全部时间去考虑未来10年的技术，但是在美国，在这场以分析计算机技术为内容的比赛中，我也许只能排在第一百位，第一千位，甚至是第一万位。有很多人可以去做技术分析工作，但是我不会去做。"因此，让巴菲特去购买技术股无异于地狱里的寒冬。

巴菲特把企业竞争优势的持续性称为"未来注定必然如此"。像可口可乐公司和吉列公司这样的公司很可能会被贴上"注定必然如此"的标签。预测者对这些公司在未来的10年或20年里到底会生产多少软饮料和剃须刀的预测可能会略有差别，我们讨论"注定必然如此"并不意味着就不用再考察这些公司必须在生产、销售、包装和产品创新等领域内继续进行的努力工作。但是，在诚实地评估这些公司后，从来没有哪位明智的观察家，甚至是这些公司最强有力的竞争者，会怀疑在投资期限内可口可乐公司和吉列公司会继续在其遍布世界的领域中占据主导地位的能力。实际上，他们的主导地位很可能会更加强大。在过去的10年中，两家公司都已经明显地扩大了他们本来就非常巨大的市场份额，而且所有的迹象都表明在下一个10年中他们还会再创佳绩。

然而竞争优势能长期持续的企业少之又少，巴菲特说："领导能力本身提供不了什么必然的结果：看看通用汽车、IBM和西尔斯百货所经历的震荡，所有这些公司都享受过很长一段表面上看起来所向无敌的时期。尽管一些行业或者一系列公司的领导者具有实际上无与伦比的优势，因此自然而然成为行业中的翘楚，但大多数公司不能做到这一点。确定一家"注定必然如此"的公司时，都会碰到十几家冒牌货，这些公司尽管高高在上，却在竞争性攻击下会脆弱得不堪一击。"考虑到选择一家"注定必然如此"的公司有多么困难，在巴菲特投资组合中，除了"注定必然如此"的公司外，"我们还增加了几家'可能性高的公司'"。

巴菲特说："我喜欢的是那种根本不需要怎么管理就能挣很多钱的行业，它们才是我想投资的那种行业。"巴菲特对必须时时聪明地激烈竞争却盈利较低的零售业与只需聪明一时的市场垄断却盈利很高的电视行业进行了对比："零售业是竞争激烈的行业。在我个人的投资生涯中，我看过许多零售商曾经一度拥有令人吃惊的增长率和超乎寻常的股东权益报酬率，但是到后来突然间业绩急速下滑，经常不得不宣告破产。相对于制造业或服务业，这种刹那间的流星现象在零售业屡见不鲜。在一定程度上，原因是这些零售商必须时时保持比同行更加聪明。但不管你如何聪明，你的竞争对手随时准备复制你的做法，然后超越你。同时一群新加入的零售商又在用各种各样的手段引诱着你的客户。一旦零售业业绩下滑，就必定走向失败。相对于这种必须时时聪明的产业，还有一种我称之为只需聪明一时的产业，举个例子来说，如果你在很早以前就聪明地买下一家地方电视台，你甚至可以把它交给懒惰又差劲的侄子来经营管理，而这项事业却仍然可以好好地经营上几十年，当然若是你懂得将电视台交给汤姆·墨菲（资本城公司主席）来管理，你本人则退居幕后毫不干涉，你所获得的回报会非常高。但是对零售业来说，如果用人不当的话，就等于买了一张准备倒闭关门的门票。"

5.稳中有进，冷眼面对科技股

被网络公司引诱的投资人就好像参加舞会的灰姑娘一样，没有在午夜的期限之前赶紧离开，结果漂亮的马车又变回南瓜，不过最大的问题在于，这场舞会上的时钟并没有指针。

——沃伦·巴菲特

巴菲特说:"研究我们过去对子公司和普通股的投资时，你会看到我们偏爱那些不太可能发生重大变化的公司和产业。我们这样选择的原因很简单:在进行两者(子公司和普通股)中的任何一种投资时，我们寻找那些我们相信在从现在开始的10年或20年的时间里实际上肯定拥有巨大竞争力的企业。至于那些迅速转变的产业环境，它可能会提供巨大的成功机会，但是，它排除了我们寻找的确定性。"

巴菲特认为，对于投资来说，关键不是确定某个产业对社会的影响力有多大，或者这个产业将会增长多少，而是要确定任何一家选定的企业的竞争优势，而且更重要的是确定这种优势的持续性。

经验表明，经营盈利能力最好的企业，经常是那些现在的经营方式与5年前甚至10年前几乎完全相同的企业。企业当然应该抓住机会进一步改善服务、产品线、生产技术等等，但是，一家公司如果经常发生重大变化，就可能会因此经常遭受重大失误。

1990—2000年间，《财富》杂志世界500强企业中只有25家能够达到业绩优异的双重标准:连续10年平均股东权益报酬率达到20%，且没有一年低于15%。这些超级明星企业同时也是股票市场上的超级明星，在所有的25家中有24家的表现超越标准普尔500指数。巴菲特说:"这些《财富》冠军榜企业的两个特点可能会使你大吃一惊:第一，其中大企业只使用相对于其利息支付能力来说很小的财务杠杆，因为真正的好企业常常并不需要借款;第二，除了一家企业是高科技企业和其他几家是制药企业之外，绝大多数企业的业务一般都非常平凡。它们大都出售的还是与10年前基本相同的、并不特别引人注目的产品(不过现在销售额更大，或者价格更高，或者二者兼而有之)，这25家明星企业的经营记录再次证实:继续增强那些已经相当强大的经营特许权，或者专注于一个遥遥领先的核心业务，往往是形成非常出众的竞争优势的根本所在。"

正是因为巴菲特追求稳定，所以他提出了著名的能力圈原则;也正是因为巴菲特追求稳定，多年来他对科技企业避之唯恐不及，从而成功地避开了1999年网络股泡沫等一系列投资陷阱。直到有一天他发现，有些科技企业也值得他投资。

巴菲特曾经说过，他对分析科技公司并不在行。1998年，股市正处于对高科技尤其是网络公司股票的狂热中，在伯克希尔公司股东大会上，他被问及是否考虑过在未来的某个时期投资于科技公司。他回答说:"这也许很不幸，但答案是不。我很崇拜安迪·格鲁夫和比尔·盖茨，我也希望能通过投资于他们将这种崇拜转化为行动。但当涉及微软和英特尔股票，我不知道10年后世界会是什么样子。我不想玩这种别人拥有优势的游戏。我可以用所有的时间思考下一年的科技发展，但不会成为分析这类企业的专家，第一百位，第一千位，第一万位专家都轮不上我。许多人都会分析科技公司，但我不行。"

巴菲特的这种观点得到查理·芒格的响应。他说:"我们没有涉及高科技企业，是因为我们缺乏涉及这个领域的能力。传统行业股票的优势在于我们很了解它们，而其他股票我们不了解，所以，我们宁愿与那些我们了解的公司打交道。我们为什么要在那些我们没有优势而只有劣势的领域进行竞争游戏，而不在我们有明显优势的领域施展本领呢?"

巴菲特说:"我们的原理如果应用到科技股票上，也会有效，但我们不知道该如何去做。如果我们损失了你的钱，我们会在下一年挣回来，并向你解释我们如何做到了这一点。我确信比尔·盖茨也在应用同样的原理。他理解科技的方式与我理解可口可乐公司与吉列公司的方式一样。我相信他也在找一个安全边际。我相信，他获得安全边际的方式就像他拥有整个企业，而不仅是一些股票。所以，我们的原理对于任何高科技企业都是有效的，只不过我们本身不是能够把原理应用到这些高科技企业的人而已。如果我们在自己画的能力圈里找不到能够做的事，我们将会选择等待，而不是扩大我们的能力圈。"

其实，巴菲特避开科技企业还有一个原因，即他很难预测这些变化很快的高技术领域或新兴行业的未来发展。对此，他表示："当然有许多产业，连查理或是我可能都无法确定到底这些公司的业务是'宠物石头'还是'芭比娃娃'。甚至即使我们花了许多年时间努力研究这些产业之后，我们还是无法解决这个问题。有时，是由于我们本身智力和学识上的缺陷，阻碍了我们对事情的了解，有时则是产业的特性本身就是很大的障碍。例如，对于一家随时都必须应对快速技术变迁的公司来说，根本就无法判断其长期经济前景。在30年前，我们能预见到现在电视机制造产业或电脑产业的变化吗？当然不能，就算是大部分热衷于进入这些产业的投资人和企业经理人也不能。那么为什么查理和我非得认为我们能够预测其他快速变迁产业的发展前景呢？我们宁愿专注于那些容易预测的产业。在快速变化的产业中预测一个企业的长期经济前景远远超出了我们的能力圈边界。如果其他人声称拥有高科技产业中的公司经济前景预测技巧，我们既不会嫉妒也不会模仿他们。相反，我们只是固守于我们所能理解的行业。如果我们偏离这些行业，我们一定是不小心走神了，而绝不会是因为我们急躁不安而用幻想代替了理智。幸运的是，几乎可以百分之百地确定，伯克希尔公司总有机会在我们已经画出的能力圈内做得很好。"

所以，对这个行业，巴菲特比较客气的说法是：他并不明白科技公司的行业情形。而比较不客气的说法则是：电脑科技日新月异、变化快速，你能看到10年后的情形吗？你能够确保10年后，你的公司还存在吗？

巴菲特还说："我可以理性地预期投资可口可乐公司的现金流量。但是谁能够准确预期10大网络公司未来25年里的现金流量呢？如果你说你不能准确预期，你就不可能知道这些网络公司的价值，那么你就是在瞎猜而不是在投资。对于网络企业，我知道自己不太了解，一旦我们不能了解，我们就不会随便投资。显然，许多在高技术领域或新兴行业的公司，按百分比计算的成长性会比"注定必然如此"的公司要发展得快得多。但是，我宁愿得到一个可以确定会实现的好结果，也不愿意追求一个只是有可能会实现的伟大结果。"

对此，巴菲特在一次接受访问时说道："如果今天我是在教大学投资课程的话，我会在期末考试的时候，问学生这个问题：请问你如何为这些网络公司定价？任何提供答案的学生，他会当场被判不及格！"

不过，在1999年，巴菲特终于决定向第一数据公司投资。巴菲特投资第一数据公司的原因是什么呢？首先，让我们了解一下第一数据公司。第一数据公司位于亚特兰大，提供信用卡发卡者支付处理服务，同时是电子商务在线交易系统的主要提供者。该公司现在正努力把信用卡支付技术推广到在线交易，一直和雅虎、戴尔电脑等著名高科技公司有来往。目前已经有很大的销售额和利润，去年净收入为4.6亿美元，这在目前大部分亏本运作的互联网公司中是很少见的。

由此看出，巴菲特投资第一数据公司并非单纯因为它是属于网络股，更重要的原因是第一数据公司已具备了能长期维持竞争优势和盈利的能力，这符合巴菲特的传统投资理念。从更深层次看，巴菲特涉足网络股，还意味着他已经认同新经济时代的来临，并认同新经济时代所产生的新兴行业开始步入收获期，已经值得投资。

看看近年来美国网络股的表现，不能不说巴菲特介入网络股有着历史意义。拿美国在线来说，美国在线在20世纪90年代末期就提前跨入盈利时期。1999年，美国在线销售额为52.5亿美元，净利润达5.3亿美元。因订户增多和广告收入大幅增加，美国在线预期2000年第二季度盈利2.2亿美元，同比增长160%。而另一家著名的网络股——雅虎也摆脱亏损局面，随着利润的增长，市盈率正在迅速下降。网络公司不再是充满"虚拟"的美景，已经开始产生高额利润了。

那么巴菲特的"触网"行为是否有悖于他自己一直坚守的投资理念呢？回答是否定的。在巴菲特获得成功的投资理念中，投资"过桥收费"概念的卓越企业可以使资产长期获得稳定的收益。在巴菲特所认为具有"过桥收费"概念的卓越企业中有两种形态：

一是能提供重复性服务的传播事业，也是厂商必须利用的说服大众购买其产品的工具；每年大厂商花在宣传产品上的广告费高达数亿美元。

二是能提供一般大众与企业持续需要的重复消费的企业。

通过分析，我们发现巴菲特投资的微软和考克斯两家网络公司，与其一直坚守的"过桥收费"概念具有相似的地方。资料显示，巴菲特在过去乐于投资媒体产业，如华盛顿邮报公司、迪斯尼公司、美国广播公司、时代华纳、世界图书公司，这与目前巴菲特投资的网络公司很接近。巴菲特曾经面对最热卖的软件视窗95，预感到生产视窗95的人可能蛮赚钱，并曾说过盖茨可能是今天商业界最聪明及最有创意的经理人，但因他在当时无法充分评估微软的未来价值，所以没有把微软列入他的信心循环中进行投资。在当今知识经济浪潮的冲击下，巴菲特终于对信息网络这种新的生活方式做了认同，他的"触网"行为不是对他一直坚守的理念的抛弃，而是一种升华和创新。

6.“股神”的能力圈之一：保险业

保险业将会是伯克希尔未来的最大扩张功臣和盈利来源。

——沃伦·巴菲特

保险行业属于非常稳定的传统产业，除了储存客户资料的信息技术不断进步之外，产业自身几十年来很少变化，相对来说非常稳定。保险产业是巴菲特非常喜爱的行业，他先后投资过多家保险公司，还收购了多家保险公司。目前伯克希尔拥有GEICO、通用再保险公司等世界著名的保险公司，在保险业拥有巨大的市场份额和影响力。巴菲特认为这个行业最明显的特征是由于保险产品非常类似以及过度签发保单而导致产业竞争非常激烈。

巴菲特早在1950年在哥伦比亚大学读书时，就注意到他崇拜的老师本·格雷厄姆是GEICO的董事长，这激发了巴菲特对这家公司的好奇心。

巴菲特对GEICO保险公司产生投资兴趣时，他是这样做的：“我阅读了许多资料，我在图书馆待到最晚时间才离开。……我从BESTS（一家保险评级服务机构）开始阅读了许多保险公司的资料，还阅读了一些相关的书籍和公司年度报表。我一有机会就与保险业专家以及保险公司经理们进行沟通。”

巴菲特是如此喜爱GEICO，他在1995年年底收购了大量股份，使其成为伯克希尔的一家全资子公司。收购完成后，巴菲特在伯克希尔1995年的年报中再次回顾了他45年前的第一次股票投资，也是他与GEICO的“初恋”。

在1998年伯克希尔公司的股东年会上，戴维逊派人送来一盘录音带，这盘录音中录有戴维逊当时对年轻的巴菲特所说的话："下次来访前一定要有事先预约，而且最好不要在星期六上午来访。"

第一次投资GEICO之后，巴菲特还投资过西方保险公司，并且继续大胆地向他的客户推荐保险公司股票。后来他曾以3倍于收益的价格买下了堪萨斯城人寿保险公司的股票，他还将马萨诸塞州人寿保险公司的股票加入到伯克希尔·哈撒韦公司的证券组合中。1967年，他又买下了国民保障公司的控股权。

通过一系列对保险公司的投资，巴菲特进一步深入了解了保险公司的运行机制。对巴菲特来说，这些经验比其他任何经验都重要，使巴菲特后来敢于在GEICO因为亏损面临破产的情况下买入其股票，获得了很高的投资回报。

在伯克希尔·哈撒韦保险集团中，国家保险公司是除政府雇员保险公司以外，最主要的保险业务部门。他们还承保了一项电视竞赛，按照规则，参赛选手将预测电视台选定的某一局比赛是否会出现大满贯本垒打，如果预测结果准确的话，他们将会获得100万美元的奖金。

"如果一支球队的某一名选手在这一局中打出了大满贯，我们就需要向球迷签发支票，毫无疑问，对于球迷来说，这是一条生财之道，"沃斯特尔说，"但幸运的是，到目前为止，还没有哪一名选手能够在一局打出大满贯。"

同样，伯克希尔公司还常常以合理的价格为某些常见业务提供保险——包括价格补偿保险、内陆水运货物保险以及体育赛事因不能如期举办而被取消而提供的保险。例如，在2002年的世界杯足球赛中，在艾克萨公司公布筹集资金的消息之后，伯克希尔公司马上为世界杯赛事不能按时举办提供了保险。

巴菲特在伯克希尔公司1995年度的年报中指出："我们承保了麦克·泰森的生命险，在这项合同中，我们最初为麦克·泰森制定了相当高昂的保险赔偿金，这笔赔偿金额随着时间的推移而逐年减少，合同到期的时候将减少到零。我们还为劳埃德家族的225名成员提供了生命险，如果任何一名家族成员在当年去世的话，伯克希尔公司将向他们支付赔偿金。同时，伯克希尔公司还为中国的两颗人造卫星提供保险，保险标的是为这两颗卫星在当年出现故障。让我们感到高兴的是，这两颗人造卫星到目前为止仍然在正常工作着，劳埃德家族的全部成员也没有出现一个人由于发生意外而丧主的情况，而麦克·泰森比以前更加结实，在拳台上没有人能成为他的对手。"对于这些充满想象力的保险计划，巴菲特自己也感到非常满意。

伯克希尔公司于20世纪60年代开展了再保险业务，其原因是当时的保险赔率（单立赔偿金的价格）为3%。巴菲特经过简单的计算之后认为，对于航空业务来说，3%的赔率——即使是1%的赔率——也是有利可图的，因此，这种保险产品可以为公司带来丰厚的利润。

今天，伯克希尔公司最大的业务是保险业务——包括财产险和事故险，整个公司通过12个机构在全国各地开展业务，尽管每一家公司的业务对象不是很多，范围也不是很广，但他们却可以为伯克希尔公司带来相当可观的利润。1998年，他们取代了州立农业保险公司，成为全美利润最高的财产与灾难保险公司。1997年，伯克希尔公司在保险业务方面的全部资本支出为290万美元。公司在当年的保险业务有形资产价值大约为500亿美元。整个公司的全部有形资产总额达到了560亿美元。到2001年年底，伯克希尔公司的资产总额达到了1620亿美元。

在净保费收入方面，国家保险公司已经成为全美十大保险商之一，同时也是世界上资本最为雄厚的保险商之一。在1993年威斯科年会上，芒格在谈到公司费用的时候说："我敢说，在成本与股东资本的比例上，即使我们不能说自己是世界上最低的保险公司，但至少在美国我们是最低的。"

1999年年底，达夫和菲尔普信用评级公司对国家保险公司及其下属的各业务单位给出了最高的信用评级："国家保险公司对单项业务的税后补偿能力为6亿美元。由于公司的盈利额大约为270亿美元（在发生9·11事件以及会计政策的调整之后已经大为下降），使得国家保险公司有能力承受这一水平的风险，考虑到该公司在这一领域所具有的价格优势以及良好的服务质量，这种风险承受能力将为公司带来巨大的利润；对于那些资本雄厚的竞争对手来说，也可以从中获利。"也许这可以说明，伯克希尔公司的股票在2001年9月11日美国恐怖事件之后仍然居高不下的原因。

通常情况下，伯克希尔公司主要为商用运输工具和雇员的收入提供保险。但是目前，他们已经开始为狂欢节、篮球比赛和冰球比赛提供保险服务。目前，伯克希尔公司的保险业务范围已经涉及商用卡车和卡车司机、轿车、汽车修理设施、汽车经销商、价格信息、一般性责任、内陆水运货物以及再保险业务。

巴菲特指出，伯克希尔公司也许是目前世界上承保大型事故(超级猫 super cat ——也有人称之为猫 - 狗／cat - dog保险)业务最主要的承保人。伯克希尔公司不仅承保价值高达几百万美元的地震险，还为其他保险公司承保的大规模灾害提供再保险服务。也许，伯克希尔公司还应该为自己最根本的超级猫——巴菲特的生命——制定一个险种。

1993年，伯克希尔公司开始从事寿险业务，为那些有权按保险合同得到赔款的残疾人提供年金保单。伯克希尔公司始终如一地固守着国家保险公司创始人、于1984年去世的杰克·瑞格瓦尔特的风险理念。杰克·瑞格瓦尔特在1940年创建了这家公司，成立这家公司的最初起因是为奥马哈的两家出租车公司提供保险，因为当时这两家出租车公司无法从其他保险公司获得保单。1967年，巴菲特在收购这家公司之后，为商用运输工具提供的保险仍然占有相当高的比例。

尽管保险业务的目的是补偿风险，但是这种业务本身也存在着相当大的风险，即使是巴菲特本人也会出现各种各样的失误。在出现索赔的情况下，保险公司经常承受着巨大的潜在债务。对于伯克希尔公司来说，同样也存在着这种潜在的问题。

巴菲特曾经说过，保险业是一个很难得到优厚回报的行业，在这个行业里，你只要有一张纸———一个对未来的承诺，就可以凭借这张纸获得现金，这种貌似轻松的繁荣吸引着大量的资本和企业家，而这些资本和企业家则是良莠不齐。

巴菲特在1988年公司年报中说："不仅财产与事故险行业的利润是不正常的，它们的繁荣同样也是不正常的。萨姆·戈德温曾经说过一句话：'在人的生命中，一个人必须学会接受顺境和逆境。'"巴菲特偶尔也会错误判断业务的繁荣与萧条的交替循环，但他总是第一个站出来承认自己的错误。总之，他对行业发展趋势的预测能力一直人感到敬佩，他甚至能够预测到几年之后的行业发展状况。

伯克希尔公司一直坚持只有在制定合理价格的前提下才填写保单的原则。如果价格缺乏吸引力的话，伯克希尔公司就不会填写保单。巴菲特在一次学校讲演中曾经说过，如果公司提供的价格缺乏吸引力，我们的专业人员会想方设法把价格降下来。

如果不考虑价格的话，伯克希尔公司很可能会完成更多的业务。伯克希尔公司之所以具有这种扭转局势的能力，关键在于他们还具有相当巨大的潜力。

伯克希尔公司喜欢销售结构化的赔偿支付保单，这种保单一般载明，在被保险人出现伤病的情况下，保险公司按单一保费年金向被保险人支付赔偿金。通过这种方式，可以向受到伤病折磨的被保险人定期支付一定数额的赔偿费用。这种保单在法律上是有据可循的，因为它减少了接受者滥用赔偿金的可能性。伯克希尔公司所支付的赔偿金是免税的。由于伯克希尔公司在资产负债方面具有的优势以及经营业务的长期性，使得这种结构化的赔偿金支付方式成为伯克希尔公司最理想的金融服务品质之一。

芒格在1993年的公司股东年会上说，很多人一直问他，为什么公司不签订更多的保单。还有一些人在问："为什么不在现有资本的基础上多签一些保单？别人都这么做。那些信用评级机构不是已经说过了吗？你们完全可以签下现有资本两倍的保单金额，也就是说，每年可以签下200亿美元的保单。但是，现在却只签下10亿美元的保单。这是为什么呢？"

但是在这个时候也有人会问："为什么除了你们之外，所有的保险公司在去年都会出现亏损呢？也许问题的根源就在这里。"

1996年，伯克希尔公司的保费净收入为保险部门年终法定盈余金的16%，而整个行业的平均保费与盈余金的比例为130%。

7. "股神" 的能力圈之二:传媒业

当其他条件相同时, 一份烂报纸当然无法像一份一流报纸那样拥有广大的读者, 但是一份水平很差的报纸对一般市民却仍然具有很重要的作用, 吸引他们的注意力, 从而也会吸引广告商们的注意力。

——沃伦·巴菲特

巴菲特曾多次警告伯克希尔的股东们:"一定要在自己的理解力允许的范围内投资。"观察巴菲特长期持有的股票:可口可乐、吉列公司、麦当劳、富国银行等, 每一种都是家喻户晓的全球著名企业。这些企业除了本身的基本面容易了解、易于把握之外, 还都是巴菲特本人非常熟悉的行业。

对于不了解的公司, 巴菲特一般不去参与。在2000年全球都在炒网络科技的时候, 由于巴菲特坚持其不熟不做的理念, 所以他管理的基金没有去投资网络科技类的上市公司, 随后网络科技股泡沫破灭, 很多投资者亏损惨重, 巴菲特管理的基金没有受到影响, 仍保持较为稳健的收益。这就是不熟不做的投资理念在操作中的体现。

巴菲特对报纸出版业务非常了解, 这完全在他的能力圈之内。

巴菲特的祖父曾经拥有一家小型报社并自任编辑, 他父亲曾经担任过《内布拉斯加日报》的编辑。

巴菲特本人13岁时就是《华盛顿邮报》一名非常勤奋的报童, 他一度每天要走5条线路递送500份报纸, 主要是投送给公寓大楼内的住户。

通常巴菲特下午5:20出发, 坐上开往马萨诸塞大街的公共汽车。聪明的他把春谷区的两条投递《华盛顿邮报》的路线和两条投递《时代先驱者报》的路线结合起来，这个年轻的报童后来又增加了西切斯特公寓大楼的投递工作。

为了能够更好地利用送报机会从顾客那里赚取更多的收入，他想出了一个十分有效的杂志征订的方法。他从被丢弃的杂志中撕下带有征订优惠有效期的广告页，把它们归类，然后在适当的时候请顾客从中选择要续的刊物。在近4年多的时间里，他同时开发了5条送报路线，总共赚了5000多美元，这是巴菲特投资致富的最初资金来源。

巴菲特对传媒产业非常有兴趣，他和很多高级记者成为亲密的朋友，他曾经说过，如果他没有选择商业的话，很有可能会成为一名记者。

他具有一名记者在编辑和制作方面所具有的一切天分，他对那些价值被低估行业进行的研究，他所具有的敏锐的商业意识，以及一个记者所具有的独特眼光结合为一身。

1969年，巴菲特购买了《奥马哈太阳报》，同时还有一系列周报。在他第一次买华盛顿邮报公司股份之前，已经具有了4年报纸运作的亲身经验。经营管理《奥马哈太阳报》使巴菲特认识到了报纸的经济特许权，这是巴菲特投资一系列传媒产业公司股票大获成功的根本。

本身对报业的熟悉还不够，巴菲特投资华盛顿邮报公司之前，就做了详细的了解和分析，当自己真正熟悉了这家公司后才决定进行投资。1973年，巴菲特向华盛顿邮报公司投资1060万美元，到1977年他的投资又增加到3倍，到1993年，巴菲特对该公司的投资已达到4.4亿美元。而华盛顿邮报公司给伯克希尔公司的回报则更高。这证明巴菲特"一份强势报纸的经济实力是无与伦比的，也是世界上最强势的经济力量之一"的看法是符合实际的。

当巴菲特购买华盛顿邮报公司的股份的时候，它的股东权益报酬率是15.7%，只略高于斯坦普工业指数的平均股东权益报酬率。但到1978年，华盛顿邮报公司的股东权益报酬率增加了一倍，是当时斯坦普工业指数平均股东权益报酬率的两倍，比一般报社高出约50%。以后10年间，华盛顿邮报公司一直维持着它的领先地位，到1988年，它的股东权益报酬率更达到了36.3%。

在1975－1991年期间，华盛顿邮报公司赚取的现金，比转投资于本业所需资金大出许多，巴菲特将这些回馈给股东的盈余又大量购入邮报公司的股票，以每股60美元的价格，购入了43%的股份。1990年，该公司将每年给股东的股息由1.84美元增加到了4美元，增加了117%。这样，不管是卖出该股或继续持有该股票的投资者，都由此获得了丰厚的回报。

统计资料表明，从1973～1992年间，华盛顿邮报公司为它的业主赚了17.55亿美元，从这些盈余中拨给股东2.99亿美元，然后保留14.56亿美元，转投资于公司本身。其市值也从当年的8000万美元，上涨到27.1亿美元，上升了26.3亿美元。

在传媒业，巴菲特可谓要风得风，要雨得雨，这不仅源于他对传媒业的高度自信，更是因为他对这个行业的深入分析。在巴菲特认为可以永久持有的3只股票中，有两只属于传媒业，除了华盛顿邮报公司之外，还有大都会／美国广播公司。

"我们永久持有的3只股票大都会／ABC、GEICO与华盛顿邮报公司的仓位仍然保持不变，同样不变的是我们对于这些公司管理层无与伦比的敬佩：大都会的汤姆·墨菲与丹·伯克，GEICO的比尔·斯奈德与卢·辛普森，还有华盛顿邮报的凯瑟琳·格雷厄姆与迪克·西蒙斯，查理跟我非常赞赏他们所展现出的才能与品格。"

大都会／美国广播公司创办于1954年，此后30年里，在董事长汤姆·墨菲的主持下，进行过30笔以上有关广播及出版的收购行动。从20世纪80年代中期起，巴菲特斥巨资对大都会／美国广播公司投资。令许多业内人士感到震惊的是，在1987年10月美国股市大跌期间，巴菲特手中的投资组合只有3种，即价值10亿美元的大都会／美国广播公司、7.5亿美元的GEICO股票和3.23亿美元的华盛顿邮报公司。大都会／美国广播公司占其20亿美元的投资组合中的一半，它的重要地位可见一斑。

收购大都会／美国广播公司对于巴菲特来说是冒了风险的，因为墨菲向巴菲特开出的售价是每股172.5美元，而这个价格与公司当时价值相比，显然已经很高了，因为按格雷厄姆的计算公式，这家公司每股单价应在203美元左右，也就是说，只有8%的安全边际，而与低于净资产值2／3的安全边际理论相比，不仅有违于巴菲特的老师本杰明·格雷厄姆的安全边际理论，甚至与巴菲特本人一贯的收购风格也不相符。对此，巴菲特承认自己对这一原则做了折中。

其实，巴菲特基于对传媒业的深刻了解，才敢于做出这项决定。而且这里有一个特别的考虑，即因为该公司聪明而且精明的管理层而下的赌注，这是针对沃伦·巴菲特所崇拜的汤姆·墨菲而言。事实证明，巴菲特的决策是正确的，在整个20世纪80年代中，大都会／美国广播公司的股东报酬率大约维持在5%～7%左右，比斯坦普工业指数还高，其毛利率也是美国一般企业的三倍。

作为投资者，对不熟不做的投资理念要多加利用，在操作过程中可以投资一些自己熟悉的公司。熟悉的公司主要分为以下三种：自己所在地的上市公司；自己所处行业的上市公司；基本面比较熟悉易于了解的上市公司。这些公司，投资者自己比较熟悉，容易作出正确的判断。

8. "股神"的能力圈之三:航空公司

这是我的精神病学家要求的,事实上,现在有800名成员为我工作,假如,我急于购买某一航空公司股票,我说我的名字是沃伦,是一个航空爱好者,那么他们会说服我。

——沃伦·巴菲特

其实,巴菲特的资金进入航空领域并不是很早,直到1989年8月7日,伯克希尔收购美国空中公司(1996年改名为美国航空公司),他才开始涉足这个行业。并且,这项投资没有收到他预期的那种美好的回报。

对于这家3.58亿美元的航空公司,巴菲特表示:"对伯克希尔·哈撒韦公司来说,投资在航空这样一个资金密集和劳动密集的行业是不多见的,我们对美国航空公司优先股的投资热情体现在我们对爱德·科洛尼公司管理的高度关注。""我喜欢这家公司。"

美国航空公司开始像美国东部的阿利根尼航空公司那样运行,1972年兼并了莫哈克航空公司,1978年在匹兹堡建立一个服务中心,而且在兼并PSA公司和皮德门特公司之前改名为美国空中公司。美国航空公司目前在匹兹堡、费城、巴尔的摩、夏洛特和印第安纳波利斯均设有服务中心。

当巴菲特投资的时候,美国航空公司股票每股50美元,假如价格超过每股60美元,面值为1000美元的优先股从购买之日起两年后,可直接转换为2/3的普通股。这样,巴菲特大概拥有美国航空公司12%的股份,美国航空公司每年支付伯克希尔公司9.25%的股息。

巴菲特说，他的优先股投资是一种安全的赌注。如果他赌输了，他将赚取9.25%的股息；如果他赌赢了，在航空公司这样一个逐步巩固的行业，他将拥有很大的份额。在1991年的股东年会上，巴菲特说："我的失误在于我没有想到价格竞争会导致那样坏的结果，当然，成本以及中东事件的结果是深不可测的。"

1992年，英国航空公司同意斥资7.5亿美元收购美国航空公司44%的股份。在日益增长的全球航空业，出现了强大的竞争对手。尽管上述想法未能实现，英国航空公司最后还是向美国航空公司投资了3亿美元。

1993年1月，巴菲特和芒格探讨他们领域里的薄弱环节以及这些环节所面临的巨大挑战，到了公司董事会的办公室，巴菲特写下了英国航空公司的投资将有助于美国航空公司"确保生存并且最终繁荣"。

总之，美国航空公司没有出现巴菲特式的好时光。公司没有优先飞行航线，《金融时报》1998年5月15日发表评论："我们不能犯更多的错误……我的意思是我不能犯更多的错误，在购买股票时，查理不是咨询机构。"在1993年的股东年会上，芒格谈到了美国航空公司股票："我们受到了一点惩罚，而且还没有结束。"

有记录显示，伯克希尔对美国航空公司的投资从1995年岁末的2.148亿美元上升到1996年的3.22亿美元，在伯克希尔的1995年年报中，巴菲特说："从1994年6月份起到现在，我们还没有收到任何股息，欠我们的数额可按高出银行最低利率5%的利率计算。另一方面是我们正在处理疲软的信誉这一现实。"

不过，事实并没有巴菲特所说的那么糟糕。随着新任首席执行官斯蒂芬·沃尔夫1996年到任，美国航空公司开始复苏，并且股票价格开始反弹。

巴菲特试着在航空公司销售它的股票，在伯克希尔1996年的年报中，巴菲特写道："不幸的是，我没有成功。"他说美国航空公司本年度做得很好，拖欠伯克希尔的股息可能在1997年会全部付清。

1998年2月3日，美国航空公司说将回购伯克希尔公司手中所持价值3.58亿美元的优先股，转换成约924万普通股，价值约6.6亿美元。美国航空公司由于到期的债务和积聚的现金，授权大量回购普通股。

巴菲特的"错误"变成了一种胜利，尽管事实上并不是胜利，无论如何，在美国航空公司长达9年的持股时间内，投资的最终结果还是超过了巴菲特所参照的衡量基准——标准普尔500指数。

在伯克希尔1995年股东年会上，有一位股东问巴菲特："假如在另一家航空公司投资，你会考虑吗?"由于人太多，提问者没能进入主会议室，而是在屏幕前观看电视。

巴菲特回答："谢谢你的提问，关于美国航空公司的事，我们会专门安排一个场所，集中回答你们的问题。"事实上，巴菲特已经用自己的行动回答了这个问题，只不过他这次选择的是另一种形式。

1998年7月23日，伯克希尔公司同意以价值总计为7.25亿美元的股票和现金，收购尚未上市的高级公务飞机公司。2002年，这家公司的名称改为总裁飞机公司，并提出了"你所需要的就是一架飞机"的企业宣传口号。

总裁飞机公司位于新泽西州的蒙特维尔，但是公司的总部却设在俄亥俄州的哥伦比亚，他们率先提出了针对公司专用公务飞机的"时间分享"概念，即顾客可以通过公司的"总裁飞机"计划，购买商用飞机的"部分所有权"。

这一计划的根本思想在于，对于一些相当富有的公司或个人来说，拥有一架私人飞机可以为他们带来极大的方便。因此，为了避免飞机的闲置，可以让他们承担一部分成本，这样既可以让他们以较低的支出获得飞机的使用权，又可以降低维护和保养飞机的成本总额。

按照这种方式，总裁飞机公司并不实际拥有飞机的所有权，真正的使用权属于顾客。总裁飞机公司以较低的价格向飞机制造商购买飞机，然后公司再以市场标价，把飞机出售给自己的顾客。总裁飞机公司根据为飞机提供的服务和经营向顾客收取费用。

总裁飞机公司的主席理查德·桑图里一直在寻找更好的方式，以充分利用通过上市得到的现金。当他请教巴菲特的意见的时候，巴菲特的回答是："我收购你的公司怎么样?"

巴菲特最早是通过布朗公司的总经理弗兰克·鲁尼听说到这家公司的。"弗兰克·鲁尼一直在使用他们所提供的飞机，他对公司的服务非常满意，于是他建议我和里奇研究一下，是否可以先签一份用于个人使用的飞机的合同。我和里奇商讨了15分钟的时间，他同意向我出售小鹰1000型飞机一个季度(大约每年为200个小时)的使用权。

从那以后，我们全家才通过亲身的体会——乘坐他们的飞机进行了300多次旅行，总计时间长达900个小时——真正地感受到EJA（高级公务飞机公司）所提供的安全、舒适和便捷的服务。"巴菲特在伯克希尔公司1998年年报中这样说道。

巴菲特在收购这家公司的时候说："很明显，这个行业在未来10年中将会出现爆炸性的增长。"他还预测，与伯克希尔公司所属的、为总裁飞机公司提供培训的安全飞行公司结合在一起形成的航空部门，使它很有可能是伯克希尔公司全部业务中发展最快的业务。

总裁飞机公司总部目前有15名雇员，并在哥伦布国际机场航空港的运营中心拥有大约1000名员工。现在哥伦布国际机场航空港的运营中心每天飞行300架次，使它成为美国第8大航空公司。

桑图里出生于纽约的布鲁克林地区，大学毕业后进入布鲁克林理工学院任教，在加入戈德曼公司之前，曾经在壳牌石油公司任职。他的爱好是投资各种跑马大赛。

为了确定时间分享计划的可行性，桑图里利用自己的数学知识，对公司的飞机使用数据进行了分析和检验，在此基础上，他开发了公司的总裁飞机计划。在这个过程中，他必须计算出公司需要多少架飞机以及为保证每一架飞机的充分利用需要多少用户。

桑图里收集了高级公务飞机公司的所有飞行时间记录——乘客的地理分布、季节和每天的具体时间分布以及出现机械故障的频率——并设计了一个数学模型，但是，他必须确定X因数。如果公司向顾客出售一定数量的飞机分享计划，为了满足在相互重叠的时间内提出的需求，公司还需要拥有多少架备用飞机呢？

经过两天的计算与平衡，桑图里得出了这样的结论：对于公司向顾客出售的每20架飞机，还需要准备5.25架备用飞机，才能满足顾客在相同时间内提出的重叠需求。在这种情况下，公司才有可能保证满足顾客98%的需求。如果他一定确保100%地满足顾客的需求，那么X因数就会直线上升，从而使得公司利润荡然无存。按照桑图里的计划，可以利用飞行时间分配服务，来补偿其余2%的顾客需求。

"飞机是一种成本极其昂贵的设备，"巴菲特说，"如果你每年只使用一架飞机，时间达到100个小时，那么实际你只使用了这架飞机1／8的可使用时间。在这种情况下，其他人也可以使用这架飞机 100 个或 200 个小时。"

1998 年 8 月 25 日，总裁飞机公司的主席理查德·桑图里和巴菲特在俄亥俄州哥伦布港国际机场进行的公司新总部破土动工仪式上，为新的公司基地填入第一锹土。

这个占地面积为 200 万平方英尺、投资高达 3500 万美元的设施，于 1999 年动工，并于 2000 年投入使用。公司原来的办公设施不再使用，并被改造成一个为飞行员、技术人员和后勤人员提供培训的培训基地。

在《福布斯》的一篇有关收购总裁飞机公司的报道中，巴菲特对记者说："看，我们喝的是同一种可乐，吃的也都是同一种麦当劳，所以我敢打赌，我们住的房子也不会两样。但是，最大的区别在于，我的旅行方式，你是绝对比不了的，这一点我十分相信！"

《国际航空新闻》在一篇有关公司扩张的报道中引用了巴菲特的话："在收购公司的时候，我从来没有做到如你所说的尽职尽责。我所寻找的只是那些真正热爱自己本职工作的人。任何人只要和理查德·桑图里在一起待上 5 分钟，就可以体会到这种感受。他是一个真正的管理艺术家。我的工作不过是为他购买画笔、画布和颜料。1986 年，正是他发现常人所无法看到的机会——而这也正是公司最艰难的时期。他所具有的远见卓识和敬业精神，正是我所寻找的。"

而桑图里则说："很明显，我在当时最好的选择，就是能够得到巴菲特的支持。沃伦是一个你可以与之长期合作的伙伴，他所拥有的资本和独立的思考能力，对于我的成功是必不可少的。他是一个易于交往的管理者。我们一直在进行交流，而我们的交流也不过如此而已——他常常会问我：'我们在欧洲有哪些竞争对手？'我会告诉他：'一个也没有。'他又会问：'要保持这种优势，你认为我们需要采取什么措施？'"

巴菲特在伯克希尔公司的 1998 年年报中写道："我们将建立一个 79 英尺长、12 英尺宽的贸易展台，并配备 737 波音商业飞机（BBJ）所需的全部设施。这是公司的最新产品，一次飞行时间可以达到 14 个小时，搭乘 19 名乘客；飞机上还配备了一个卧室、一间办公室和两个浴室。公司计划将于 2000 年第一季度向顾客提供部分所有权出售业务。

"3 月 1～3 日，您可以在阿克萨本大厅的入口参观波音商业飞机。希望大家尽可能在星期六和星期日参观，以减少不必要的排队等候时间。最好带着自己的支票本，也许你一冲动就会做出让我们高兴的决定。"

1999年，总裁飞机公司在沙特阿拉伯建立了自己的分支机构——国家飞行服务公司。它为22个阿拉伯国家以及土耳其和希腊提供服务。目前，公司正在筹备在亚洲和南美洲开展业务。"只有坐飞机才能赶上飞速发展的业务。"巴菲特说。

对于飞机部分所有权出售业务，巴菲特曾经说过："让顾客拥有飞机的所有权，这种业务对于我们来说，并不属于资本密集型业务，尽管我们在运营过程中需要动用大量的资本。虽然我们的顾客所进行的是资本性投资，但是这种投资的数额，远远小于他们购买整个飞机所支付的成本。"

那么，公司的顾客是哪些人呢？一般是那些娱乐界和体育界的明星。其中包括电影明星，比如西尔维斯特·史泰龙和阿诺德·施瓦辛格，还有戴维·莱特曼和凯西·李·吉福特，也包括数据美国公司(Info USA)的主管人员卡尔文·克莱恩和文·古普塔以及超级男孩乐队。

巴菲特家族中的所有成员、伯克希尔公司董事会全部成员中除一人之外以及至少九名高级经理，都参与了总裁飞机公司的飞机部分所有权出售计划，其他顾客包括泰格·伍兹(高尔夫球明星)、皮特·桑普拉斯(网球运动员)、安德鲁·阿加西(网球运动员)、艾尔尼·艾尔斯(网球运动员)、马蒂纳·辛吉斯(网球运动员)以及一大批公司，其中包括通用电气、吉列、西格拉姆、德科和道氏化学公司。

"这项业务可以让你随时赶到你平时无法到达的地方。"高级公务飞行公司的客户，也是全国广播公司的主持人丹·艾莫斯说，"开着自己的大轿车一直到飞机的下面，有人帮助你把行李送到飞机上。你甚至可以带着枪登机……这种感觉太美妙了。"

高级公务飞行公司的高级副总裁凯文·拉塞尔说："目前公司的客户包括40多位娱乐界的明星和差不多相同数量的职业运动员，大多数是职业高尔夫球明星。"

巴菲特在伯克希尔公司1999年的公司年报中写道："不管怎么说，我们所运营的所有飞机，是由顾客所拥有的，这意味着业务本身的税前收入不会太高，但却可以得到相当可观的资本收益率。目前，我们的顾客所拥有飞机价值总额已经超过了20亿美元，此外，我们还有价值为42亿美元的飞机正处在订购中。实际上，这项业务目前最主要的制约因素是飞机的来源。现在，我们的全部商业飞机是由国外制造商生产的。尽管高级公务飞行公司在1999年的供给情况受到了严重的制约，但公司的运营收入——包括月管理费和按小时计算的飞行费用——仍然增加了46%。

　　"这种部分所有权的业务目前还处于初期。高级公务飞行公司目前正在欧洲进行大规模的开发与拓展，随着时间的推移，我们将向全世界推广这项业务，尽管这项业务的投资成本很高——非常高——但我们可以量入为出。规模对于我们和顾客来说，同样是最为关键的：一个大多数航班可以在世界各地提供旅行、一个能够为顾客提供最佳服务的公司。'只拥有其中的一个小部分，你就可以拥有一切'，这句话对于高级公务飞行公司来说，有着真正的意义。"

第五章

逆市而为，理性运用市场的非理性

　　对于市场，巴菲特有一个有趣的"市场先生"的论述，他把市场比作一个非常情绪化的先生，认为投资者应该要独立思考，切勿被"市场先生"所左右，不要盲目地跟风和随大流，否则会损失惨重。在高明的巴菲特面前，"市场先生"只是一个由他摆布的玩偶，巴菲特总是能够理性地运用市场的非理性，运筹帷幄，屡屡在人们的惊讶中潇洒地席卷巨额收益。

1. 巴菲特眼中的"市场先生"

市场先生会在那里服侍你，但不会指导你。你会发现是他的钱袋而不是他的智慧用处更大。如果某一天他表现得愚蠢至极，那么你可以随意忽略他或利用他，但如果你受到他的影响，那就会大难临头。

——沃伦·巴菲特

本杰明·格雷厄姆曾经向巴菲特描述过对市场波动的心态对他的投资理念有很深的影响。格雷厄姆说："你必须想象市场报价来自于一位特别乐于助人的名叫市场先生（Mr.Market）的朋友，他是私人企业的合伙人。市场先生每天都会出现，报出一个他既会买入你的股权也会卖给你他的股权的价格，而且从未失灵。

"即使你拥有的企业可能有非常稳定的经济特性，市场先生的报价也不会稳定，悲观地说，因为这个可怜的家伙有易动感情的不治之症。有些时候，他心情愉快，因此只能看到影响企业的有利因素，有这种心境时，他会报出非常高的买卖价格，因为他害怕你会盯上他的股权，抢劫他即将获得的利润。在另一些时候，他情绪低落，因此只能看到企业和世界的前途荆棘密布，在这种时候，他会报出非常低的价格，因为他害怕你会将你的股权脱手给他。"

巴菲特对格雷厄姆的"市场先生"理念非常推崇，并加以发展，他认为，市场先生还有另一个可爱的特征，即他从不介意没人理它。如果今天他的报价不能引起你的兴趣，那么明天他会再来一个新的，并且交易严格按照你的选择。所以在这些情况下，市场先生的行为越狂躁抑郁，对投资者越有利。

同时，巴菲特也指出："就像舞会上的灰姑娘，你必须留意一个警告，否则一切都会变回到南瓜和老鼠。市场先生会在那里服侍你，但不会指导你。你会发现是他的钱袋而不是他的智慧用处更大。如果某一天他表现得愚蠢至极，那么你可以随意忽略他或利用他，但如果你受到他的影响，那就会大难临头。实际上，如果你不能确定你远比市场先生更了解而且更能估价你的企业，那么你就不能参加这场游戏。"

也许在今天的投资世界里，市场先生理念看起来可能已经有些过时，因为现在投资世界中大多数专业人士和学术人士都在谈论有效的市场、动态套期保值和β值。这些人的兴趣令巴菲特感到费解，因为自己裹着神秘面纱的投资技巧显然对投资建议的提供者有利。"毕竟，仅凭建议'吃两片阿司匹林'，庸医就攫取了什么样的名声和财富？"

对于听取投资建议的消费者来说，市场秘笈的价值是另一回事。在巴菲特看来，晦涩难懂的公式、计算机程序或者股票和市场的价格行为闪现出的信号不会导致投资的成功。相反，通过把良好的企业判断与把他的思想和行为同旋绕在市场中的极易传染的情绪隔绝开来的能力相结合，却可以取得投资成功。

遵循格雷厄姆的教诲，巴菲特让伯克希尔的可交易权益通过它们的运作结果——而不是它们每天的，甚至是每年的报价——来告诉他觉得投资是否成功。市场可能会在一段时间内忽视企业的成功，但最终会加以肯定。就像格雷厄姆说的那样："在短期内，市场是一台投票机，但在长期内，它是一台称重机。"此外，只要公司的内在价值以合理的速率增长，那么企业成功被认知的速度就不那么重要。实际上，滞后的认知有可能是一种有利因素：它可以使聪明的投资者以便宜的价格买到更多的好东西。

当然，有时市场可能会判断一家企业比实际情况表明的更有价值。在这种情况下，投资者应该卖出他手中的股票。对巴菲特而言，有时他还会卖出一些估价得当，甚至被低估的证券，套取现金用于价值被低估得多的投资，或者他更了解的投资。

然而，巴菲特也强调，他不会仅仅因为股价已经增值，或因为已经持有了很长时间而卖掉它们。他说："在华尔街的格言中，最愚蠢的一条可能是——你不可能在赚钱的时候破产。"只要企业未来的产权资本收益令人满意，管理人员有能力而又诚实，而且市场没有高估企业的价值，巴菲特就会无限期地持有任何证券。

巴菲特从来都不会自己设圈子套住自己，伯克希尔有3只他永远不会出售的可交易的普通股，即使它们在市场中的价格高得离谱。因为他觉得这些投资就像伯克希尔永远的一部分，而不是一旦市场先生开了一个足够高的价格就可以卖掉的商品。对此，他加上了一个条件：这些股票由伯克希尔持有，因此如果绝对必要，他会卖出部分股票，支付异常的保险损失。但是，他会尽力避免抛售。

巴菲特曾经给他的股东们出过一个小测试："如果你打算一辈子吃汉堡包却又不养牛，那么你希望牛肉价格更高呢还是更低？相似的，如果你要经常买车而又不生产车，那么你宁愿车价更高呢还是更低？"显然，问题自己做出了回答。

同样的道理，如果你预计在今后5年中成为一个纯粹的储蓄户，那么你应该指望股票市场在那个时期更高呢还是更低？许多投资者都搞错了这件事。尽管他们将在即将到来的几年中成为股票的纯粹买家，他们仍在股价上扬的时候兴高采烈，而在股价下跌的时候愁眉苦脸，结果，他们因为很快要购买的"汉堡包"的价格上涨而喜悦。这种反应毫无意义，只有那些在近期会成为股权卖家的人，才乐于看到股票上涨，潜在的购买者应当更喜欢不断下降的价格。

巴菲特以不指望卖出的伯克希尔股票持有人为例，对于市场先生的态度应该是显而易见的。首先，伯克希尔的所有者正在自动储蓄，即使他们花掉了所挣的每个分币，伯克希尔通过留存全部收益，其后再使用这些存款购买公司和证券，来为这些投资者"攒钱"。很清楚，伯克希尔买得越便宜，其所有者的间接储蓄计划就更赚钱。

此外，巴菲特还指出，伯克希尔在那些一直回购自己股票的公司中会拥有更重要的位置。"这些计划提供给我们的益处随价格的下跌而增加：当股票价格低迷时，被投资者在回购上所花的资金，相比股价上扬时，更多地增加了我们在该公司的所有权。例如，过去几年中可口可乐、《华盛顿邮报》以及富国银行在很低的价位所做的回购，与在今天以高昂的价格回购相比，使伯克希尔获益更多。"

巴菲特进一步解释："既然在每年年末，几乎所有的伯克希尔股票都被那些在年初就拥有它们的相同投资者持有，因此伯克希尔的股票持有人是储蓄者。因此，他们应当在市场下跌时高兴，而且让我们和我们的被投资者更方便地运用资金。"

这就是巴菲特的"市场先生"理论，即当投资人读到头条新闻说"投资者们随市场下跌而亏损"时，应该笑容满面，在自己的脑子里应把它编辑成"减资者们随市场下跌而亏损——但投资者获利"。尽管市场先生常常忘记了这条起码的常识，但总有买家应对着卖家，而且对一个的伤害必然帮助了另一个。

2.不要向市场敬礼——市场绝非永远有效

如果市场总是有效的，我只会在大街上手拎马口铁罐到处流浪。

——沃伦·巴菲特

20世纪70年代，投资领域里有一种理论非常流行，那就是有效市场理论，这一理论在当时几乎成了神圣的教义。该理论是由美国芝加哥大学财务学家尤金·法默于20世纪60年代提出的。它的主要内容是：在一个充满信息交流和信息竞争的社会里，一个特定的信息能够在金融投资市场上迅即被投资者知晓，随后，金融产品投资市场的竞争将会驱使产品价格充分且及时反映该组信息，从而使得投资者根据该组信息所进行的交易不存在非正常报酬，而只能赚取风险调整的平均市场报酬率。只要市场充分反映了现有的全部信息，市场价格代表着证券的真实价值，这样的市场就称为有效市场。这个理论简单概括起来就是：由于所有关于股票的公开信息都已经完全反映在股票价格中，所以，股票分析根本就毫无意义。

也就是说，股价的不可预测性是因为股市过于有效。在一个有效的市场里，任何信息的出现都会使许多聪明人（法默称他们为"理智的最大利润追求者"）充分利用这些信息从而导致价格快速升跌，人们还来不及去获利，价格就已经变化了。所以，在一个有效市场里对未来的预测是不占有任何地位的，因为股价的变化实在太快了。

因此，信奉有效市场理论的教授们说："让一只猴子往股票一览表上掷飞镖形成的投资组合，其预期收益率会毫不逊色于一个最聪明且最勤奋的证券分析师选出的投资组合。"

对于这种理论，巴菲特发表了自己的看法："有效市场理论的倡导者们似乎从未对与他们的理论不和谐的证据产生过兴趣。很显然，不愿宣布放弃自己的信仰并揭开神职神秘面纱的人不仅仅存在于神学家之中。"

如果有效市场理论是正确的话，除非依靠机遇，否则几乎没有任何个人或团体能取得超出市场的业绩。任何人或团体更无可能持续保持这种超出寻常的业绩。然而，巴菲特在过去数十年的骄人业绩无情地否定了这个所谓的有效市场理论。不仅如此，还有其他几位步巴菲特后尘的聪明投资者，他们也打败了市场，其经验也证明了产生超出市场业绩的可能性。

曾经有一则小故事绝妙地讽刺了有效市场理论，揭露了那些有效市场理论家的荒谬：两位信奉有效市场理论的经济学教授在芝加哥大学散步，忽然看到前方有一张像是10美元的钞票，其中一位教授正打算去拾取，另一位拦住他说："别费劲了，如果它真的是10美元，早就被人捡走了，怎么会还在那里呢？"就在他俩争论时，一个叫花子冲过来捡起钞票，跑到旁边的麦当劳买了一个大汉堡和一大杯可口可乐，边吃边看着两位还在争论的教授直乐。

巴菲特认为，根本没有必要学习那些有效市场理论："要想成功地进行投资，你不需要懂得什么β值、有效市场、现代投资组合理论、期权定价或是新兴市场。事实上，大家最好对这些东西一无所知。当然，我的这种看法与大多数商学院的主流观点有着根本的不同，这些商学院的金融课程主要就是这些东西。"

当巴菲特对投资的本质做出评论时，他的着眼点是企业的价值，以及管理者和投资者们以错误的价值观念为行动基础的现象。他认为市场先生是一个躁狂抑郁症患者，今天可能欣喜若狂，明天就可能消沉沮丧。所以，他对有效市场假说（"市场总是正确的"）以及声称超常利润要么不可能要么是统计误差的随机游动理论不屑一顾。对这些理论，巴菲特回应说："如果市场总是有效的，我会变成一个拿着锡罐子的街头流浪汉。"

巴菲特认为，市场经常是错的，他持续战胜市场的原因是：远比"市场先生"更加了解买入的公司并能够正确估价，从而利用市场价格与内在价值的差异获利。

而对于为什么有效市场理论不堪一击，巴菲特认为主要原因有三个：

一是投资者不可能总是理性的。有效市场理论有一个前提假设，那就是参与市场的投资者有足够的理性，能够迅速对所有市场信息作出合理反应，即投资者使用所有可得信息在市场上定出理智的价位。然而，大量行为心理学的研究表明，投资者并不拥有理性期望值。

二是投资者对信息的分析不正确。他们对信息的分析不是依赖最基本的公司内在价值评估法，而总是依赖捷径来决定股价。

三是业绩衡量杠杆强调短期业绩，这使得从长远角度击败市场的可能性不复存在。

巴菲特不仅从理论上批评有效市场理论，还用自己的投资经历这一事实对其加以否定。

在格雷厄姆—纽曼公司的时候，巴菲特曾研究过该公司1926－1956年营业期间内套利获利的情况，在没有财务杠杆的情况下，年平均回报率达到20%。巴菲特从1956年开始运用本杰明·格雷厄姆的套利原理，先是在巴菲特合伙公司，然后是在伯克希尔公司。尽管他没有做过非常精确的计算，但他的计算足以证明1956－1988年的平均回报率远远超过20%，当然，巴菲特的投资环境要比本杰明·格雷厄姆的好得多，他没有经历股市大崩溃的1929－1932年。

巴菲特说："在63年中，包括分红在内，市场总体的年回报率低于10%。如果把所有的投资收益再投资，那么1000美元就可以增长到40.5万美元。而我们年均20%的收益率则可以使同样的1000美元增长到9700万美元。这种让我们心动的统计意义上的巨大差别，无疑可以激起任何人的好奇心。然而，有效市场理论的鼓吹者似乎从来没有对这类与其理论并不一致的证据产生过兴趣。当然，今天他们不再像过去那样对这个理论夸夸其谈，但据我所知，无论他们曾经误导过多少学生，至今还没有一个人公开承认有效市场理论是错误的。而且，在大部分商学院里，有效市场理论仍然是投资课程的主要组成部分。很明显，不愿公开收回自己的主张并因此揭开神秘的理论面纱，并不仅限于神学家。"

"自然，那些生吞活剥有效市场理论的学生们以及招摇撞骗的投资专家们，对于我们及其他格雷厄姆的追随者反而提供了投资上的巨大帮助。在任何竞赛中——无论是金融的、脑力的或者体力的——面对一群被灌输了即使尝试也毫无用途的对手们，我们当然会有巨大的优势。从利己主义的观点来看，格雷厄姆的追随者们可能应当资助那些大学教授们，以保证有效市场理论永远传授下去。尽管我们这样说，还是有必要提出一个警告。最近的套利活动似乎越来越轻而易举，但这并非一种能够保证每年都有 20% 利润的投资方式，或者说肯定有其他类似的利润。"

在 20 世纪 70 年代早期，大多数机构投资者都认为，企业价值的多少在决定股票买入或卖出价格时毫无用途。现在这种观点看来简直令人难以置信。但是，当时的机构投资者中了名牌商学院的魔法，这些学院鼓吹一种新潮的投资理论：股票市场完全有效，因此计算企业价值——甚至思考企业价值，在投资活动中毫无用途。巴菲特说："我们深受这些学术理论的恩惠，在智力竞赛中，无论是桥牌、国际象棋或是选股，遇上那些认为思考是在浪费精力的对手，还有什么会比这种对手让你更有优势的呢？"

1973～1974 年间，《华盛顿邮报》经营依旧非常良好，内在价值持续增长。尽管如此，巴菲特持股的《华盛顿邮报》市值却下跌 25%，由买入时的 1060 万美元变成 800 万美元。本来，在一年前巴菲特觉得已经便宜得可笑的股票变得更加便宜了，"无比智慧"的市场又将《华盛顿邮报》的股价相对于其内在价值进一步向下调整了 20%。于是，巴菲特毫不犹豫地加大了投资。

巴菲特在 2003 年致股东的信中不无得意地说："你们当然知道我们这次投资的美好结局。《华盛顿邮报》的总裁凯·格雷厄姆既有智慧、勇气，以便宜的价格大量回购公司的股份，又有出众的管理才能，使公司的内在商业价值大幅度增长。与此同时，投资人开始认识到公司非凡的竞争优势，从而使公司股价上升，逐步接近于其内在价值。因此，我们得到了三大好处：一是公司内在商业价值快速增长；二是每股商业价值由于公司回购股份又快速增值；三是随着股票被低估的幅度逐渐缩小，股价上涨的幅度超越公司价值的实际增长幅度。"

除了 1985 年根据持股比例在回购中卖回给公司的股份外，巴菲特 1973 年投资 1060 万美元买入的《华盛顿邮报》股份一直持有至今，这些股份的市值加上因回购而出售股份所得的收入共有 22.1 亿美元。

尽管巴菲特用理论和事实批评了有效市场理论，证明了自己的正确，然而有效市场理论在商学院里仍被视为经典，奉为圭臬。不过，这个事实却带给沃伦·巴菲特无穷的"满意"。巴菲特幽默并讽刺性地说道："很显然，这种对学生和易轻信的投资专业人士的不负责态度对我们和其他追随格雷厄姆的人来说是最大的帮助。因为他们吞食了有效市场理论的苦果。在任何种类的较量中——金融也好，精神或身体也罢——我们都占有极大的优势。我们的对手被告知市场的不可控性，他们甚至都不用去试。从自私的角度讲，我们或许应该捐助些椅子确保有效市场理论永久地教授下去。"

3.市场预测是自欺欺人

事实上，人的贪欲、恐惧和愚蠢是可以预测的，但其后果却是不堪设想的。

——沃伦·巴菲特

尽管所有人都知道股票市场是一个风云变幻，捉摸不定的场所，但人性的贪婪和无知却还是使得有一大部分人着迷于所谓的市场预测，以期能通过对未来的探知而将手中的钞票成倍地疯涨。对此，巴菲特给予了强烈的鄙视，并无情地讽刺道："任何预测市场的行为都是在浪费时间和生命，任何成功的投资从来都不是由于预测市场而得来的。""事实上，人的贪欲、恐惧和愚蠢是可以预测的，但其后果却是不堪设想的。"

沃伦·巴菲特对预测的立场非常清楚：不要浪费你的时间，不管是经济预测、市场预测，还是个股预测，在投资中根本不会占有一席之地。在巴菲特的投资生涯中，他获取了巨大的财富和无与伦比的业绩，他的方法就是投资于业绩优秀的公司，而不是靠推测未来的市场走势。

大多数的投资者对那些活跃在华尔街的股评家深信不疑，在他们眼里，那些股评家似乎具有某种魔力，每当那些股评家说股市或某只股票有上涨的动力、下跌的压力时，那些投资者便会蜂拥而上或是疯狂抛出。对此，巴菲特说道："投资人期望经纪人会告诉你在未来两个月内如何通过股指期货、期权、股票来赚钱完全是一种不可能的幻想。如果能够实现的话，他们也根本不会告诉投资人，他们自己早就赚饱了。""股市预测专家存在的唯一价值，是使算命先生更有面子而已。"

巴菲特认为，市场与预测是两码事，市场是在变化的，而预测是固定不变的，预测的固定不变只会给分析市场的人以错觉。

股票市场充斥着每一个投资者的看法和决策，他们对股市有着千种万种的猜测，所有这些猜测总是相互交织，互相影响，这样一来，原本就飘忽不定的股市就会变得更加纷繁复杂而变化多端。试想一下，从一个充满了欲望、贪婪、冲动、非理性的浑浊的股票市场中，身处其中的投资者可以推测出什么值得研究参考的信息？所以就更不要去奢望你可以从中为自己描绘未来的财富蓝图了。

过去多年众多研究报告已经证明，每年都有超过一半的美国基金经理人输给了指数。换言之，投资人只要买入指数基金而不必去管它，每年还会胜过大半的全职基金经理人。这也难怪最近几年来"指数基金"在美国逐渐流行。毕竟，如果给钱请人来全职管理、分析之后，还输给简简单单的被动性指数投资法，为什么还要花费昂贵的基金管理费呢？

微小的变化总是在悄无声息地改变市场。令投资者感到害怕的是，旧的趋势的崩落丝毫没有预兆。投资者在毫无准备的情况下就被卷了进去，因为所有的信息投入都小到不足以引起投资者的重视。

投资者总是信心十足地认为某种股票或某种市场从整体上将回落到平均域（平均域是一数学概念）——它将跟随某种可预测的定数格局走。但平均域是不稳定的，它基于众多投资者的不同预测的决策之上，而这些投资者又根据其他决策不断调整自己的决策，所以平均域总是在不断移动变化。巴菲特说："许多投资者认为市场只是一个简单的域性状态，但实际上市场是非域性的、复杂的、适应性的。只有当市场突然停止运作时，预测者的系统才有用武之地。"

投资者在一个缺乏格局认识的世界里该如何应对呢？巴菲特认为，应该通过研究正确的部位和正确的层次。虽然投资者对股价走势、经济形势无能为力，只能任其发展，但是投资者可以从另一个角度寻求突破，那就是投资企业。对广大投资者来说，企业的经营状况、财务状况、盈利能力、投资者的投资回报率等等都是可以研究并预测的。也就是说，尽管经济和市场总体来说是复杂和庞大的，以至于我们无法预测，但是在公司这一层面的格局是可以被认识的。在每个公司的内部都存在着公司格局、管理格局以及金融格局，假如我们研究这些格局，多数情况下我们对公司的未来可以做一个合理的预测。巴菲特集中全力研究的正是这些格局而不是其他几百万投资者的不可预测的行为。他说："我对于明天或明年股市将如何波动毫不关心，可以肯定的是，股市波动永远只会出现两种情况，那就是上涨和下跌。从长远来看，价格一定会在将来的某一天向价值靠拢，在这种情况下，投资者唯一要做的就是耐心等待这一天的到来。""我一直觉得受基本原理的支配来估算权重，要比受心理学的支配来估算投资容易得多。"

巴菲特指出，忽略政治和经济预测，是许多投资者十分头疼的事情，但对他自己来说却无足轻重。30年前，他没有能够预测到越南战争的爆发、物价与工资的调控、两大石油危机等事件，但没有预先知道这些事情的发生，并不能阻止巴菲特取得过人的投资业绩。巴菲特说："所有这些巨磅炸弹级的事件都没有在本·格雷厄姆的投资原则中留下任何痕迹，他们对我们低价购买良好企业也没有产生任何不利影响。假若我们让这些不可知的恐惧拖住手脚或改变资金的使用，你可以想象一下我们要付出的代价。"

如果投资者们想到某种格局，不管他们对格局的认识有多少错误，他们都会参照对格局的认识而行动。一旦你认识到市场是一个复杂的适应性系统，你会自愿地放弃预测的想法。你也会明白市场将逐步达到其繁荣与萧条的关键点。

巴菲特解释说："在今后30年里，一系列不同的大事肯定会发生。我们既不要试图预测这些事件，也不要试图从中获利。只要我们找到同我们过去购买的公司相似的企业，外部的意外事件将会对我们的长期结果产生极小的影响。"

所以，下次当你被诱惑相信你已经找到一种可实现利润而且可以被重复使用的格局时，当你被市场的不可预测性惊得目瞪口呆时，记住巴菲特说的话："面对两种不愉快的事实吧：未来是永不明朗的；而且在股市上要达到令人愉快的共识，代价是巨大的。不确定性是长期价值购买者的朋友。"

4.欲胜市场者先胜己

成功的投资者往往是那些个性稳定的人。投资者最大的敌人不是股票市场，而是他自己。即使投资者具有数学、财务、会计方面的高超能力，如果不能掌握自己的情绪，仍难以从投资行动中获益。

——沃伦·巴菲特

巴菲特对投资者的非理性有着深刻的认识："股市只是一个可以观察是否有人出钱去做某件蠢事的参照。当我们投资股票时，我们同时也投资于商业。"巴菲特认为，很多人往往容易在纷繁和充满诱惑的投资市场面前失去理智，因此投资者应该要清楚认识到这一点，并保持清醒，排除自己不理智的行为，避免自己的愚蠢行为给自己造成损失。

行为金融学的研究成果也表明了巴菲特是正确的，投资者在投资中经常会犯下非理性的愚蠢错误。行为金融理论研究表明，亏损的投资者往往是那些容易受到市场波动影响、经常出现行为认知偏差的人。现实中的投资者并非像有效市场理论中假设的那样是完全理性的，而是"有限理性"投资者。由于投资者是有限理性的，在其投资决策过程中常常会受到各种心理因素的影响，导致出现大量认知和行为偏差。通俗地讲就是智力正常、教育良好的聪明人却经常做傻事。

行为金融学研究发现证券市场投资者中的常见愚蠢错误有以下几种：

（1）过度自信

心理学研究表明，人们总是对自己的知识和能力过度自信，过度自信几乎是人类最根深蒂固的心理特征之一。在投资行为中，投资者往往过于相信自己的判断能力，高估自己成功的机会，认为自己能够"把握"市场，把成功归功于自己的能力，而低估运气和外部环境在其中的作用。研究还表明，各领域内的专家往往比普通人更趋向于过度自信，金融专业人士（证券分析师、机构投资者）也是如此。过度自信的产生有其深刻的心理学基础，证券市场的巨大不确定性使投资者无法做出适当的权衡，非常容易出现行为认知偏差。过度自信是行为金融学中研究最多的认知偏差，市场上的很多非理性行为都是由投资者过度自信造成的，最典型的投资者行为是过度交易，推高成交量，导致高昂的交易成本，从而对投资者的财富造成损失。

（2）自归因

自归因（Self-Contribution）指的是人们总是将过去的成果归功于自己，而将失败归因于外部因素的心理特性。投资者将投资成功归功于自己的能力，而投资失败则归咎于外部因素的不利。这样，投资者的自信心将随着公开信息与自有信息的一致而不断加强；但一旦公开信息与自有信息相反时，其自信心并不等量地削弱。

（3）从众行为

从众行为指与大多数人一样思考、感觉、行动，与大多数人在一起，与大多数人保持一致。这个概念被金融学家借用来描述金融市场中的一种非理性行为，指投资者趋向于忽略自己有价值的私有信息，而跟从市场中大多数人的决策方式。从众行为表现为在某个时期，大量投资者采取相同的投资策略或者对于特定的资产产生相同的偏好。

（4）过度反应和反应不足

过度反应是指投资者对最近的公司信息赋予过多的权重，导致对近期趋势的推断过度偏离长期平均值。投资者过于重视新出现的信息，而忽略长期的历史信息，而后者更具有长期趋势的代表意义。因此，投资者经常在坏消息下过度悲观而导致证券价格下跌过度，在好消息下经常过度乐观而导致证券价格上升过度。

根据过度反应的内涵，不难看出，在过度反应现象下，市场上会出现以下两种等价现象：

①股票价格的异常波动将会伴随随后的价格反方向运动，即超涨的股票在修正中补跌，而同时超跌的股票则会补涨；

②股票价格的异常波动幅度越大，在以后的反向修正中其调整幅度也越大。这两点已被许多实证结果所发现，同时也是验证过度反应是否存在的依据。

反应不足则是指投资者对新的信息不足，尤其是证券分析师等专业投资者，他们往往对曾经处于困境的公司抱有成见，不能根据公司最近出现的增长而对原来的盈利预期进行足够的修正，导致低估其价值，而错过大好投资机会。

这两种现象的存在对市场有效性理论提出了挑战，因为这意味着在不同的市场中专业的投资者可以利用这些现象获取超额利润，却并不承担额外风险。

（5）损失厌恶

损失厌恶是指面对同样数量的盈利和损失时，损失比盈利会给投资者带来更大的情绪影响。研究发现同等数量的损失带来的负效用为同等数量的盈利的正效用的 2.5 倍。

损失厌恶导致投资者放弃一项资产的厌恶程度大于得到一项资产的喜悦程度，使决策者更愿意维持现状而不愿意放弃现状下的资产，在投资中表现为买价与卖价的不合理价差。损失厌恶还会导致投资者过于强调短期的投资亏损，而不愿长期持有股票，更愿意投向稳定的债券，使其错失长期的巨大盈利机会。

（6）选择性偏差

选择性偏差是指这样一种认知倾向：人们喜欢把事物分为典型的几个类别，然后，在对事件进行概率估计时，过分强调这种典型类别的重要性，而不顾有关其他潜在可能性的证据。选择性偏差的后果势必使人们倾向于在实际上是随机的数据序列中"洞察到"某种模式，从而造成系统性的预测偏差。大多数投资人坚信"好公司"就是"好股票"，这就是一种选择性偏差。这种认知偏差的产生是由于投资者误把"好公司"的股票混同于"好股票"。其实好公司的股票价格过高时就成了"坏股票"，坏公司的股票价格过低也就成了"好股票"。

当然，在资本市场上，这些现象很少单独出现，而是紧密地联系交织在一起。认知偏差出现的原因，在于人脑的本质功能是处理人与人之间的关系，而不是进行统计计算，大脑处理视觉形象远胜于处理数字逻辑。在许多情况下，认知偏差是我们用以简化日常生活的必要方法。因此可以说，认知偏差是我们日常生活中认识过程的一部分，也是证券投资中决策过程的一部分。

如果投资者要想战胜市场，首先要认识到自己可能经常会犯的愚蠢错误，并尽可能保持理性，避免出现这些错误，尽可能减少行为认知偏差导致的愚蠢投资决策。

格雷厄姆认为，对待价格波动的正确精神是所有成功的股票投资的试金石。实际上，"与市场博弈"就等于与自己博弈，因为每个交易者与其他交易者共同形成了市场。无论是在理论上还是在实践中，一个独立的参与市场投机的一般或典型的投资者都不可能比公众更加成功。

格雷厄姆认为，成功的投资者往往是那些个性稳定的人，投资者最大的敌人不是股票市场，而是他自己。即使投资者具有数学、财务、会计方面的高超能力，如果不能掌握自己的情绪，仍难以从投资行动中获益。巴菲特将格雷厄姆的精华总结为："合适的性格与合适的才智相结合，才会产生理性的投资行为。"

巴菲特指出，一个投资者必须既具备良好的公司分析能力，同时又必须具备把自己的思想和行为同在市场中肆虐的极易传染的情绪隔绝开来的能力，才有可能取得成功。在我与市场情绪保持隔绝的努力中，我发现将格雷厄姆的市场先生的故事牢记在心非常有用。

巴菲特在格雷厄姆《聪明的投资人》第四版的前言中写道："如果你遵从格雷厄姆所倡导的行为与商业原则，你的投资将不会出现拙劣的结果（这是一项远超过你想象范围的成就），你的杰出绩效将取决于运用在投资的努力与智力，以及在你的投资生涯中股票市场所展现的愚蠢程度。市场的表现越是愚蠢，善于捕捉机会的投资者胜率就越大。如果遵循格雷厄姆的话去做，你就能够从别人的愚蠢行为中获益，否则你自己也会干出蠢事。"

5.利用市场而不被市场利用

我不知道股市明天、下周或者明年会如何变动，但是在未来的10年甚至20年里，你一定会经历两种情况：上涨或下跌。关键是你必须要利用市场，而不是被市场利用，千万不要让市场误导你采取错误的行动。

——沃伦·巴菲特

巴菲特认为，市场是自己的仆人，而非自己的领导。因此我们应该利用市场而不是被市场利用。因此，巴菲特经常提醒他的股东，要想投资成功，就必须对企业具有良好的判断并保持清醒，使自己免受"市场先生"控制的情绪旋风之害。

许多投资人在面对市场行情的变动时往往按捺不住自己的急躁情绪，从而作出错误的投资决策，落入市场的陷阱。然而，巴菲特的投资决策却从不受市场行情变动的影响，他一如既往地购买他认为有吸引力的公司的股票，即使在较高的市场价格条件下，很多投资者望而却步时也是坚持如此。1979年，巴菲特发表了一篇题为《你在股市上为兴高采烈的舆论支付了一个非常高的价格》的文章，当时，道·琼斯工业指数正以略低于账面价值的价格交易，权益资本收益率平均为13%，债券利率在9%~10%之间波动。但大多数养老基金的管理人更多地购买债券而非股票。这种情况不同于投资者在1972年的态度，当时道·琼斯工业指数的权益资本收益率为11%。而这些公司的股票以账面值的18%进行交易，但在此期间，养老基金管理人更倾向于卖出债券以购买股票。1972年与1979年的差别在哪里呢?巴菲特提出的一个可能的解释是:1979年，证券组合经理们觉得，只要近期的未来不确定，那么最好避免持有股票。对此，巴菲特指出，陷入这种心理状态的人必须明白以下事实：

（1）"未来从来都不是确定的"；

（2）"你为兴高采烈的舆论付出了过高的价格"。

对于市场行情在什么时候会上涨或下跌，巴菲特是从来都不去预计的。他的做法是理性的。他曾开玩笑说："我们只不过简单地尝试在别人贪婪时沮丧，而在别人沮丧时贪婪。"当然，正如巴菲特所指出的那样，投资不能没有思考，但对于投资的思考绝不是所谓的什么市场预测，而是小心地估计公司经济的基本情况，靠追逐最新的投资策略和潮流是不能保证成功的。

巴菲特提醒股东们，成功的必要条件是必须具备良好的企业判断力和拥有控制自己情绪的超强自制力，以保证不为"市场先生"所掀起的狂风所左右和利用。巴菲特时时提醒自己在投资中必须要稳操胜券，在面对"市场先生"所制造的某些诱惑甚至假象时，要有相当的克制力去对待，要用自己的耐心和判断去行事。因此，巴菲特成功地利用了市场，让"市场先生"为自己服务，而不是被市场牵着鼻子走，否则他就无法成就"股神"的美誉了。

6. 逆市而为，绝不盲从

不要盲从于别人，坚持自己的判断，你会从中受益。

——沃伦·巴菲特

通常，在股票市场的论调一边倒时，作出逆市而为的壮举是需要极大的勇气和极其冷静的判断的，许多人做不到这一点，但巴菲特例外。"如果你发现了一个你明了的局势，其中关系你都一清二楚，那你就行动，不管这种行动是符合常规，还是反常的，也不管别人是赞同还是反对。"

正是因为具有这种勇气和判断能力，因此，在那些专业人士看来，巴菲特的投资眼光总是透露着怪异。当他们认为一只股极有发展潜力时，巴菲特对它连看都不看一眼；而他们认准一只"垃圾股"时，巴菲特却又大手一挥，将其揽入怀中。然而，令人吃惊的是，巴菲特所有的财富，几乎都是从那些投资家不看好的"垃圾股"中赚来的。所以，巴菲特几乎每次收购都会引来大量争议，其中，收购富国银行就是一例。

1990年，富国银行以每股86美元上市，由于投资人担心经济不景气会蔓延到西海岸，导致对商业区和住宅区的不动产市场的大量贷款损失，而富国银行正是加州地区银行业中拥有商业不动产最多的一家。因而人们纷纷抛售，并有人沽空该股，导致股价迅速下跌，股票在当年10月的卖空收益高达77%。在这种情势下，巴菲特见时机成熟，开始陆续购进该股。

以后几个月间，伯克希尔公司逐渐掌握了富国银行流通在外的10%的股份，成为该银行的第一大股东。巴菲特的介入，导致了围绕富国银行股票走势的一场争议。在巴菲特一方，其介入持股是看好该股，投入2.89亿美元，为的是它日后的成长；而另一方则看空该股，如当时美国最大的卖空者费西哈巴兄弟投机该股，是预料该股将进一步下跌。费西巴哈兄弟的达拉斯财务主管表示："威尔法斯哥是死定了，"并且还说，"我不认为声称它们为破产大王是正确的，但是我认为它们离破产也不远了。"摩根斯坦利公司一位有影响的分析师巴顿认为，富国银行股价最终会跌到只剩百分之十几的价格。

也是在这个时候，保德信证券公司的证券分析师乔治·沙劳表示："巴菲特是出了名的讨价还价者，也是长期投资者，但是得州由于能源价格下滑而导致银行倒闭的事也可能发生在加州。"言外之意富国银行的情形不容乐观。在贝伦的一位名叫约翰·利西欧的业内人士也表示："巴菲特毋需担心谁在长期挥霍他的金钱，只要他不要一直试着去买谷底价位的银行股。"几乎所有的舆论都看淡富国银行，甚至有人开始教巴菲特如何在他最熟悉的行业——银行投资了。

然而，巴菲特之所以选中富国银行投资，是有他的道理的。让我们先来了解一下这家银行的情况。

1983年，深具理性和睿智的卡尔·理查德出任富国银行董事长，他走马上任后，决心要把死气沉沉的银行来个根本转变，使之变成能赚钱的大企业。在他的努力下，1983－1990年的7年间，富国银行的平均获利是1.3%，而且平均股东权益报酬率是15.2%。1990年，富国银行以560亿美元的资产，排名为美国的第十大银行，这些都充分显示出了卡尔·理查德的管理水平。尽管他尚未着手股票回购或发放特别股利的计划，就已经使股东们获利了。在卡尔·理查德的领导下，富国银行也专注于控制成本，分析师们从比较公司和非利息支出占公司净利息收入的比例中，可以了解到银行的营运费用占净利息收入的百分比。据测算富国银行的营业效率是20%～30%，这个数据表明，它的营运成本比第一洲际银行或美国银行还要好，而卡尔·理查德的一个特别应该指出的管理本领是，一旦成本被控制住以后，他就不让成本再度增加，从而能持续地改善富国银行的赢利状况。按理查德自己的说法是："我们试着像是经营一家企业来管理这个公司，2＋2＝4，而不是7或8。"巴菲特在1990年买进富国银行的股权时，该银行是国内所有主要银行中对商业不动产放款最高的银行，高达145亿美元，相当于其股东权益的5倍。由于当时加州的经济不景气状况正在恶化，因此分析师推算银行的商业放款中，有一大部分将成为呆账。正是这一点，导致了富国银行股价在1990年和1991年的下跌。

当时，由于美国联邦储贷保险公司的倒闭，震动了金融界，金融检查人员认真地分析了富国银行的贷款投资组合，迫使银行在1991年拨出13亿美元作为呆账准备，1992年度再提12亿美元做呆账准备。因为准备金是每月拨出，投资人开始对每次的提列金额感到紧张。按规定，银行并非一次足额提到放款损失准备金，而是在两年内慢慢提到，但投资人对于富国银行是否能撑到它的放款问题得到解决的时候表示怀疑。

1990年由于伯克希尔宣布它拥有富国银行股权，其股价在1991年年初明显上扬，达到98美元一股。这为巴菲特赚取了2亿美元的利润。但正如巴菲特事后承认的那样："我低估了加州的不景气，和那些公司的不动产问题。"果真在1991年6月，当银行宣布另外一笔放款损失准备的提列时，又造成了股价两天之内下跌13美元，成为每股74美元。虽然股价在第四季度略有回升，但由于富国银行必须为它的放款损失再增拨另一笔准备金，这明显将使盈余减少，因此到年底，该股以58美元一股收盘，这与1990年10月伯克希尔以平均每股57.88美元买进的价位基本持平。

富国银行1990年赚了7.11亿美元，但1991年由于提列呆账准备，只赚了2100万美元，1992年虽然达到2.83亿美元，但仍小于它前两年的盈利水平。但反过来说，如果加上呆账准备金，那么该银行仍有每年赚进10亿美元的盈利能力。巴菲特与人们的争议在于，若考虑它所有的放款问题之后，它还有赚取盈余的能力吗?巴菲特认为有，而看空卖空者则认为没有。

巴菲特计算出富国银行每年在支付平均3亿美元的贷款损失费用之后，仍会赚进10亿美元的税前盈余，如果480亿美元的贷款里，不只包括商业性的不动产放款，也包含了其他所有银行放款。其中10%是1991年的问题放款，并因此产生损失，包括利息损失，平均为放款本金的30%，则富国银行会达到损益平衡点。但这种情况发生的可能性很低，即使富国银行一年没有赚钱，这种想法也不会令人沮丧。而伯克希尔的收购或投资方案，是立足在该年未赚取分文，但预期未来它的股东权益可能增长20%的企业。

巴菲特的眼光没有错，1992年伯克希尔继续买进该银行股票，使持股增至630万股，占富国银行总股本的11.5%，然后又利用自联邦准备局拿到的清算超额准备金，再买进该银行股票，使持股增加到22%。1993年11月，伯克希尔以每股介于106～110美元之间的价格继续买进该股票。至当年年底收盘，富国银行的股票已涨到每股137美元。

这场旷日持久的争议以巴菲特不断赢利的事实画上了句号。这再次证明了巴菲特的投资理念和方法是经得起考验的，即便是在大多数人反对和风险降临且几乎动摇人们信心的时候也是如此。

从1994年开始，伯克希尔公司利用全美股票市场报酬率走低的时机，开始了又一轮大规模的收购行动。巴菲特的观点是：只有当优良的公司被不寻常的信息包围，导致股价被错误地评价的时候，才是真正大好的投资机会。

在巴菲特的投资生涯中，值得一提的还有美国运通公司。美国运通是巴菲特在20世纪60年代中期起就进行投资的目标，也是除可口可乐之外与伯克希尔公司保持关系时间最长的一家公司。

20世纪60年代中期，美国运通曾爆发过著名的色拉油丑闻案。当时，运通公司曾证明说它库存了大批色拉油，但事实上根本没有什么色拉油存在，这导致它的负债很快就达到了数百万美元，股价猛跌了一半多。善于瞄准问题股的巴菲特乘虚而入，以1300万美元购入该公司5%的股票。至90年代，伯克希尔已拥有该公司10%的股份，总成本在14亿美元左右。

美国运通的业务共有三大部门：一是旅游及相关服务，从事美国运通卡和美国运通旅行支票，此业务占运通营业额的72%；二是运通财务咨询，包括财务规划、保险和投资产品，占销售量的22%，美国运通的财务咨询专家超过3600位，负责的资产达到1060亿美元，这个子公司因此成为美国最大的基金经理人之一；三是美国运通银行，它只占该公司营业额的5%，但却是分布在全世界37个国家，共78个营业场所的服务网的中心枢纽。美国运通旅游相关服务部门持续生产固定的利润，此部门一直都有巨额的股东盈余，用来资助它的不断成长。

巴菲特鉴别公司经营管理层是否负责的一贯尺度是：当一个公司所产生的多余现金

大于营运所需时将如何处置。为此，巴菲特把经营者分为两大类，一是对股东权益负责的，他将用资本余额增加股利分配或回购股本；二是盲从法人机构，花掉现金用来扩展其企业领地。巴菲特欣赏前者，而认为后者是很不幸的。美国运通1992年之前的总经理詹姆斯·罗宾逊就是盲从于法人机构，用多余现金收购同行业，结果在收购希尔逊—李曼公司时遇到了巨大挫折。希尔逊—李曼公司不但没给美国运通以回报，还要靠其不断注入资金才能维持营运，整体算下来，美国运通已投入希尔逊的资金达40亿美元之多。罗宾逊为此求助于巴菲特，于是伯克希尔购买了3亿美元的特别股，直到运通公司变得理性时，巴菲特才成为其普通股的股东。

1992年，哈维·戈勒继任总经理，戈勒与巴菲特志向一致，强调美国专利权和品牌价值。他上任的当务之急是强化旅游相关服务部门的品牌意识，重整希尔逊—李曼的资金结构，以便抛售。前后差不多用了两年时间，戈勒清算了美国运通的不良资产，恢复了公司的获利能力和股东权益报酬率。1992年，戈勒出售美国第一数据企业，使美国运通净赚了10亿美元以上；1993年又将其资金管理部门——波士顿公司，以15亿美元出售给美伦银行。不久，希尔逊—李曼公司也分割成两部分，卖掉了希尔逊公司零售业务账户，而李曼兄弟公司，在戈勒投入10亿美元以后，免税分配给了美国运通的股东。

巴菲特密切关注着美国运通的变化，早在1994年夏天，他先将伯克希尔持有的特别股转换成普通股，并开始收购更多的普通股。到1994年年底，伯克希尔已拥有了2700万股美国运通，平均价为每股25美元。1995年春，美国运通又宣布另外回购流通在外的股票4000万股。此举高达总流通在外股数的8%，而巴菲特也采取相应的行动，于1995年2月又另外增持了该股2000万股，使伯克希尔取得了近10%的美国运通的股权。

按保守的方法估计一下美国运通的成长率，大致可以这样看，1993年通过出售子公司，该公司至1994年年底的盈余为14亿美元。戈勒确定的公司成长目标为12%~15%，假设未来10年能持续成长10%，第11年以后只剩5%的成长率，这肯定低于管理层自己的预估，再以10%来折现盈余，那么美国运通的实质价值为434亿美元，每股为78美元。按此计算，巴菲特是以美国运通实质价值的70%买入该公司，具有较大安全边际。这说明他投资并长期持有美国运通是极其正确的。

如果说逆市而为的"动"需要极大的勇气和强大的判断能力，那么坚持自己，绝不盲从的"静"则需要冷静的头脑和超强的自制力。

"股市在绝望中落底，在悲观中诞生，在欢乐中拉抬，在疯狂中消失。"这是流传于华尔街的一句名言，但很少有投资者理解并记住这句名言。不过巴菲特没有忘记这句话，他也最终成为这句话的受益者。

1968年，华尔街股市呈现出前所未有的繁荣，道·琼斯指数一路飙升，交易大厅里人山人海，报单如潮，各种发财的喜讯几乎令人喘不过气来。人们在传递一个又一个暴富信息的狂热，同时又因这种狂热而迷乱了心窍。一时间华尔街仿佛遍地是黄金，俯仰之间便能成为百万富翁。

可面对如此繁荣的股市，巴菲特在将近半年的时间内一直少有举措，他更多的时间只是旁边冷眼观察和冷静思考。在所谓的金钱浪潮滚滚而来的时刻，巴菲特的冷静旁观和拒绝诱惑，让人无法不赞叹他的心智和毅力。

最终，巴菲特竟作出了一个惊人的决定——解散合伙人企业，逐一清算投资人的全部资金。

没想到，在华尔街股市的鼎盛期，一个专注于股市投资的合伙人企业宣布解散，声名显赫的沃伦竟要退出股市经营。对于这个消息，人们惊得目瞪口呆，无法相信，更无法理解。

然而奇迹往往就是在人们无法相信的时候发生。在快到年底时，华尔街股市的牛气渐尽，指数几度飘摇，令人心惊胆战。此后，股市一路下跌，"噩梦"一个连着一个，熊市延续长达几年，无数人的发财梦全部破灭，损失惨重。而巴菲特由于及时解散合伙人企业，因此避免了重大损失。

巴菲特的选择显示出预言家一样的英明，这是冷静的头脑和超强的自制力造就的。

7. 在别人恐惧时勇敢

我们只是设法在别人贪心的时候保持戒慎恐惧的态度。唯有在所有的人都小心谨慎的时候我们才会勇往直前。

——沃伦·巴菲特

巴菲特是一个众所周知的精明投资者。当巴菲特在 20 世纪 80 年代购买通用食品和可口可乐公司股票的时候，大部分华尔街的投资人都觉得这样的交易实在缺乏吸引力。

当时多数人都认为通用食品是一个不怎么活跃的食品公司，而可口可乐给人的印象则是作风保守，从股票投资的角度来看，是缺乏吸引力的。在巴菲特收购了通用食品的股权之后，由于通货紧缩降低了商品的成本，加上消费者购买行为的增加，使得通用公司的盈余大幅增长。在 1985 年菲利普摩里斯 (美国一家香烟制造公司) 收购通用食品公司的时候，股价足足增长了 3 倍；而在伯克希尔 1988 年和 1989 年收购可口可乐公司之后，该公司的股价已经上涨了 4 倍之多。

在其他的例子里，巴菲特更展现了他在财务恐慌时期，仍然能够毫无畏惧地采取购买行动的魄力。1973－1974 年是美国空头市场的最高点，巴菲特收购了华盛顿邮报公司；他在 GEICO 公司面临破产边缘的情况下，将它购买下来。他在华盛顿公共电力供应系统无法按时偿还债务的时候，大肆进场购买它的债券；他也在 1989 年垃圾债券市场崩盘的时候，收购了许多 RJR 奈比斯科公司 (美国一家极大的饼干制造公司) 的高值利率债券。巴菲特说："价格下跌的共同原因，是因为投资人抱持悲观的态度，有时是针对整个市场，有时是针对特定的公司或产业。我们希望能够在这样的环境下从事商业活动，并不是因为我们喜欢悲观的态度，而是因为我们喜欢它所制造出来的价格。换句话说，理性投资人真正的敌人是乐观主义。"

另外，巴菲特并不会因为市场价格情况的改变而停止收购行为。虽然偏高的市场价格可能使得交易额减少许多，但是巴菲特还是能够发现吸引他的公司，进而收购它的股票。当市场价格下跌，多数投资人普遍持悲观态度的时候，具有吸引力的交易数量将会增加。

巴菲特并不预期股票市场的涨跌。如同巴菲特所指出的，了解其他大多数人的想法，并不能够代替自己本身的思考。想要获得大量收益，你就得小心评估各个公司在经济面上的基本体质。然而热情拥抱目前最流行的投资方式或情报，却无法保证你一定成功。

8. 在市场非理性之时抓住投资机遇

我之所以有今天的成就，是依靠了"自律"和"愚蠢"这两样东西：自己的自律和别人的愚蠢。

—— **沃伦·巴菲特**

巴菲特就像是一个艺术大师，把自己的情绪温和又顺从地拿捏在自己的手里。在他看来，只要确保自己的情绪不被市场的情绪所左右，那么投资者就可以在支配自己的情绪的同时，充分利用市场出现非理性的情绪时抓住投资机遇，为自己创造财富。

在今日的投资世界里，如果你能够像巴菲特那样找到二十多家常年"现金"回报率超过20%的公司，如果股市是像我们这样聪明理智的话，不管我们是不是巴菲特，我们手上的这些公司股票的回报率，也就等于这些公司的长远"现金"投资回报率。

但事实并不如此。市场是会闹情绪的。每一支股票的价格，都会因市场的情绪而波动。这个波动并不是跟着公司的企业现金获利潜能而上下浮动的。就是这一点，使我们能够把自己选中的优秀公司的长远回报率当成一个"底线"——投资回报率的最低限度，然后利用市场的情绪，来取得更高的回报率。比如，巴菲特一直认为历史上最优秀的品牌公司可口可乐在1919年上市时每股40美元，如果你在当时买入而持有到今天，经过多次配股和配息后，平均每年回报率是20%。这是可口可乐长远上的"平均"股价增值率而已。如果你学巴菲特那样，喜欢以"实值"来看待公司的话，那么你就会专门等到市场情绪低落时才大笔买入你心目中的优秀公司的股票。在可口可乐的例子上，巴菲特在1988年、1989年和1990年都大量购入可口可乐的股份，持有到今日，分别是 9 ～ 11 年，平均每年赚取超过 26% 的股价腾升获利。

巴菲特也曾多次强调，他买入一只个股之后，完全不担心这只个股有没有人在买卖。即使买入股票之后，市场关闭长达 10 年不能买卖这只股票，他也不会忧心。他始终都信奉恩师格雷厄姆的名言："就短期而言，股市是个情绪化的投票机器；但就长期而言，它却是个准确无比的天平。" 对巴菲特来说，股市是反映宇宙间所有已知和未知因素的指标。就像天气那样，准确无误的预测是不可能的，最好的办法就是做好准备，任何情况都能应付自如。

普林斯顿大学经济学家马基尔评论说，很多股民买股时，价格虽高了，但却还买下，因为大家心里在想，虽然自己很傻，会以这个价格买入，但买了不久后，就会有更傻的人以更高的价格跟着他们买去，所以今天高价买入并不算傻。马基尔称之为"更傻的人的原理"。

事实上，人类史上从未有过在股市里赚钱的技术分析师，巴菲特也绝对不是像技术分析师那样，靠观看图表来预测市场走势的。巴菲特更不是像国际知名的狙击大师索罗斯那样，以猜测和尝试影响国际市场参与者情绪而赚钱。要知道即使是索罗斯近年来也是亏损连连。

许多投资者很不喜欢拥有那些股价已经下跌很久的股票，却对那些一路上涨的股票非常着迷，但结果却往往是高价买进低价卖出。而巴菲特的实战经历却总表现出另辟蹊径的勇气。

巴菲特就是这样一个理性的独辟蹊径者，他极善于把握投资机遇。他看好的投资往往会令其他投资者深感疑惑。但结果却总是证明巴菲特独具慧眼、另辟蹊径的投资策略是有道理的。他的价值取向就在于他与众不同的投资思维模式加上理性看待市场。

巴菲特看好大众传播和出版事业的前景，他认为报纸和电视台是很容易了解的行业。他曾拥有华盛顿邮报公司和《水牛城新闻报》20 年以上，但他最成功的投资案例是对美国最大报纸发行企业加内公司的投资。

加内公司是采取分散化经营的新闻和大众传播公司，既有全国性报纸《今日美国》，又有分布全美各地的 10 家电视台和 11 家广播电台，更是北美最大的户外广告集团。但当巴菲特 20 世纪 80 年代末期买下加内公司 4.9% 股份时，却是美国传媒业发展的一个低谷,投资者都在廉价倾销他们在纸媒体的投资。而此时加内公司大胆使用加内的产权(也就是用自己的股票)来收购其他报纸,结果《今日美国》扩张成为全美最大的报纸,加内公司盈利开始稳步递增,巴菲特因此又捡了个大便宜。

要想击败市场,第一个条件当然就是不要受市场情绪的影响。而不受市场情绪的影响,首要条件就是为自己确定一些选股的准则。

巴菲特从不公布他选股的本益比标准,但根据那些曾经把本身私人事业卖给巴菲特的创业家所说,巴菲特收购私人企业时,所要求的本益比是不要超过10倍。以1999年年初的每股70000美元来算,伯克希尔的"长期预算本益比"是10倍或更低。这也难怪巴菲特于1998年9月16日评论说,他将会第一次做出准备,以便随时购回伯克希尔的股票。

第六章

给自己上一道有力的"保险"

——坚持安全边际原则

　　许多投资者在股票市场面前往往容易失去理性，这很大程度上源自人性中的贪婪和侥幸。在这种人性弱点之下，投资者往往会忽视为自己的投资寻求保险，置自己的投资安全于不顾。而巴菲特每一次投资之前都会为自己寻求一道安全的保障，那就是投资的安全边际原则，这一原则为巴菲特一生的投资保驾护航。

1、何谓安全边际

在《聪明的投资者》一书的最后一章中，格雷厄姆说出了关于投资的最为重要的词汇"安全边际"。我认为，格雷厄姆的这些思想，从现在起直到一百年之后，将会永远成为理性投资的基石。

——沃伦·巴菲特

巴菲特认为，格雷厄姆有三个基本的思想，这足以作为一个投资者投资智慧的根本。这些思想没有一个是复杂的，也没有一个需要数学才能或者类似的东西。格雷厄姆认为，应该把股票看作是公司的许多细小的组成部分。要把市场波动看作是朋友而不是敌人，投资盈利有时来自对朋友的愚忠而非跟随市场的波动。除此之外，格雷厄姆关于投资的最为重要的理念就是"安全边际"。

那么，什么是"安全边际"？基于安全边际原则的投资策略是指：投资者通过公司的内在价值的估算，比较其内在价值与公司股票价格之间的差价，当两者之间的差价达到某一程度时（即安全边际），就可选择对该公司股票进行投资。

格雷厄姆认为，安全边际原则是价值投资的核心，是投资成功的基础。他指出，尽管公司股票的市场价格涨落不定，但许多公司却具有相对稳定的内在价值。训练有素且勤勉的投资者能够精确合理地衡量这一内在价值。因此，安全边际也可以得到确定。

格雷厄姆在他的名著《聪明的投资者》一书中提到："在一个10年的周期中，股票盈利率超过债券利率的典型超额量可能达到所付价格的50%。这个数据足以提供一个非常实际的安全边际——其在合适的条件下将会避免损失或使损失达到最小。如果在

20种或更多种股票中都存在如此的安全边际，那么在完全正常的条件下，获得理想结果的可能性是很大的，这就是投资于普通股的典型策略，并且不需要对成功概率做出高质量的洞察和预测。"

巴菲特对老师提出的安全边际理论极为推崇，他认为安全边际是投资中最为重要的概念。他认为，真正的投资必须有一个真正的安全边际，并且真正的安全边际是可以由数据、有说服力的推理和很多实际经验得到证明的。他说："在正常条件下，为投资而购买的一般普通股，其安全边际大大超出现行债券利率的预期获利能力。"在一封致股东的信中，巴菲特这样写道：

"在《聪明的投资者》一书的最后一章中，本·格雷厄姆强烈反对所谓的匕首理论：'面对把正确投资的秘密浓缩为四个字的挑战，我斗胆地提出一个座右铭：'安全边际'。我读过它已经42年了，至今我仍然认为安全边际非常正确。投资人忽视了这个非常简单的投资座右铭，从而导致他们从20世纪90年代开始遭受重大损失。"

巴菲特认为，安全边际理念将永远成为理性投资的基石，这也是为什么巴菲特纵横股市40余载从未亏损的重要原因。

巴菲特指出，用贴现现金流公式计算出的最便宜的股票是投资者应该买入的股票，无论公司是否在增长，无论公司的盈利是波动还是平稳，或者无论是盈利率和股价与每股账面价值的比率是高是低。但尽管如此，我们也要为自己确定一个安全边际，如果忽视安全边际，即使对于非常优秀的企业股票，买入价格过高也很难盈利。

巴菲特认为，股票投资策略继续有效的前提是，可以以具有吸引力的价格买到有吸引力的公司股票，同时也需要股价水平适中的股票市场来成人之美。市场就像上帝一样，只救自救者。但与上帝不同的是，市场不会原谅那些不知道自己在做什么的人。对投资人来说，忽视安全边际，买入一家优秀公司的股票时支付过高的价格，将抵消这家绩优企业未来10年增长所创造的价值。

股市交易中买价过高的风险经常会出现，而且对于所有股票来讲，包括那些竞争优势未来必定长期持续的公司股票，买价过高的风险是相当大的。投资者需要清醒地认识到，在一个过热的市场中买入股票，即便是一家特别优秀的公司的股票，可能也需要等待一段更长的时间，以便确立一个足够的安全边际时再买入，这样盈利的可能性才会增加。

2. 安全边际能够有效地规避投资风险

如果我计算出一只普通股的价值仅仅略高于它的价格，那么我不会对买入产生兴趣。

——沃伦·巴菲特

我们都很清楚，人的能力是有限的。在风云变幻、起伏不定的股市面前，我们的能力尤其显得渺小。股价波动是难以准确预测的，尽管从长期来看股价具有向价值回归的趋势，但如何回归、何时回归是不确定的。同时，公司价值也是难以准确预测的，因为受到公司内部因素、行业因素、宏观因素的影响，而且这些因素本身是变化和不确定的，对公司价值的影响更是不确定的。

因此，我们需要对自己的投资寻求一种保险。安全边际原则便是这样一种有力的保险，它能够预防由于投资者自身能力的有限性、股票市场波动巨大的不确定性和公司发展的不确定性而带来的可能损失。有了较大的安全边际，即使对公司价值的评估有一定的误差、市场价格在较长的时期内仍低于价值、公司发展受到暂时的挫折，都不会妨碍投资资本的安全性以及保证投资者取得最低程度的满意报酬率。

对于安全边际原则规避投资风险的重要作用，我们可以从以下两点来具体阐述：

（1）华尔街从来没有人能够准确预测股价波动和公司收益

格雷厄姆在去世前几个月指出："如果说我在华尔街60多年的经验中发现过什么的话，那就是从来没有人能够成功地预测股市变化。" 美国第二大共同基金公司先锋公司的约翰·博格尔也说："我在这个行业里干了30年，从没有听说过谁能连续地预测成功，也没有听谁说过别人能连续地预测成功。事实上，我的感觉是，设法选择交易时机可能非但不能使你的投资账户升值，还会有适得其反的效果。"

关于股市不可预测的证据可谓汗牛充栋，从任何时期基金公司持有的现金量可以清楚地看出，共同基金管理者也根本不能准确地预测市场。

德瑞曼关于 1973－1996 年美国股市的研究，包括了 5 个牛市和 4 个熊市，在这 24 年间股票分析师的总体平均预测失误率为 44.3%，在牛市预测失误率是 44.9%，在熊市预测失误率是 47.4%。这说明，无论是牛市还是熊市，股市预测专家的失误率是相近的，股市涨跌对预测的失误率没有太大影响。研究同时也表明，无论是牛市还是熊市，预测专家都有过于乐观的倾向。过于乐观的收益预测，会使投资者过分高估公司价值，高价买入，从而降低投资收益率，甚至形成亏损。

另外，有统计数据表明，猜中市场是处于谷峰还是谷底的准确率只有大约 10%。要想赚钱，你必须有两次准确的市场预测：一次在接近谷底时买进，一次在接近谷峰时卖出，那意味着你成功的机会只有 1%。如果想成功赚钱两次，那么就只有万分之一的机会。反过来说，要想靠预测股价获得一次成功，失败概率为 99%，两次成功的失败概率则为万分之九千九百九十九。因此，为自己的投资确定一个安全边际是极其重要的。

安全边际是对股票市场波动巨大的不确定性和不可预测性的一种预防和保险。有了较大的安全边际，即使市场价格在较长时期内仍低于价值，我们仍可通过公司净利润和股东权益的增长，来保证我们投资资本的安全性以及取得满意的报酬率。如果公司股票市场价格进一步下跌，我们反而能够以更大的安全边际买入公司更多的股票。正如巴菲特所说："未来永远是不确定的。在大家普遍看好时，你只能花高价从市场买入股票，所以，不确定性反而实际上是长期投资者的朋友。"

而在预测公司收益的成功概率方面，尽管华尔街和学术界在许多方面都存在巨大的分歧，但他们都认为公司收益是决定公司股票市场价格的最主要因素，现代证券分析的核心是通过预测公司收益来预测公司股票市场价格的未来走势。因此，证券公司纷纷花费巨资聘请专家预测公司收益变化，于是股票分析师是股民眼中的明星，而公司收益预测专家则成了股票分析师中的明星。

那么，这些专家对公司收益预测的准确程度又如何呢?让我们来看以下事实:

《机构投资者》每年评选一次最优秀的投资分析专家，从数百个经纪公司中选出一支最优秀的明星队，由他们来预测每一个行业的收益变化。《金融世界》研究了这些明星的实际表现，发现这些预测专家们的业绩实在是令人吃惊的拙劣:"真正的英雄少之又少，在研究期间股市平均上涨14.1%，而'明星'推荐的股票，总体上涨9.1%，比市场平均水平还低34%。在推荐的134种股票中，只有42种，接近1／3，上涨幅度超过标准普尔500指数的平均水平。"

德瑞曼与M.贝利在1995年5、6月份的《金融分析学报》上发表了一篇文章，研究了1973-1991年间分析师收益预测准确性。该文评估每一季度的收益预测一般用前3个月的数据，分析家可以在该季度的前两个星期修订。研究样本中包括纽约证券交易所、纳斯达克和美国证券交易所的主要股票1000只，结果发现，分析家们的收益预测与实际收益一直相差很大，平均错误率达44%!尽管20世纪70年代后，信息技术有了飞跃发展，但分析师的预测水平反而更差了。在研究期间的最近8年，平均失误率达50%，有两年分别达到57%、65%。这种巨大的预测失误率将导致投资者对公司的价值判断产生很大错误，从而导致对股价产生不合理预期，一旦公司收益公布与预测相差很大，股价必定大跌，使投资人遭受较大亏损。

事实证明，公司收益是很难预测的，股票分析师的收益预测往往很不准确。为了防止公司收益预测的错误造成价值评估太大的误差，价值投资人需要相当大的安全边际，以确保在相当小的风险程度下，取得满意的投资收益率。

(2) 在价值投资中，风险与报酬不成正比而是成反比

传统上，大家都认为风险越高的投资，回报也就越高，即风险与报酬成正比。但在巴菲特看来，在安全边际原则的指导下这两者的关系恰恰相反。他说:"根据安全边际进行价值投资的投资报酬与风险不成正比而成反比，风险越低往往报酬越高。"

对此，巴菲特有详细的论述。"在价值投资中，风险与报酬不成正比而是成反比。如果你以60美分买进1美元的纸币，其风险大于以40美分买进1美元的纸币，但后者报酬的期望值却比较高。以价值为导向的投资组合，其报酬的潜力越高，风险却越低。我可以举一个简单的例子。在1973年，《华盛顿邮报》公司的总市值为8000万美

元，在这一天，你可以将其资产卖给10位买家之中的任何一个，而且价格不低于4亿美元，甚至还会更高，该公司拥有《华盛顿邮报》、《新闻周刊》以及几家重要的电视台，这些资产目前的价值为20亿美元，因此愿意支付4亿美元的买家并非疯子。现在如果股价继续下跌，该企业的市值从8000万美元跌到4000万美元，其β值会相应上升。对于用β值衡量风险的人来说，更低的价格意味着更大的风险。

"我永远无法了解为什么用4000万美元会比用8000万美元购买价值4亿美元的资产风险更高。事实上，如果你能够买进好几只价值严重低估的股票，而且你精通于估算公司价值，那么以8000万美元买入价值4亿美元的资产，尤其是分别以800万美元的价格买进10种价值4000万美元的资产，基本上毫无风险。因为你无法直接管理4亿美元的资产，所以你希望能够确定找到诚实而有能力的管理者，这并不困难。同时你必须具有相应的知识，使你能够大致准确地评估企业的内在价值。但是你不需要很精确地评估数值。这就是格雷厄姆所说的拥有一个安全边际。你不必试图以8 000万美元的价格购买价值8300万美元的企业，你必须让自己拥有很大的安全边际。铺设桥梁时，你坚持可承受载重量为3万磅，但你只准许载重1万磅的卡车通过。相同的原则也适用于投资领域。"

由此我们可以看出巴菲特对投资风险和报酬的理解，只要投资者集中投资于自己非常擅长有把握的几个杰出的公司，再运用安全边际原则，把风险降低到最小，那么你能获得的收益就最大。

3. 如何确定安全边际

在面对风险随处可见的股票市场时，如果投资者不能够准确地计算出自己的安全边际，那么他将会受到市场严厉的惩罚。

——沃伦·巴菲特

安全边际的确定其实很简单，投资者先对欲投资的公司的内在价值进行估算，然后与其当前股票价格进行对比，就会出现一个差价，如果两者之间的差价达到一定程度时，这就是所谓的安全边际，在这种情况下，投资者就可以对该公司进行投资了。

安全边际其实就是为投资者自己确定一个适当的价格去买入，巴菲特说："以一个适当的价格买入一家你期望的公司，是你能够投资获利的关键。"即安全边际来自于合理价位的买进。

尽管"低价买进，高价卖出"的道理人人都懂，但事实上那些终日在股市中疲惫奔走的投资者却都在犯一个愚蠢的错误，那就是他们总是以高出平均水平的价格买入某一只股票。巴菲特认为，之所以会出现这样的错误，并不仅仅因为投资者的盲目购买，华尔街的那些投资银行家和股票经纪人们也要为此承担责任。

从投资者自身来讲，他们深受巴菲特投资理念的影响，单纯地相信优秀企业是投资成功的决定性因素。但事实上他们却忽略了巴菲特自始至终所强调的合理价位买进才能获得高回报的安全边际原则，因此他们常常犯下高价买进的错误。

而在投资者犯下这个错误的过程中，那些巧舌如簧、贪婪的股票经纪人起到了推波助澜的作用。投资者们常常像喝了迷魂汤一样被这些股票经纪人滔滔不绝的巧言妙语所迷倒，以至于将安全边际原则抛在脑后，狂热又盲目地去追逐所谓好的股票，即使价格再高也在所不惜。殊不知，那些证券经纪人其实只是一个个披着羊皮的狼。冠冕堂皇的说辞掩盖的是他们利用投资者赚钱的真正目的。他们个个都是称职的推销员，他们的工作就是想尽一切办法以尽可能高的价格将自己的产品销售出去。他们希望所有的投资者都永远被蒙在鼓里，而听从他们招摇撞骗。在这种情况下，那些不怎么专业的投资者就不知不觉地成了他们赚钱的工具，而那些相对专业的投资者来说，要想找到价格低廉的股票也是相当的困难。所以，他们便迫不得已地成为了那些证券经纪人的猎物。这对于投资者来说是相当危险的，因为越高的价格意味着投资者离安全边际越远。一旦有意外发生，这些投资者就会成为第一个受害的人，而那些股票经纪人则在一旁数着从你身上拿去的钞票。

对此，巴菲特说："不要奢望那些股票经纪人某天会跟你说某个股票的价格有点高，因为没有一个经纪人会愚蠢到把眼看就要到手的钱扔掉。""在面对风险随处可见的股票市场时，如果投资者不能够准确地计算出自己的安全边际，那么他将会受到市场严厉的惩罚。"因此，投资者要谨记巴菲特始终强调的安全边际原则，切莫被股票经纪人的花言巧语所蒙蔽。要耐心等待安全边际的出现，只有这样才能获得高回报。巴菲特投资可口可乐公司便是运用安全边际原则的杰出案例。

著名的可口可乐公司在巴菲特眼里是一个拥有高经济回报率的公司，这就意味着，该公司的股价会在未来相当长的时间里持续增长，从而给投资者带来丰厚的投资回报。如果该公司的股东权益回报率能够维持在15%左右，那么它的股价上涨程度必然会超过那些股东权益回报率相对较低的公司。而此时考虑到安全边际，如果能以远低于其实质价值的价格大笔买入，那么投资者将会获得超额的回报。

所以，当大多数人质疑巴菲特以超乎寻常的"高价"买入可口可乐公司的股票时。巴菲特却毫不在意，认为他们的担心是多余的，因为他早就对可口可乐公司各方面的情况做出了精确的估算，了如指掌。在巴菲特看来，可口可乐公司的价值主要是由公司生存期间现金流量的估值来决定，如果用合理的贴现率来对其进行折现，就可以计算出该公司的现值。也许单纯地从公司的现值当中似乎并不能看出该公司有何不同之处，但是如果从横向和纵向两个方面来进行对比，就可以使公司所有的巨大优势清晰可见。在20世纪80年代末期，可口可乐公司的净现金流量在9亿美元左右，如果以

9%的贴现率进行折现，可口可乐公司的实质价值为93亿美元。所以，当巴菲特以近150亿美元的价格买进该公司的股票时，在大多数人看来他是在拿钱开玩笑。因为，这意味着巴菲特最终只能获得7%的净利润，而这7%的净利润却是用高出该股票实质价值的很多倍的价格换取的。但是巴菲特却认为可口可乐公司具有极高的经济商誉，因此它的股票会在未来的日子里创造出更高的净利润，从而使其价值不断增加，最终为他带来几十倍的回报。

巴菲特曾说过："最值得投资的公司是那种在一段很长的时间内能以很高的回报率利用大笔不断增值的资产。"事实证明巴菲特的这一理念是对的。从1981年到1988年的7年时间里，可口可乐公司的股东盈余率的增长速度为18%左右，远远高出同期的政府公债的报酬率。对此，巴菲特进行了精细的计算。为了使计算能够尽可能的准确，他选取了一个低于公司在过去7年所创造的股东盈余的数值15%，这个数值是相当具有说服力的。他假设如果公司的股东盈余能够始终保持在15%左右，那么10年以后股东盈余就会达到近35亿美元。假设股东盈余增长率缩减到每年的5%，仍然使用9%的贴现率进行折现，投资者会发现事实上可口可乐公司早在1988年的时候就已经达到了近490亿美元。所以，巴菲特的选择是正确的。而即使这个成长率每年都发生变化，也不会使公司的现值出现很大波动。

在1988和1989年间，可口可乐公司的实际价值和它的市场价格是严重不符的，此时巴菲特买入了可口可乐。通过计算，巴菲特知道，如果股东盈余以5%的比例成长，那么可口可乐公司的实质价值大约是207亿美元；如果股东盈余以10%的比例成长，其公司的实质价值就会增加到324亿美元；而股东盈余以12%的比例成长，则公司的实质价值就会增长到381亿美元到483亿美元之间。这一切都说明了巴菲特那种看似大胆的举动背后，其实是以巨大的安全边际作为支撑的。

所以，安全边际的核心是低价买进，当然这个低价不是绝对的，而是相对于实质价值来说的。因此，巴菲特建议所有的投资者，要关注企业的股票价格与实质价值的对比，一旦发现股票价格远远低于其实质价值时，就要立即果断地大笔买入。这样便使自己获得了一个可靠的安全边际，同时也获得了未来的高回报率，确保本金安全的同时又可以大赚一笔，何乐而不为呢？

4.安全边际需要耐心等待

一种近乎于懒惰的沉稳一直是我投资风格的基石，如果投资者可以做到始终保持自己的耐心，那么，巨大的收益一定会将你的腰包填满。

——沃伦·巴菲特

股票市场充满着各种风险，每一次有风险的投资都会不时地让所有投资者心惊肉跳，同时投资者对于每一次的失败都会心有余悸，对股市爱恨交加，但或许这也正是股票市场的魅力所在。每一个人都想成功，也因此每一个人都会害怕，于是，人们便试图去寻求一种能带给我们安全感的保险，让我们免除后顾之忧。

巴菲特的老师格雷厄姆提出的安全边际便是这样一种保险，它增加了人们面对风云变幻的股市的勇气。对此，巴菲特总是对他的恩师怀有感激之情，因为众多的投资经验告诉巴菲特，安全边际可以确保他投资过程中的足够安全。只要投资公司的价格低于它的价值，那么投资者就可以放心地购买它的股票，这是价值投资的精髓。

但是，要想成功不容易，而要想获得一个可靠的安全边际也并非易事。巴菲特提醒投资者注意的是，安全边际并不能完全保证投资者万无一失。但是，如果投资者可以知道安全边际，那么，它就会在很大程度上给投资者提供投资获利的机会，并把出现损失的概率尽可能地降到最小。所以，只有在那些企业的价值被严重低估，使得股价与其有较大差距时才能采取行动。而当价值和价格相当或接近时，安全边际几乎是不存在的，如果此时投资者贸然行动，那就很可能遭受巨大损失。

同时，安全边际是一个无形的概念，很难准确把握。巴菲特说，安全边际必须要拿捏得恰到好处才能保证投资的安全。如果投资人以一个过高的价格买入一家公司的话，那么，即使这家企业再怎么优秀，它在未来所创造的利润也不会为当初的高价带来补偿。

也就是说，要确定一个可靠的安全边际，就必须抓住与企业内在价值有较大差距的买入价格。而要抓住这样一个买入低价，就必须要有足够的耐心等待。巴菲特告诫所有投资者，要想成功就不要存在侥幸心理。投资者要有足够的耐心等待安全边际的到来。由于市场存在着普遍的社会非理性，这种非理性正是安全边际的创造者。如果投资者能够耐心等待，总有一天，安全边际会姗姗而来，这时正是你买进股票的最佳时机。

巴菲特指出，把握安全边际的核心就在于如何驾驭风险和收益的关系。而要做到娴熟地把握这一点，就必须有耐心，在风潮云涌、急功近利的市场面前耐心等待低价位和安全边际的到来。如果投资者凭借耐心获得了安全边际并利用安全边际及时地购买了很多股票，那么在未来的一段时间里，他将会收获超额的回报。

5. 以理想价位买进，增加安全边际

当然，即使是对于最好的公司，你也有可能出价过高。付钱过多的风险时常会显露出来，而且我们认为实际上对于所有的股票，包括那些注定如此的公司的买家来说，这种风险已经相当高了。

——沃伦·巴菲特

华尔街的投资银行家和经纪人，就像为佣金而工作的推销员，尽可能为销售的商品要到高的价格，因此买家几乎不会得到廉价商品。而发行的股票也以最可能的高价来定价，使发行公司得以借股票的发行获得最多的金钱，且投资的银行也能收到最多的佣金。那些打电话给投资人的股票经纪人都是佣金掮客，就像所有的掮客，他们只对能销售到最高价的项目感兴趣。

如果股票经纪人正试图把一项新发行的股票卖给你，表示投资银行尚未确定其价格，而你也不会获得任何特价，如果股票经纪人正要销售其研究部门所支持的股票给你，你就该警惕自己的从众心理。因为，当股票价格向上爬升时，经纪人的热忱也会随着提高。"今天上涨了两位数！""最好再快一点！"他们会这么说。

然而，当价格上扬时，巴菲特就丧失对任何投资的兴趣。这看起来很有趣，在这个领域里，最会赚钱的人所秉持的策略与那个打电话给你、试图卖某个股票给你的家伙的想法正好相反。

因为华尔街证券经纪人将买什么与用什么价钱买的问题混杂成一个令人迷惑的难题，将投资人的注意力集中在买什么的问题上，而完全忽略价格问题。就像珠宝或艺

术品的推销员，把形式美学放在功能问题之前，华尔街经纪人也认为一个企业的财务具有美学品质，并成功地将价格与实体做一区别。巴菲特说："他们绝不会打电话告诉你:某某公司是家很棒的公司，但它的价格太高了。事实上，他们或许真的认为值得以任何价格收购某某公司的股票，但如果我们也加入这个游戏，那么我们就跟他们一样笨。"

值得注意的是，股票经纪人试图卖给你的是股票价格上扬的前景。如果实用不是你的首要问题，那么你看待任何投资就该像巴菲特一样，从商业观点出发，要反复询问的，不是正在上扬的股票价格，而是所投资的行业是否能赚钱，能赚多少?一旦这些数字确定了，股价所能给予的利润就能计算出来。

巴菲特指出，将注意力集中在容易了解和具有持久的经济基础、且把股东放在第一位的管理者所管理的公司上，并不能保证成功。首先，必须以合理的价格购买，同时公司还必须要符合他对企业的期望。一般投资人犯错，可能是在以下三个地方出了问题:一是所支付的价格;二是所参与的经营管理;三是企业未来的经济状况。巴菲特指出，错误的估计最常发生在第一个原因上。他的意图是，不但要辨认出可以赚得高于平均收益的公司，还应该在价格远低于其实质价值时购买这些企业。

格雷厄姆教导巴菲特，只有在价格与价值之间的差异高过安全边际的时候才购买股票。安全边际的原则大力地协助了巴菲特。首先，使他避免遭遇价格上的风险。如果巴菲特所计算的企业价值低于它的每股价格，则不会购买该股票。他推论道:如果公司的实质价值因为他错估未来的现金流量而有些许下降，股票价格终究也会下跌，甚至低于他所购买的价钱。但是，如果存在于购买价格与公司实质价值之间的差价足够大，则实质价值下跌的风险也就比较低，巴菲特就会考虑购买该股票。巴菲特这样分析:假设以实质价值的 7.5 折购买一家公司，但随后该公司的价值下跌了 10 个百分点，他最初的购买价格仍然会为他带来适当的报酬率。

安全边际原则也提供了一些机会，使我们可能获得极佳的股票报酬率。如果巴菲特正确地辨别出一个拥有高经济报酬率的公司，长期之后，该公司的股价将会稳定地攀高，反映出它的报酬率。股东权益报酬率持续维持在15%的公司，它股价的上涨程度将会超过股东权益报酬率10%的公司。不仅如此，使用安全边际，如果巴菲特能够在远低于实质价值的价格下收购这个杰出的企业，伯克希尔将会在市场价格进行修正的时候，额外地大赚一笔。巴菲特说："交易市场就像上帝一样，帮助那些自助者。但是和上帝不同的是，交易市场不会原谅那些不知道自己在做什么的人。"

1988年，巴菲特第一次购买可口可乐股票的时候，人们问他："可口可乐公司的价值在哪里？"巴菲特回答说，可口可乐公司的价值是它有市场平均值15倍的盈余和12倍的现金流量以及30%～50%的市场溢价。巴菲特为一个只有6.6%净盈余报酬的企业，付出5倍于账面的价格，原因是有可口可乐的经济商誉做保证，所以他非常乐意投资。当然，巴菲特曾经解释价格与价值并没有太大的关系。犹如其他公司，可口可乐公司的价值主要取决于企业生存期间现金流量的预估值，以适当的贴现率折算成现值。

1988年，可口可乐公司的股东盈余(净现金流量)为8.28亿美元。30年期的美国政府公债(无风险利率)利率大约是9%。如果在1988年可口可乐公司的股东盈余以9%的贴现率(我们要知道，巴菲特不会在贴现率中加入风险益酬)折现，可口可乐公司的价值在当时是92亿美元。当巴菲特购买可口可乐的时候，公司的市场价值是148亿美元，巴菲特可能花了太多钱买这家公司。但是，92亿美元是可口可乐公司目前股东盈余的折现价值。因为市场上的其他人乐意付上比可口可乐公司(实值92亿美元)实质价值高60%的代价来购买它，显示买主将它未来成长的机会也视为价值的一部分。

可口可乐公司不需要额外的资金就能增加股东盈余，主要是利用无风险报酬率和股东盈余增长率相减得出的差来增加利润。分析可口可乐公司，我们可以发现1981－1988年，股东盈余每年以17.8%的增长率增长——比无风险报酬率还要快。当这种情形发生时，分析师使用两阶段折现模型。当一家公司在某几年有特殊的表现，并长期以较稳定的比例增长时，此模型就适合用来计算未来的盈余。

我们使用两阶段折现模型来计算可口可口1988年的现值及其未来现金的流量。1988年，可口可乐公司的股东盈余是8.28亿美元。如果我们假设可口可乐公司在未来10年内能够以每年15%的比例增加股东盈余(这是合理的假设，因为这个比例比公司前7年的平均值还低)，第10年度股东盈余将为33.49亿美元。让我们进一步假设在第11年度刚开始时，增长率将会减少到每年5%，使用9%的贴现率(那时的长期债券利率），我们能计算出可口可乐公司的实质价值在 1988 年为 483.77 亿美元。

我们能假设不同的增长率重复这项计算。假设可口可乐公司的股东盈余在未来 10 年的增长率为 12% 之后，则每年以 5% 增长，以 9% 的贴现率计算公司现值为 381.63 亿美元。若在未来 10 年是以 10% 的比例增长，以后都以 5% 的比例增长，可口可乐的价值将为 324.97 亿美元。而且如果我们假设所有的增长率皆为 5%，公司至少仍值 207 亿美元。

1988 年 6 月，可口可乐公司的价格大约是每股 10 美元。之后的 10 个月内，巴菲特已取得 9340 万股，总计投资 10.23 亿美元，他的平均成本是每股 10.96 美元。到 1989 年年底，可口可乐已占伯克希尔普通股投资组合的 35%，可以说，这是一个相当大胆的举动。

从 1980 年葛苏达控制可口可乐公司开始，公司的股价每年都在增加。在巴菲特购买他的第一张可口可乐公司股票的前 5 年中，可口可乐股票的股价每年上涨 18%。该公司的经济状况非常好，所以巴菲特无法以较低的价格买到任何一张可口可乐公司的股票。在这期间，史坦普工业指数也在上扬。可口可乐公司及股票市场都没有机会让他以低廉的价格购得股票，但巴菲特仍然依市价购买。

在 1988－1989 年巴菲特购买可口可乐期间，可口可乐在股票市场上的价值平均为 151 亿美元。但是巴菲特估计，可口可乐公司的实值大约是从 207 亿美元（假设股东盈余以 5% 的比例增长）、324 亿美元（假设股东盈余以 10% 的比例增长）、381 亿美元（假设股东盈余以 12% 的比例增长）到 483 亿美元。

巴菲特低价买进，这个"低价"是相比较于企业内在价值而言的。在价格远远低于其内在价值时，巴菲特就会毫不犹豫地买进。

如我们所知，巴菲特先发现要买什么，再决定价格是否正确。巴菲特拿一个现实生活中的事做类比，就像是"到折价商店进行廉价采购，任何廉价的东西都好，只要是廉价的。你一定知道这种感觉，当你走进一家商店，在你眼前的是个从 259 美元降到 25 美元的铲雪机，即使你住在佛罗里达，从来不会用到铲雪机，但价格低到让你舍不得放弃。那就是格雷厄姆选择投资项目的方式。"与之不同的是，巴菲特的方法是事先决定他所要购买的，等到它开始拍卖时才买。所以，唯一会在折价商店发现巴菲特的时候，是他正在检查他所需要的东西是否正在拍卖。巴菲特以同样的方法在市场中进行安全运作。他已经知道想要拥有什么样的公司了，所等待的就是适当的价格。对巴菲特来说，买什么和用什么价格买是不同的问题。他会先决定买什么，再决定它是否处于适当的价格。

6.买价越低，回报越高

投资者的买价决定投资回报率的高低，投资者应该时时把这个关键牢记在心。

——沃伦·巴菲特

如果你要买一个公司，你可能需要知道一年可赚多少钱，买价是多少。有这两个数据你就可算出你的投资回报率，即用该公司每年所赚的钱除以买价。因此不管是百分之百买下一个企业，或只投资一只股票，巴菲特都用相同的评估方法，即用买价决定回报率的高低。

让我们先回答一个问题：如果有人愿意卖给你一个在年底收到1100美元的权利，你最高愿意付多少钱在年初买下这个权利？如果你付出1100美元，而在年底又付你1100美元，你在该年的投资回报率等于零。

然而如果你年初付出1000美元，在年底收到1100美元，你的获利即为100美元，年回报率为10%。现在你的下一个问题是，10%的年回报率与其他投资回报率相比，是否是好的回报率？为了做此决定，你该货比三家。你可能发现银行提供你7%的存款利息，这表示你借给银行1000美元，一年后你将得到1070美元。很明显地，10%的回报率高于7%。如果你比较许多不同的投资，仍发现10%的回报率最高，你可以下此结论：我这样投资得到的报酬高于其他。

然后，回到我们的问题上，今天你愿意付出多少价钱，以取得年底回收1100美元的权利？如果你至少要求10%的回报率，最高价格你只应该付1000美元。如果你的价格提高，例如付出1050美元，你的获利将减少50美元，回报率随之下降(50÷1050＝4.

7%）。如果你付出较低，如950美元，你的获利将是150美元，则回报率上升（150÷950＝15.7%）。由此可知，买价越高回报率越低，买价越低回报率越高。付的越多获利越少，付的越少获利越多。

巴菲特评估一个企业的价值时，其思考流程是，找出每股年盈余，并将这个盈余视为他的投资回报率。所以如果一个公司的每股盈余为5美元，股票市价为每股25美元，巴菲特的看法是他的年投资回报率为20%（5÷25＝20%）。而这5美元可以配发给股东当做现金股利，或保留在公司内作为企业扩充及营运之用。

因此，如果你每股付出40美元，该股每年配发5美元股利，那么巴菲特计算投资该公司的投资回报率为12.5%（5÷40＝12.5%）。基于此思考，一股市价10美元的股票，每年配发每股5美元股利，投资该公司的回报率是50%（5÷10＝50%）。再一次证明：你付出的买价将决定投资回报率的高低。

不管你打算持有你所投资的股票多长期间，有一点非常明确的是，扎实而且可预测的盈余是重要的考虑要素。如果你购买一只每股25美元的股票，它最近一年的每股盈余是每股5美元（等于20%的投资回报率），而如果下一年度公司不配发任何盈余，那么你的年回报率为零。巴菲特所要投资的公司是经济状况及管理层都非常扎实健全，并能创造可以合理推估的盈余。只有完全符合这些条件，巴菲特才可能预估该公司的未来投资回报率及投资该公司的价值。

由上可知，巴菲特思考的基本方式不外乎两方面：其一，你付出的买价决定投资回报率的高低；其二，为了决定你的投资回报率，你必须先合理地推算企业的未来盈余。

7. 足够的安全边际可确保投资在通胀中获利

通货膨胀虽然会给很多企业带来伤害，但是那些消费独占性的企业非但不会因此而受损，反而能从中受益。

——沃伦·巴菲特

巴菲特投资时要求足够的安全边际，不仅是为了防范投资的风险，还考虑到通货膨胀随时可能带来的灾难。一项不能防范通货膨胀的投资是无益的，唯一的收获是收购力计算。

在大多数人的眼里，通货膨胀似乎永远是一个令人毛骨悚然的字眼。所谓的通货膨胀，是指由于现实当中纸币的发行量超过商品流通中所需要的货币量，即货币供给大于货币实际需求而引起的货币贬值、物价上涨的情况。通货膨胀会严重影响人们的日常生活。比如说，在通货膨胀之前，一部车的价格是10万元，而发生通货膨胀之后，原来的10万元只值5万元了，同样一部车，现在要用20万元才能买到。对于通货膨胀，巴菲特还有一个有趣的解释："假如你放弃购买10个汉堡包，把这些钱存进银行，期限为2年，你可以得到利息，税后的利息可以购买2个汉堡包。两年后，你收回本金，但这些钱仅能购买8个汉堡包，此时，你仍然会感到你更富有，只是不能吃到更多的汉堡包。"

巴菲特认为，尽管通货膨胀对大多数投资人都是最大的敌人，但也有一部分人能从通货膨胀中获利。那些负担为期30年、且利率为5%房屋贷款的购屋人，会因通货膨胀而获益，原因是他们的收入会增加，而必须缴纳的房贷利息却是固定的。同样，公司企业也受益于通货膨胀，那些在20世纪60年代成功地说服投资人以固定利率提供资金给公司做长期运用者，也因为通货膨胀之故，可以用较低的成本偿还贷款利息，因此投资人是通货膨胀的最大受害者，因为实质购买力相对变小。比如在20世纪60年代，如果投资人以4000美元购买通用汽车的公司债券，当时的4000美元可以用来买一部新车，到90年代，通用汽车把4000美元的本金还给投资人时，这笔钱只能买到1／4台的新车。因此，考虑到通货膨胀的危害性，所有投资人都必须考量通货膨胀带来的影响。

基于此，巴菲特热衷于投资那些具有消费者独占的公司。巴菲特在投资这些企业的同时，通货膨胀也会让他的投资价值增长，帮助他变得富有，从而规避通货膨胀带来的损失。这就是"股神"的高明之处。

巴菲特以喜诗糖果（Sees Candy）为例来说明这个现象。1972年，喜诗糖果的盈余约为200万美元，同时账面上有800万美元的净有形资产，这意味着其厂房设备及存货，在扣除费用和税负之后，有200万美元属于净利。

伯克希尔在1972年付出约3500万美元买下喜诗公司，相当于8%的税后报酬率，和当年度的政府公债所提供的报酬率5.8%相比，喜诗的税后报酬率8%显然不差。

假设有一家经营情况比喜诗公司差的钢铁厂，年度净利为200万美元，净有形资产1800万美元（炼钢炉设备的成本较制造糖果设备的成本要来得高）。两个不同性质的企业，同样的都在年度内赚取200万美元的净利，不同的是，喜诗公司以800万美元的净有形资产就创造出200万美元的净利，相对的，钢铁厂却以1800万美元的净有形资产才创造出200万美元的利润。

再引入通货膨胀的因素加以考量，假定未来10年，产品价格、销售数量和利润会成长1亿美元，所以两家公司的净利都会变成400万美元。这是很容易实现的，因为消费者的薪水在10年内也会有所增加，只要公司以调涨后的价格，卖出同样数量的产品就可以达到。

若两家公司都计划更换生产设备，而生产设备的价格如同产品价格般也上涨1倍，喜诗公司要花费1600万美元买进新的机器设备来替换原有价值800万美元的旧设备，而钢铁厂则要花费3600万美元的资金进行机器设备的更新。

在这种情况下，我们会选择持有哪一家公司的股票?回答当然是喜诗糖果，因为钢铁厂更新设备要多花 2000 万美元，才能创造出喜诗公司所能赚取的利润。

巴菲特非常善于选择那些可以用较小的净有形资产却能创造较高获利的公司，正因具备这样的优势，即使受到通货膨胀的影响，市场上仍允许喜诗公司拥有较高的本益比。通货膨胀虽然会给许多企业带来伤害，但是那些具备消费独占性的公司却不会受到损害，相反，竟能从中受益。

因此，巴菲特说道："通货膨胀在大多数人看来是一场灾难，但这场灾难的背后也会给投资者带来福音，关键看投资者选择的是什么样的公司。"

8. 坚决止损，减少损失

止损的绝妙之处就在于它能够使投资者以尽可能小的代价来获取尽可能大的利益。

——沃伦·巴菲特

对于贪婪，巴菲特如是说："当人们因贪婪或受到惊吓的时候，他们时常会在买进或卖出股票时犯愚蠢的错误。"在巴菲特看来，利欲熏心、不知进退是投资时最大的误区。好多投资者血本无归，都是由于走入了这种误区。

贪婪是一方面，另一方面从心理学上讲，损失带给投资者的痛苦，远比同样的获利所得到的快乐强烈得多。因此，几乎所有的投资者，在遭受损失时内心都有一种尽力挽回损失的潜意识。这种心理在投资活动中表现出来就是对损失的强烈厌恶，只要亏损一点点，心里就不能忍受，极容易导致非理性行为，从而不能在形势不利时坚决果断地止损，最终导致资金损失。

那么，到底什么是止损呢?在巴菲特看来，止损就是指当投资者发现自己的投资将面临重大的亏损时，果断将手中的股票抛出以此来化解可能出现的危险。巴菲特曾说过："止损的绝妙之处就在于它能够使投资者以尽可能小的代价来获取尽可能大的利益。"巴菲特认为在进行股票投资的过程中，损失在所难免，但投资者可以通过止损把损失控制在最小的范围之内，同时，能够最大限度地获取利益。所以在战略高度上来讲，止损对于股票投资意义重大。所有投资者都必须承认，要想在险象环生的股票市场上获得成功，首先要做到的就是保证本金的充分安全。而能够为本金安全提供保障的就是懂得如何止损。对此，巴菲特说道："生命的第一条规则是生存。第二条规则是，只要能够让第一条成立，不要管其他所有规则。做投资，保存实力是绝对重要的，而主动止损正是为了实现这一点。"

真正出色的投资人都明白保存实力的重要性，都会在投资活动中主动给自己设立一个止损额度，巴菲特当然也不例外。

巴菲特认为，懂得如何止损对于每一个投资者来说都是非常重要的。首先，从投资者自身来讲，由于各方面能力的限制和股票市场的巨大不稳定性，投资者在进行投资决策时经常会出现主观上的判断失误。如果投资者无法做出正确的判断，那么也就意味着投资者随时都有可能面临巨大的损失。因此，懂得如何止损就显得尤为重要了。

其次，公司运行过程中的突发事件、宏观经济政策的变化和偶发的自然灾害等一系列人力所不能预测的客观环境因素都会对股票市场造成重大影响，这使得投资者的投资风险进一步加大。

所以，巴菲特建议每一个投资者在进行股票买卖之前，首先必须制订好自己的止损计划，以便在一旦出现亏损危机时，能够及时脱险，以微小的代价来确保自身的安全。

巴菲特的止损理念主要有以下两点：

（1）止损的依据

一般来说，止损的依据是个股的亏损额，即当某一股票的亏损达到一定程度时，应斩仓出局。但是止损的依据也可以是某个投资者的资金市值，这往往是针对投资者的整个股票投资组合而言的。当总的亏损额超过预定数值时，应减仓(减少持股)或清仓(完全离场)。另外，止损的依据还可以是股市大势(即股指)，即当股指跌破预定点位时，应减仓或清仓。巴菲特认为在制订止损计划时，投资者首先应根据自身的投资状况确定止损的依据。

（2）止损位的设置

止损位的设置是止损理念的关键，一般根据有关技术位和投资者的资金状况确定。但在不同的止损依据下，设置止损位考虑的重点也有所区别。例如，对个股止损一般应根据个股的技术位和投资者对亏损的承受能力来设置，奥尼尔则简单地规定亏损7%为止损位;对股止损，则根据大盘的技术位和投资者对亏损的承受能力来设置;资金止损，则主要根据投资者对亏损的承受能力来设置。

不论哪种止损计划，需要考虑的莫过于亏损承受力和技术因素。前者是因人而异的，也无客观的标准可言，可以是奥尼尔的7%，也可以是你自己企业的10%。常见的方法是结合技术位来设置止损位，比如，某个股因利好传闻而创出近期新高10.80美元(假设原高点是10美元)，投资者在技术性回调过程中以10.20美元买入，一般可考虑在股价跌破原高点10美元时止损，但基于破位有效性的考虑，可确定低于原高点一定幅度(如3%或5%)的价格为止损位(如9.70美元或9.50美元)。究竟取什么幅度，则往往取决于投资者的经验和对该股股性的了解。

此外，确定止损幅度(指止损位与买入价的距离)还应考虑排除日常价格波动的影响，短线投资的止损幅度要小于长线投资，较高风险状态下的止损幅度要小于较低风险状态。止损幅度过大，则丧失了止损的本意，使一次错误就造成很大的损失；可是止损幅度过小，很可能形成无谓的损失，由于这种情况，止损位容易在股价的正常波动中触及。所以，确定合适的止损幅度几乎可以说是一种艺术。

巴菲特认为，止损操作的关键在于意志坚定，在应该止损时决不要心存侥幸，决不能用各种理由来说服自己放弃或推迟实施止损计划，必须不折不扣地执行操盘纪律。有些国家的股票市场允许下"止损单"，即在持有某股票的情况下可以下达这样的指令单：当股价低于指定价格时，即刻以市价卖出或限价卖出(分别称为"市价止损单"和"限价止损单")。如允许下"止损单"，那么止损操作的最佳方式就是在第一时间下"止损单"(即在确认股票已买入后马上下止损单)。但目前国内股市尚不允许下"止损单"，这就更要依靠我们的意志和纪律性来完成止损操作。

当然，止损计划的实施也可以随行情的变化而适当调整，但必须牢记的是，只能在有利情况下才能调整止损位，即只允许当原投资决策正确时，股价已有一定涨幅后，方能随行情的发展逐步调整原定的止损位。在保证既得利益的同时，尽量赚取更多的利润，这种经调整的"止损计划"有时可称为"止赚计划"。但决不能调低止损位，因为这无异于不实施(至少是推迟实施)止损，彻底违背了止损计划的初衷。而提高止损位不会使亏损扩大，相反只会使亏损减少，乃至确保一定的盈利，没有违背止损计划的本意。

第七章

把鸡蛋放在同一个篮子里

——投资有时也需要集中优势兵力

与其长期投资风格相辅相成的是巴菲特的另一投资风格——集中投资。巴菲特从来就不喜欢四面出击，而是将精力和资金集中于一只或几只他认为值得投资的股票，就像马克·吐温所说的："把所有鸡蛋放在同一个篮子里，然后小心地看好它。"这样不仅能降低投资风险，更能增加投资回报。而事实也证明，这是一种明智的投资策略。

1.分散投资与集中投资孰对孰错?

我不会同时投资50种或70种企业，那是诺亚方舟式的传统投资法，最后你会像开了一家动物园。我喜欢以适当的资金规模集中投资于少数几家企业。

——沃伦·巴菲特

和巴菲特一样，投资大师索罗斯也喜欢集中投资。这从华尔街广为流传的一个故事可以看出。

在接替索罗斯掌管量子基金后不久，斯坦利·德鲁肯米勒开始以德国马克为依靠做空美元。当这笔交易正显示出盈利迹象时，索罗斯问他："你的头寸有多大?"

"10亿美元。"德鲁肯米勒回答说。

"这也叫头寸?"索罗斯说。

于是，索罗斯敦促德鲁肯米勒把头寸规模扩大了一倍。

"索罗斯告诉我，"德鲁肯米勒说，"当你对一笔交易有十足信心时，你必须全力出击。持有大头寸需要勇气，用巨额杠杆攫取利润需要勇气。但对索罗斯来说，如果你对某件事判断准确，你拥有多少都不算多。"

"你拥有多少都不算多。"这句话是你在华尔街投资顾问那里听不到的。他们习惯遵循的传统信条就是：

(1) 你应该把资金分散到股票、债券和现金中。

(2) 你的股票组合应该包括多种股票，最好分散到各种行业甚至不同国家。

然而，分散化的对立面，也就是集中于少数投资对象，正是巴菲特的成功秘诀。

就像《财富》所说:"'分散化是获得巨额财富的关键'是投资谎言之一。这也不客观。分散化可以避免赔钱,但从没有一个人是曾靠某种伟大的分散化策略进入亿万富翁俱乐部的。"

其实,集中投资和分散投资的道理很简单,我们举一个简单的例子就可以说明。设想一下如果听取分散投资建议的不是投资者而是商人,像比尔·盖茨这样的商人,那么,转化成商业顾问的投资顾问可能会对年轻的盖茨这样说:

"盖茨先生,你把所有的精力都放在软件业上是一个根本性的错误。分散化,分散化,分散化……这才是成功的秘诀。

"现在,在你正创业的时候,你应该设定一个能确保你最终飞黄腾达的方针。

"只做DOS,你的公司就是单一产品公司,所有的鸡蛋都在同一个篮子里,这很危险。

"为什么只做软件,为什么不做电脑呢?不过考虑到平衡高风险的需要,你还得进入其他一些更稳定而且没有周期性的行业。比如说,公用事业就是一个非常稳定的行业。"

再比如,如果有人请这位顾问向年轻的帕瓦罗蒂提一些职业建议,他肯定会说:

"唱歌剧非常棒,但毕竟,唱歌剧的回报并没有那么高。

"当然,我知道你热爱歌剧。我肯定不会建议你放弃它,绝对不会。

"但我建议你考虑一下唱摇滚乐和其他一些更流行的音乐类别的好处。毕竟,你已经开始考虑付房租的问题了。

"不管怎么说,你选择的是一个风险极大的职业。没几个歌剧演唱者名利双收——摇滚歌手也是同样。

"你有其他任何非音乐爱好吗?

"很好,烹饪要安全得多、稳定得多。为什么不去接受一些烹饪培训呢?把这作为兼职,你永远都有退路。"

这些话听起来是不是很滑稽?你一听就知道这对盖茨和帕瓦罗蒂来说是多么愚蠢的建议——实际上这对任何人来说都是愚蠢的建议,不管这个人是不是天才。然而,这恰恰是大多数投资顾问的建议。

任何一个领域中的任何一个成功的人都有自己执著追求的目标。他们不会把自己的精力分散到多个不同领域中；而专心投入单一目标的成果就是获得专家技能。

就像分散化投资者一样，一个样样通的人实际上样样都不通，所以他很少像那些把自己的全部能量都投入唯一目标的人一样成功。

对此，传奇投资家伯纳德·巴鲁克（他在1929年股崩之前卖掉了他的全部股票）也曾说过："一个人把资金分散到太多的证券上是不明智的。要想时刻追踪可能改变证券价值的趋势，你需要时间和精力。尽管一个人可能了解有关少数几个问题的所有必须要了解的情况，但一个人不可能了解有关许多问题的所有必须要了解的情况。"

巴菲特认为，投资组合的分散化（或集中化）程度与用在选股上的时间和精力直接相关。分散化程度越高，用在每一次决策上的时间就越少。"这个传统信条就像是空洞的祷文，由于它已经被重复了无数遍，每个人都相信它是真的。几乎每一个股票经纪人或投资分析家都会给你分散化的建议，但如果你要求他们给出理由，你会发现这个资金管理流派从根上说是恐惧风险的。"

一般来说，分散化投资源于对风险的恐惧。当然，对风险的恐惧是一种合理的恐惧——它是对赔钱的恐惧。但投资大师不怕风险，因为他们努力而又积极地回避着风险。恐惧源自结果的不确定性，而投资大师只有在他有充分的理由相信他会得偿所愿的时候才会投资。

与投资大师不同的是，那些遵从传统分散化建议的人根本不理解风险的本质，他们不相信在赚钱的同时避开风险是有可能的。更糟糕的是，尽管分散化无疑是一种让风险最小化的方法，但它也有一个令人遗憾的负作用：把利润最小化！

让我们对比一下两种投资组合。第一种是分散化的，包括100只不同股票，第二种是集中化的，只有5只股票。如果分散化组合中的某只股票的价格上涨了一倍，整个组合的价值仅上涨1%。但集中化组合中的同只股票却能够将投资者的净资产抬高20%。如果分散化组合的投资者要实现同样的目标，他的组合中必须有20只股票价格翻倍，或者其中的一只上涨2000%。现在，你认为哪种做法更简单？是找出一只价格可能翻倍的股票，还是找出20只价格可能翻倍的股票？

当然，从另一方面看，如果分散化投资者的一只股票价值下跌了一半，他的净资产仅下降 0.5%。如果同样的事情发生在第二种组合中，集中化投资者的财富将损失 10%。但问题的关键是，哪种做法更简单?是找出 100 只不太可能下跌一半的股票，还是找出 5 只不太可能下跌一半的股票?

现在我们知道了普通投资者和巴菲特之间的区别:由于巴菲特的投资组合是集中化的，他可以把他的精力高度且高效地集中在甄别正确投资对象上。

不过，集中化只是结果，不是原因。巴菲特只持有少数几种股票并不是刻意的，这只是他选择投资对象的方式。他把时间和精力都用在了寻找符合他的标准的高概率事件上。只要他发现了，赔钱的风险就是很小的，他不会因惧怕风险而犹豫不决。

另外，高概率事件是很难找到的。谁知道什么时候才能发现下一个?当他看到大把大把的钱就摆在桌面上等他拿的时候，他怎么会坐在一大堆现金上等待可能很久以后才会出现的下一个机会呢?

华尔街有句谚语:"熊赚钱，牛也赚钱，但猪会被屠宰。"应该把最后一句改成"不知道自己正在干什么的猪会被屠宰"。

巴菲特不买则已，一买必是大手笔。他显然没有受制于任何简单的头寸规模法则，比如所有投资比例相当。这是因为他在发现好的投资对象的时候才会投资。不管他看到了什么样的机会，他都会抓住——这就是伯克希尔变成今天这个样子的原因。

巴菲特投资所遵循的唯一法则，是一条你永远也不可能从你的股票经纪人那里学到的法则:收益期望。一个投资对象的收益期望值越高，它在巴菲特的投资组合中所占的比例就越高。

投资者也应该去衡量或估算收益期望。举一个例子:巴菲特正在观察两家公司，一家的资本收益率是 15%，另一家是 25%。两家公司的股票市价都是巴菲特能够接受的。他显然更倾向于将更多的资金投入第二家企业。

不过，在伯克希尔的投资和保险业务每年都会带来滚滚财源的情况下，巴菲特的主要问题变成了寻找足够多的高概率事件。因此，他可能会把这两家公司都买下来。

可见，投资大师并没有刻意地去设计集中化组合。

集中化是巴菲特的投资方式的必然产物，当他确信自己能够赚钱时，他所受的唯一限制就是他能够买多少。他毫不在乎他的投资组合"看起来"怎么样。他只想赚钱。

2.集中投资，不搞多元化

投资人绝对应该好好守住几种看好的股票，而不应朝秦暮楚，在一群内在价值欠佳的股票里抢进抢出。

——沃伦·巴菲特

目前，占据主导地位的分散投资理论认为，分散投资可以减少投资风险，即 "不要把鸡蛋放在一个篮子里"。而巴菲特却采用完全相反的集中投资策略："不要把所有鸡蛋放在同一个篮子里是错误的，投资应该像马克·吐温建议的那样，'把所有鸡蛋放在同一个篮子里，然后小心地看好它'。"

巴菲特认为，多元化是针对无知的一种保护。"对于那些知道他们正在做什么的人，多元化毫无意义。" 同时，他还有一个有趣的比喻："如果你有 40 个妻子，你不会对任何一个有清楚的了解。"

《福布斯》专栏作家马克·赫尔伯特根据有关数据进行的检验表明：如果从巴菲特的所有投资中剔除最好的 15 项股票投资，其长期表现将流于平庸。赫尔伯特说："巴菲特将自己集中投资的股票限制在 10 只，对于一般投资者集中投资股票建议最多 20 只。事实上，他集中投资的股票常常只有 5 只左右。"

许多像巴菲特一样的价值投资大师都采用集中投资策略，将其大部分资金集中投资在少数几只优秀企业的股票上，正是这少数几只股票为其带来了最多的投资利润。这正好与 80：20 原则吻合：80% 的投资利润来自于 20% 的股票。当然，我们的公司价值分析能力很可能没有像巴菲特那类的投资大师那么杰出，所以我们集中投资组合中的股票数目不妨稍多一些，但达到15只、20只股票就足够多了。

巴菲特说，集中投资者的投资回报类似于一个人买下一群极具潜力的大学明星篮球队员20%的未来权益，其中有一小部分球员可能可以进到NBA殿堂打球，那么，投资人从他们身上获取的收益很快将会在纳税收入中占有绝大部分的比重。

巴菲特受近代伟大的英国经济学家——约翰·梅纳德·凯恩斯的影响很大，凯恩斯被认为是投资领域的大师，他曾经说过，他把大多数钱投资在少数几家企业的股票上，并且十分清楚这些企业的投资价值。

巴菲特接受了凯恩斯集中投资的策略，这种精简措施就是只投资在少数他非常了解的企业的股票上，而且打算长期持有。巴菲特降低风险的策略就是：小心谨慎地把资金分配在想要投资的目标上。巴菲特常说，如果一个人在一生中，被限定只能做出10种投资的决策，那么出错的次数一定比较少，因为此时他会更审慎地考虑各项投资，然后才会做出决策。

正是因为巴菲特坚持集中投资的原则，使自己和伯克希尔公司获得了丰厚的回报。"我越来越相信，正确的投资方式是把大量的资金，投入到那些你了解，而且对其经营颇具信心的企业。有人把资金分散在一些他们所知有限、又缺乏任何买点的投资上，以为可以以此降低风险，这样的观点其实是错误的……。选择少数几种可以在长期拉锯战中产生高于平均收益的股票，将你的大部分资本都集中在这些股票上，不管股市短期涨跌，坚持持股，稳中取胜。"

具体而言，巴菲特集中投资的核心思想有以下内容：

（1）认真分析企业，找出杰出的公司

多年来，巴菲特形成了一套他自己选择可投资公司的战略，他对公司的选择基于一个普通的常识：如果一家公司经营有方，管理者智慧超群，它的内在价值将会逐步显示在它的股价上。巴菲特的大部分精力都用于分析潜在企业的经济状况以及评估它的管理状况上，而不是用于跟踪股价。

巴菲特认为，分析公司是一件颇费周折的事，但其结果可能是长期受益。巴菲特使用的分析过程包括用一整套的投资原理或基本原则去检验每个投资机会，投资人可以将这些原则视为一种工具。每个单独的原理就是一个分析工具，将这些工具合并使用，就为投资人区分哪些公司可以为他们带来较高的经济回报提供了方法。

如果使用得当，巴菲特的基本原则将会带领投资人找到那些好的公司，从而使他合情合理地进行集中证券投资。这些投资人将会选择长期业绩超群且管理层稳定的公司。这些公司在过去的稳定中求胜，在将来也会产生高额收益。这就是集中投资的核心：将投资集中在产生高于平均业绩概率最高的几家公司上。

（2）认清传统多元化策略的弊端

巴菲特说："如果你对投资略知一二并能了解企业的经营状况，那么选5~10家价格合理且具长期竞争优势的公司就足够了。传统意义上的多元化投资对你来说就毫无意义了。"

传统的多元化投资的弊端在哪儿?可以肯定的一点是,投资者极有可能买入一些他一无所知的股票。"对投资略知一二"的投资者，应用巴菲特的原理，最好将注意力集中在几家公司上。对于一般投资者来说，合理的数量应在10~15家。其他坚持集中投资哲学的人则建议数量应更少些。

费舍尔也是著名的集中证券投资家，他总是说他宁愿投资于几家他非常了解的杰出公司，也不愿投资于众多他不了解的公司。费舍尔是在1929年股市崩溃以后不久开始他的投资咨询业务的。他仍清楚地记得当时产生良好的经济效益是多么至关重要。"我知道我对公司越了解，我的收益就越好。"一般情况下，费舍尔将他的股本限制在10家公司以内，其中有25%的投资集中在3~4家公司身上。

1958年，费舍尔在他的《普通股》一书中写道："许多投资者，包括那些为他们提供咨询的人从未意识到，购买自己不了解的公司的股票可能比你没有充分多元化还要危险得多。"他告诫说："最优秀的股票是极为难寻的，如果容易，那不是每个人都拥有它们了?我知道我想购买最好的股，不然我宁愿不买。"费舍尔的儿子肯·费舍尔，也是一位出色的资金管理家，他是这样总结他父亲的投资哲学的："我父亲的投资方略是基于一个独特却又有远见的思想，即少意味着多。"

（3）在高概率事件上下大手笔

巴菲特坚信，当遇到可遇不可求的极好机遇时，唯一理智的做法是大举投资。像所有伟大的投资家一样，巴菲特绝不轻举妄动。在他尽全力了解一家公司的过程中，他会不厌其烦地亲自一趟趟拜访此公司，如果对他所见所闻感兴趣，他会毫不犹豫地大量投资于该公司。巴菲特说："对你所做的每一笔投资，你都应当有勇气和信心将你净资产的10%以上投入此股。"

现在你明白为什么巴菲特说理想的投资组合应不超过10个股了吧，因为每个个股的投资都在10%，故也只能如此。然而，集中投资并不是找出10家好股然后将股本平摊在上面这么简单的事。尽管在集中投资中，所有的股都是高概率事件股，但总有些股高于其他股，这就需要按比例分配投资股本。

玩扑克赌博的人对这一技巧了如指掌：当牌局形势对我们绝对有利时，下大赌注。在许多权威人士的眼里，投资家和赌徒并没有多大区别。或许是因为他们都从同一科学原理——数学中获取知识。与概率论并行的另一个数学理论——凯利优选模式也为集中投资提供了理论依据。凯利模式是一个公式，它使用概率原理计算出最优的选择——对我们而言就是最佳的投资比例。

当巴菲特1963年购买美国运通股时，他已经在选股中运用了优选法理论。

20世纪五六十年代，巴菲特作为合伙人服务于一家位于内布拉斯加州奥玛哈的有限投资合伙公司，这个合伙企业使他可以在获利机会上升时，将资金的大部分投入进去。到1963年，这个机会来了。由于提诺·德·安吉列牌色拉油丑闻，美国运通公司的股价从65美元直落到35美元。当时人们认为运通公司对成百万伪造仓储发票负有责任。巴菲特将公司净资产的40%共计1300万美元投在了这只优秀股票上，占当时运通股份的5%，在其后两年里，运通股票翻了三番，巴菲特所在的合伙公司赚走了巨额的利润。

（4）集中投资以降低资金周转率

集中投资的策略是与广泛多元化、高周转率战略格格不入的。在所有活跃的炒股战略中，只有集中投资最有机会在长时间里获得超出一般指数的业绩。但它需要投资者耐心持股，哪怕其他战略似乎已经超前也要如此。从短期角度来看，利率的变化、通货膨胀、对公司收益的预期都会影响股价。但随着时间跨度的加大，持股企业的经济效益趋势才是最终控制股价的因素。

多长时间为理想持股时间呢？这并无定律。投资人的目标并不是零周转率，走另一个极端是非常愚蠢的，这会使投资人丧失充分利用好机会的时机。罗伯特·哈格斯特朗建议，将资金周转率定在10%～20%。10%的周转率意味着你将持股10年；20%的周转率意味着你将持股5年。

（5）集中投资能够顶住价格的波动

传统的活跃证券投资中，使用广泛的多元化组合会使个体股价波动产生效果平均化。活跃投资证券商们心里很清楚，当投资者打开月度报表，看到白纸黑字清清楚楚地写着他们所持的股跌了时意味着什么，甚至连那些懂行的人，明知股票的下跌是正常交易的一部分，仍对此反应强烈，甚至惊慌失措。

然而投资者持股越多越杂，单股波动就越难在月度报表中显示出来。多元化持股对许多投资者的确是一剂镇定剂，它起到稳定由个股波动产生的情绪波动的作用。但平缓的旅程亦是平淡的旅程，当以躲避不愉快为由，将股票的升跌趋于平均的时候，投资者所获得的只能是平均回报。

集中投资寻求的是高于平均水平的回报。不管从学术研究上还是从实际案例史料分析上，大量证据表明，集中投资的追求是成功的。毫无疑问，从长期的角度看，所持股票公司的经济效益定会补偿任何短期的价格波动。

巴菲特本人就是一个忽略波动的大师。另一位这样的大师是巴菲特多年的朋友和同事查理·芒格。查理是伯克希尔·哈撒韦公司的副总裁。那些潜心钻研并酷爱伯克希尔公司出类拔萃的年度报表的人都知道巴菲特与查理彼此支持，互为补充。

20世纪60年代和70年代，芒格与巴菲特当时的情况类似，也在经营一家他有权力押赌注的合伙证券公司。他决策的理论逻辑与集中投资的原则环环相扣。芒格指出："早在60年代，我实际上参照复利表，针对普通股的表现进行各种各样的分析，以找出我能拥有的优势。"他的结论是，只要你能顶住价格波动，拥有3只股票就足够了。

纵观股市操作成功的人，都有一个共同特点——比较善于精心选股、集中投资，很少有分散投资能带来辉煌收益的人。这一点对于中小投资者来说极为重要。巴菲特将集中投资的精髓简要地概括为："选择少数几种可以在长期拉锯战中产生高于平均收益的股票，将你的大部分资本集中在这些股票上，不管股市短期跌升，坚持持股，稳中取胜。"为此，巴菲特的大部分精力都用于分析企业的经济状况以及评估它的管理状况而不是用于跟踪股价。

3. 集中投资的前提：评估成功的风险和概率

我把确定性看得非常重要，只要找到确定性，那些关于风险因素的所有考虑对我来说就无关大局了。你之所以会冒重大风险，是因为你没有考虑好确定性。

——沃伦·巴菲特

巴菲特正是依靠集中投资的策略，积累起自己的巨额财富。因此，他的这种集中投资策略是非常值得投资者学习的。但是在学习这种投资策略的时候，必须要注意两个前提。而事实上，巴菲特也正是依靠这些前提为自己的投资保驾护航的。

（1）要发挥集中投资的威力，必须准确评估风险

巴菲特说："在股票投资中，我们期望每笔投资能够有理想的回报，因为我们将资金集中投资在少数几家财务稳健、具有强大竞争优势并由能力非凡、诚实可信的经理人所管理的公司股票上。如果我们以合理的价格买进这类公司的股票时，投资损失发生的概率通常非常小，确实，在我们管理伯克希尔公司股票投资的38年间（扣除通用再保与政府雇员保险公司的投资），股票投资获利与投资亏损的比例大约为100∶1。"

巴菲特对风险的定义是：风险是指价值损失的可能性而不是价格的相对波动性。集中投资于被市场低估的优秀公司比分散投资于一般公司更能够降低真正的投资风险。他在伯克希尔公司1993年年报中给股东的信里对集中投资与分散投资的风险程度进行了深入的分析。

"我们采取的战略是防止我们陷入标准的分散投资教条。许多人可能会因此说这种策略一定比更加流行的组合投资战略的风险大。我们不同意这种观点。我们相信，这

种集中投资策略使投资者在买入股票前既要进一步提高考察公司经营状况时的审慎程度，又要提高对公司经济特征的满意程度的要求标准，因而更可能降低投资风险。在阐明这种观点时，我采用辞典上的词条解释将风险定义为'损失或损害的可能性'（the possibility of loss or injury)。"

"然而，学究们喜欢另行定义投资'风险'，断言它是股票或股票投资组合的相对波动性，即组合波动性与股票市场中所有股票的整体波动性的比较。利用数据库和统计技术，这些学究们精确计算出了每只股票的 β 值——该股票市场价格的历史相对波动性——然后根据这些计算结果建立晦涩难懂的投资和资本配置理论。但是，在他们渴望用单一的统计来衡量风险时，他们忘记了一条基本的原则:模糊的正确胜过精确的错误。"

巴菲特在伯克希尔公司 1996 年的年报中重申道:"我们坚信，计算机模型预测的精确性也不过是臆断和毫无根据的猜测。事实上，这种模型很有可能会诱使决策者做出完全错误的决定。在保险和投资领域，我们曾经目睹过很多类似原因造成的灾难性结果。所谓的'组合保险'在 1987 年市场崩溃期间带来的破坏性结果，让一些笃信计算机预测的人大跌眼镜，到那时为止，他们才真正意识到，真应该把这些计算机扔到窗外。"

巴菲特认为确定风险不是通过价格波动，而是公司价值变动。

"在评估风险的时候，β 值的纯粹主义者根本不屑于考虑公司生产什么产品、公司的竞争对手有什么举动，或者这家公司使用的贷款是多少等一切背景材料。他甚至不想知道公司的名字。他唯一重视的是公司股票价格的历史走势。相反，很高兴我们根本不想知道公司股票价格的历史走势，而是尽心去寻找可以使我们进一步了解公司业务的所有信息。因此，在我们买了股票之后，即使股市停盘了两三年，我们也不会因此而有一点点烦恼。对于我们在喜诗和 H.H.布朗公司所持有的 100% 的股份，我们不需要用每天的报价来证实企业的良好经营。那么，为什么我们非得时刻知道我们持有可口可乐公司的 7% 股权的股票行情呢?"

"根据我们的看法,投资必须确定的真正风险是他从投资(包括他的出售所得)中得到的总的税后收入,在整个预计的持有期内,是否可以至少给他带来与原来相当的购买力，加上原始投资的适当利息。"

巴菲特认为衡量公司股票投资风险"用工程般的精确性难以计算，但在某些情况下，它可以用一定程度的有效精确性来判断"。与这种估算相关联的主要因素是：

①评估的企业长期经济特性的确定性。

②评估的企业管理的确定性，包括他们实现公司所有潜能的能力以及明智地使用现金流量的能力。

③管理人员值得依赖，能够将回报从企业导向股东而不是管理人员的确定性。

④公司的收购价格。

⑤未来税率和通货膨胀率，二者将决定投资者取得的总体投资回报的实际购买力水平的下降程度。

巴菲特说："这些因素很可能会把许多分析师搞得晕头转向，因为他们不可能从任何一种数据库中得到以上风险因素的评估结果。但是，精确量化这些因素的困难既不能否定它们的重要性，也不能说明这些困难是不可克服的，正如大法官斯蒂沃德（Stewart）虽然发现根本不可能使淫秽文字的检验标准化，但他仍然断言：'我一看便知。'投资者同样能够做到这一点，通过一种不精确但行之有效的方法，也一样能够确定某个投资中的内在风险，而不必参考复杂的数学公式或者股票价格的历史走势。"

巴菲特认为公司持续竞争优势的不同决定了公司股票投资风险的不同，"即使对于一个非常肤浅的观察者来说，可口可乐和吉列公司的强大竞争力也是显而易见的。然而，它们公司股票的β值却与其他略有甚至根本没有竞争优势的众多普通公司基本相似。我们可以从这种β值的相似之处得出结论，可口可乐和吉列公司的竞争力在衡量公司风险中毫无用途；或者，我们可以说，拥有公司的一部分权益——它的部分股票——的风险从某种意义上与该公司经营中内在的长期风险毫无关系。我们相信这两种结论都是废话，而且将β值与投资风险等同起来也是一句废话。"

（2）集中投资之前要估计成功的概率

在长期价值投资中，我们要对企业未来5~10年的竞争优势进行估计，现实是我们并没有多少有价值的历史数据可供分析，我们所能做的只能是从各种相关的历史数据开始分析，然后根据自己对产业的理解和对公司业务的判断，做出某种概率预测。

这是一种非常主观的预测，在这种主观预测的基础上进一步估算企业的内在价值。这也是为什么巴菲特说："价值评估，既是艺术，又是科学。"

对相关历史数据的分析是科学，但对公司未来长期竞争优势的预测是艺术。集中投资的原则是集中投资于少数优秀企业，在成功概率最大时下大赌注。那么，如何估计成功的概率呢？

这些概率估计与我们在数学中学习的概率计算有很大的不同。传统的概率计算以大量的统计数据为基础，根据大量重复性试验中事件发生的频率进行概率计算。但是，我们投资的企业永远面对与过去不同的竞争环境和竞争对手，竞争环境、竞争对手及竞争对手的竞争手段，甚至我们投资的企业自身都在不断地变动之中，一切都是不确定的，一切也都是不可重复的。所以，我们根本无法计算企业竞争成功的频率分布，也无法估计其成功的概率。

但为了投资成功，我们必须估计。一个有些类似的例子是足球彩票竞猜。每一次英格兰队面临的对手可能都是不同的球队，即使是相同的球队，其队员和教练可能也有了许多变化，英格兰队自身的队员及其状态也有许多变化。同时双方队员当天比赛的状态和过去决不会完全相同，队员之间的配合也会和过去有很大的不同。那么，英格兰队今天会输还是会赢呢？不管我们有多么庞大的历史数据库，也根本找不到与今天比赛完全相同的、完全可重复的历史比赛数据来进行概率估计。我们唯一的办法是进行主观概率估计。

价值估计不准确，在确定买入价格时的安全边际也不准确，投资盈利的概率就会大大降低。在概率较低的情况下进行集中投资可能会给投资人带来很大的亏损和灾难。这种主观概率的估计具有很大的不确定性，因而很容易估计错误。

所以巴菲特坚持投资成功的前提是找到了概率估计的确定性。

格兰特经纪公司的马歇尔·温伯格对巴菲特重视确定性的程度深有感触。他回忆起与巴菲特两次一起吃午饭时的情景：有一次他们俩在曼哈顿的一家餐馆吃午饭，巴菲特感觉火腿加乳酪的三明治味道很好，额外又吃了一个。几天后，他和巴菲特又要一起出去吃午饭。巴菲特说："我们还去那家餐馆吧。"温伯格说："但是，我们前几天刚刚到那儿吃过一次。"巴菲特说："是啊。所以我们为什么还要冒险去别的地方？还是去那家吧。在那儿我们肯定能吃到我们想吃的东西！"这件事让温伯格认识到巴菲特在生活中运用的是与在投资中相同的"确定性"原则："这也是巴菲特寻找股票的方式，他只投资于那些盈利概率决不会让他失望的企业。"

巴菲特的长期合作伙伴芒格精辟地总结道："人们应该在即将发生的事情上下注，而不是在应该发生的事情上下注。""你需要去努力寻找价格错位的赌注。然后用多种原则去衡量一下，如果你是处于有利地位，那就表示已经是一流的股票。"

其实巴菲特判断股票投资输赢概率的高超技巧主要来自于他最大的爱好——打桥牌。他一星期大约打12小时的桥牌。他经常说："如果一个监狱的房间里有3个会打桥牌的人的话，我不介意永远坐牢。"他的牌友霍兰评价巴菲特的牌技非常出色，"如果巴菲特有足够的时间打桥牌的话，他将会成为全美国最优秀的桥牌选手之一。"

巴菲特认为打桥牌与股票投资的策略有很多相似之处："打牌方法与投资策略是很相似的，因为你要尽可能多地收集信息，接下来，随着事态的发展，在原来信息的基础上，不断添加新的信息。不论什么事情，只要根据当时你所有的信息，你认为自己有可能成功的机会，就去做它。但是，当你获得新的信息后，你应该随时调整你的行为方式或你的做事方法。"

伟大的桥牌选手与伟大的证券分析师，都需要具有非常敏锐的直觉和判断能力，他们都是在计算着胜算的概率。他们都是对自己基于一些无形的、难以捉摸的因素所做出的决策。巴菲特谈到桥牌时说："这是锻炼大脑的最好方式。因为每隔10分钟，你就得重新审视一下局势……在股票市场上决策不是基于市场上的局势，而是基于你认为你理性的事情上……桥牌就好像是在权衡赢得或损失的概率。你每时每刻都在做着这种计算。"从巴菲特打桥牌的风格，人们不难了解他的股票投资策略。

4.集中投资的优势所在

投资者最忌讳的是游击战术，打一枪换一个地方的投资者，只能算是投机者，事实上，没有看见过几个投机者能不败下阵来。

——沃伦·巴菲特

巴菲特认为采用集中投资方式不可避免地会在某些年度遭受重大损失，尽管年度投资回报率波动性大，集中投资策略在长期内的总投资回报率却远远超过市场平均水平，而分散投资方法是不可能取得这么好的总收益的，最多取得相当于市场平均水平的投资回报。

由于大多数投资者根据现代投资组合理论选择分散投资策略，采用集中的持续竞争优势价值策略就有了一定的竞争优势。巴菲特指出，"我们宁愿要波浪起伏的15%的回报率，也不要四平八稳的12%的回报率。"既然集中投资既能降低风险又能提高回报，那么短期的业绩波动大些又何妨?许多价值投资大师出众的投资业绩以及大量实证研究都支持了集中投资可以持续战胜市场的结论。

凯恩斯的集中投资策略使他管理的切斯特基金在1928～1945年的18年间，年平均投资回报率以标准差计算的波动率为29.2%，相当于英国股市波动率12.4%的2.8倍，但其18年中年平均回报率为13.2%，而英国股市年平均回报率只有0.5%。

查理·芒格管理其合伙公司时，将投资仅集中于少数几只证券上，其投资波动率非常巨大，在1962－1975年的14年间，年平均投资回报率以标准差计算的波动率为33%，接近于同期道·琼斯工业平均指数波动率18.5%的2倍。但其14年中年平均回报率为 24.3%，相当于道·琼斯工业平均指数年平均回报率 6.4% 的 4 倍。

比尔·罗纳管理的红杉基金采用高度集中的投资策略，每年平均拥有 6~10 家公司股票，这些股票约占总投资的 90% 以上，其投资波动率非常巨大，在 1972~1997 年的 26 年间，年平均投资回报率以标准差计算的波动率为 20.6%，高于同期标准普尔 500 指数波动率 16.4% 约 4 个百分点。但其 14 年中的年平均回报率为 19.6%，超过标准普尔 500 指数年平均回报率 14.5% 约 20%。

巴菲特管理的伯克希尔公司在过去 41 年（至 2006 年）以来，也就是巴菲特从 1965 年接手之后，伯克希尔公司每股净值由当初的 19 美元增长到现在的 50498 美元。"二战"后，美国主要股票的年均收益率在 10% 左右，巴菲特却达到了 22.2% 的水平。由于伯克希尔公司以上收益中同时包括了股票投资、债券投资和企业并购等，并不能直接反映巴菲特股票投资的真实收益水平。

1987－1996 年，伯克希尔公司主要股票投资平均年收益率为 29.4%，比同期标准普尔 500 指数平均年收益率 18.9% 高出 10.5%。如果巴菲特没有将大部分资金集中在可口可乐等几只股票上，而是将资金平均分配在每只股票上，那么同等加权平均收益率将为 27.0%，比集中投资 29.4% 的收益率要降低 2.4%，使其相对于标准普尔 500 指数的优势减少了近 44%。如果巴菲特不进行集中投资，而采用流行的分散投资策略，持有包括 50 种股票在内的多元化股票组合，假设伯克希尔公司持有的每种股票均占 2% 权重，那么，分散投资的加权收益率仅有 20.1%，超过标准普尔 500 指数 1.2%，基本上没有什么优势。

因此，相比于分散投资，集中投资的效果是显而易见的，投资者如果能做到精心地分析某些企业和股票，坚持集中投资策略，那么获得超乎寻常的业绩的可能性将会是非常大的。

5."股神"出手三字诀——快、准、狠

我认为投资人应该很少交易股票，但一旦选中优秀的公司而决定买入之后，就要大笔买入。

——沃伦·巴菲特

巴菲特从来就不会为一项自己没有了解透彻的投资而买单，而一旦他出手，那必定是"快、准、狠"的大手笔，这就是"股神"的风采。

我们常常会遇见日常购买很多种股票的投资人。一般股民，手上持有十多种以上的股票，是很普遍的事。一些股民甚至持有三四十种股票。

为什么这些股民与巴菲特集中投资的思想背道而驰呢?这实际上是因为他们追求"分散"风险的心情在作祟。但买对优秀公司而致大富的机会，已被他们"分散"了，化为乌有了。

这种尽量买多种个股的投资态度，其实和买彩券没啥分别。我们知道股市里，股票涨涨跌跌，但一些股民就是一直看到手上的股票都只跌不涨。这些股民就像买彩券良久不中的赌徒那样，买下了近乎所有的股票或彩券号码，来中一次奖过过瘾，或买中大涨的股票。

如果投资人投资股市是真的抱有这种碰运气心里的话，还不如去买彩券、上赌场、赌马好了。至少，在那些赌博游戏里，你清楚地知道自己是在赌博，而可以亲眼看着自己手上的现金慢慢地消失。但在股市这个高级的赌场里，你实际上虽是在赌博，但却产生幻觉，以为自己是在投资，因而丢入股市的大笔资金，你可能会误以为是在长

远投资，等到遭受巨大亏损的时候，才来后悔可就太迟了。

我们不要一直手痒而想要这里尝试一些、那里买一点。希望能够碰运气的话，反而是集中精神寻找区区几家非常优秀的公司更好，那样，我们就能够确保自己不随便投入资金、买入自己不值得投资的公司了。

巴菲特四十多年的投资生涯中，虽然很成功，但真正使他赚到今日财富的，却是仅仅十多次投资。他建议每个投资人都给自己一张卡片，上面只允许自己打 20 个小洞，每次买入一种股票时，就必须打一个洞，打完 20 个，就不能再买股，只能持股。这种态度会使投资人从"玩票性质"转变成真正优秀公司的长远投资人。

巴菲特把选股比喻成射击大象。投资人所要选择的，是头很大的大象。大象虽然不是常常出现，而且跑得不是很快，但如果你等到它出现时才来找枪，可就来不及了。为了等待和及时抓住这个机会，我们任何时刻都要把上了子弹的枪准备好。这就像投资人任何时候都准备好现金等待大好机会来临那样。比如在美国股市飙升的那段时间，巴菲特就很少购入大笔的股票，反而是不断在累积现金。

而一般的散户就是喜欢东买西买，这里尝试一些，那里买入一些，名下股票种类多得不胜枚举，等到最佳企业廉价购入的机会到来时，反而手上剩下的资金不多。这就像打猎时，大象一直不出现，使人失去了耐心，就连松鼠、兔子等小动物也照射不误，结果，等到大象出现时，子弹已经所剩不多。

1999 年 3 月，巴菲特更是向股东们强调，股市腾升已经使美好的购入机会不再，因此他找不到适合射击的大象，但有一点却是他可以保证的，那就是他和查理将会集中精神和保持耐心，等着大象的出现。

棒球是美国人最爱的球类运动之一，巴菲特也很喜欢以棒球来比喻投资。他常提起一位美国著名职业棒球打击手击出全垒打的秘诀。这位打击手说，他把打击棒球的空间，划分成几十个和棒球一样大小的位置，只有在最佳的几个位置上，他才会挥棒打击。巴菲特说，我们投资人也应该这么做，只有在最适当的时机才挥棒，击出投资场上的全垒打。

巴菲特本身的投资，次数的确是很少的，但一旦投资了，就会很大笔。比如，自从 1960 年末全盘卖出手上的白银之后，巴菲特一直都在注意着国际银量的供需定律，看看有没有可以赚取市场错误标价的机会。尽管他30年来一直都在注意着银量的生产、供应和需求，但他却没有发现巨大的获利机会，因此30年来都没有任何举动。

直到1997年，巴菲特觉得机会来了。他和查理发现，20世纪90年代里，每年的银产量都少于需求。简单地讲，银不像金条那样主要是为了装饰用，而是拥有一些很重要的实际经济用途，包括制造我们日常拍摄的相片底片等。但问题是银一般不是采矿者心目中的主要金属，而是他们从地下采取其他金属(如金、铜等)时所取得的副产品。因此，就供应量而言，银会受其他金属供需情形的影响。比如，如果金条价格大跌、铜的需求大降的话，那么，这两种金属的采矿量将减少，这也导致银的生产量相应下降。这就是90年代的普遍情形。问题是，银的经济用途是相当稳定的，因此这将使银价因供应不足而上涨。但在90年代，巴菲特发现国际市场银的供应商一直不停地消耗他们的存货，因而导致价格一直没涨。换言之，银的公开价格还未反映出实际上的供需定律情况。迟早，这种"消费多过生产"的现象，将导致国际市场上银的存货被人掏尽，而银价必将反映出这个供不应求的现象。

这就是非常典型的巴菲特的所谓"令人流口水的价格"。看中这一点之后，巴菲特在1997年总共买下了超过2.8万吨的银，一夜之间，从30年来完全没有持有任何银，摇身而成世界最大的银主人。30年来一直不停地注意市场的供需定律但从未买入，而机会一到，则大笔进场，这就是巴菲特的过人之处。巴菲特在选购股票的时候，也是这样。如果他觉得不值得买，那他就一张股票也不买。如果觉得值得买，他就会大举进场，绝对不会婆婆妈妈。

一旦机会来临，那么出手就要快、准、狠，这就是"股神"出手的三字诀。也唯有这种"不动则已，动则惊人"的魄力，才能真正成就财富巨人！

6. 巴菲特的投资风格——控股投资

在进行控股买入和股票买入时，我们努力不仅购买那些优秀的公司，而且还购买那些由出众的、聪明的和可靠的管理人员管理的公司。如果我们对与我们相关联的经理看走了眼，那么被控股公司就给了我们某种优势，因为我们有权力做出改变。

——沃伦·巴菲特

巴菲特不喜欢分散投资，而推崇集中投资，并且习惯于控股投资。在把伯克希尔·哈撒韦公司组建成为一个赚钱机器的过程中，巴菲特已经在股票、债券和商品投资方面取得了不错的业绩。但是，一旦时机成熟或条件允许，他不仅会选择一些自己看好的公司股票，而且还会收购足够的股份以控制该公司。也就是说，巴菲特喜欢购进足够比例的公司股份，以确保对该公司的未来发展方向产生绝对的影响。

从表面上看，许多人都认为巴菲特只是一位寻求廉价资产的专家，而实际上巴菲特经常会通过积极进入公司执行董事会来使其投资的资产升值。这种干预做法的受益者包括大都会／美国广播公司、政府雇员保险公司、所罗门有限公司以及华盛顿邮报公司等。在其他许多情况下，巴菲特还会购进国有或私有公司的全部股份来取得控股权。这样的公司有博塞姆公司(一家奥哈马的珠宝零售公司)、国际奶业王后公司(一家快餐连锁店)、布法罗晚报、伊利诺伊国家银行与信托投资公司、内布拉斯加州家具商业中心、喜诗糖果商店和斯科特＆费策尔公司等。

人们对巴菲特有些投资决策感到惊讶，但投资顾问兼金融作家约翰·特雷恩却改变了人们把巴菲特仅看作是一个特别精明却被动的投资者的看法，他曾这么评价巴菲特："我们看到巴菲特一次又一次地购进公司全部股份或购回部分股份，而且他很清楚这些股票的价值要高于当时的卖价，尤其是如果投资期间会发生一些重要变化。"

巴菲特这种喜欢购进整个公司并专心致力于提高公司收益率的习惯主要表现在其事业发展成熟阶段。一位成功的资金管理人通常会遇到的问题是：在其接管后，资金规模迅速扩大，这也是投资者梦寐以求的事情，但不久以后管理者会发现，要想购进足够比例的股份以对整个投资组合策略产生实质性影响，会有很大的困难，而只有收购整个公司然后使其增值，才能解决此类问题。不过，这种方法并不是巴菲特在成为行业巨头之后才发展起来的，他在成为一名资金管理者的初期阶段，就开始了购进整个公司的计划。

1961年，由巴菲特管理的投资合伙公司的全部资金只有500万美元，他用其中的1／5购买了登普斯特磨粉机制造厂70%的股份，而当时这家工厂已濒临倒闭。巴菲特任命自己为董事会主席，并从洛杉矶请来一位执行总经理。该经理上任之后迅速减少存货、大幅削减成本并解雇多余的员工。经过改革，没过多久工厂的利润就大幅提高了。到了1963年，巴菲特如果将该工厂出售可以净赚230万美元。

到了20世纪60年代中期，巴菲特已经积累了一笔不小的财富。在1966年和1967年两年内，巴菲特的合伙企业又斥资1500万美元全资并购了两家零售公司。但由霍斯柴尔德科恩公司经营的巴尔的摩分店业绩却非常糟糕，最后巴菲特不得不将其出售给一家大型超市。而另一家公司——芝加哥的一家女装连锁商店却取得良好的业绩。

1969年，面对超级繁荣的投资市场，巴菲特敏锐地感觉到某种危险。于是他结束了自己作为资金管理者的职业生涯，但他仍保留了两个投资项目：一个是重新命名的多种经营的零售店，另一个是他在1965年收购的破烂不堪的马萨诸塞州的纺织制造厂——伯克希尔·哈撒韦。后来，巴菲特从资金管理行业转向致力于组建一家大型工业与金融企业，并取得了巨大的成功。在巴菲特成为亿万富豪的过程中，伯克希尔·哈撒韦是他成功实施其经典投资策略最得力的工具。

在经营伯克希尔公司的几十年中，巴菲特的资产价值成千上万倍地增长，与其说他是一位股票投资者，倒不如说他是一位工业巨头。的确，他曾一心致力于为伯克希尔·哈撒韦公司的投资组合买卖各种证券。

此外，在20世纪70年代中期，巴菲特还曾用几年时间经营FMC公司的养老基金。事实上，巴菲特个人财富的迅猛增长却并非依赖于那些只有少数投资者才使用的投资策略，他真正依靠的是控股大型的保险公司。保险公司之所以能够成为巴菲特建造其庞大帝国的基础，其原因有以下三点：

（1）保险公司可以利用那些最终属于别人的大量资金。

（2）保险公司可以享受税收优惠政策。

（3）保险公司可以充当金融杠杆。

保险公司的现金储备来自保险费收入，这为巴菲特利用他人资金创造了良好的条件。虽然最终这部分收入会以赔付的方式返还给投保人，但在这之前，保险公司可以将这笔资金用于投资，以便获取更大的利润。另外，保险公司的这笔投资收入还可以享受优惠的税收政策。保险公司从事投资活动的第三个好处则是它可以发挥金融杠杆作用，即保险公司每年都可以创造出几倍于其股权投资的保费收入。比如说，一家融资成本为20亿美元的公司，每年可以创造出80亿美元的保费收入。假设保险公司可以收取价值10亿美元的投资组合证券收益中的60%，即6亿美元，则其扣除成本与税费前的投资收益是6亿美元。如果融资成本是20亿美元，则毛收益率为30%。这种杠杆效应在伯克希尔公司体现得尤为明显，一般保险公司的投资组合中，债券会占一大部分，而巴菲特则更侧重于投资股票。因为时间可以证明，股票的收益率要高于债券。由于巴菲特取得的高投资收益率，进一步扩大了伯克希尔公司投资组合的杠杆效应。

巴菲特意识到：保险公司可以变成"一个超额利润科目"。于是当他从资金管理业转向组建企业之后，迅速进入财产与意外事故保险业。伯克希尔收购了国家保险公司，这是一家成立于经济萧条时期的特殊保险商。其创立人杰克·林沃尔特主要承担各种其他保险公司都不愿承保的风险项目，从而获得一定的利润。除了有为那些高风险驾驶员设计的汽车保险险种之外，林沃尔特还开发有专门为走私贩子和驯狮员设计的保险单。

1969年，巴菲特开始涉足再保险业，并于1970年成立了科恩赫斯克尔伤亡保险公司；1971年成立了莱克兰公司，一家专门承保火灾与意外风险的保险公司；以及1972

年成立了得克萨斯州联合保险公司。除此之外,伯克希尔公司在1971年收购家庭与汽车保险公司,并在1994年收购GEICO公司的全部股份。

在以上这些分支企业或子公司中,保险的金融杠杆效应为伯克希尔·哈撒韦公司的证券组合带来惊人的高额增长率。尽管要投入大量与这些并购交易相关的控股资金,但一旦巴菲特发现一个收购整个公司股份的有利时机,这种杠杆作用就会变得不可估量了。

对于巴菲特的这种喜欢控股投资的习惯,其传记作者罗杰·洛文斯坦这样评价:在每次交易中,巴菲特不是去购买公司的股票,而是整个公司、整个行业。这在资金管理者中是前所未闻的。正是这种控股投资的习惯,使巴菲特获得比别人高得多的回报。

7. 控股投资实例之———收购通用再保险公司

对查理和我来说，伯克希尔最令人振奋的活动就是收购一家有杰出经济特性，而且由我们喜欢、信任并敬佩的人来管理的企业。这种收购做起来并不简单，但我们会坚持不懈地进行。

———沃伦·巴菲特

在上一节中，我们说到了巴菲特善于进行控股投资，这样他就可以通过自己对所投公司的干预，来获得自己理想的回报。其实，控股投资最集中的表现就是"收购"。如此一来，当一家公司属于投资人之后，他便可以完全按自己的意志对其经营进行干预，这样便可最大程度地保证自己的投资安全。与集中投资相比，巴菲特更喜欢将整个公司揽入囊中。其中，对通用再保险公司的收购便是典型的实例。

1998 年 6 月 19 日，伯克希尔公司正式宣布了收购康涅狄格州斯坦福德通用再保险公司的计划。通用再保险公司是美国最大的再保险公司，同时也是世界上最大的再保险公司之一。再保险公司主要是为其他保险公司提供保险，这种业务绝对不是那些资质肤浅、经营状况不稳定的保险公司所能涉足的领域。

伯克希尔公司根据通用再保险公司当天每股 220.25 美元的收盘价格，再考虑 29% 的折扣作为公司的收购价格。伯克希尔公司以股票形式支付收购价款，合同在 1998 年 12 月 21 日以后成交，因为根据国家税务局的规定，这项合并在这一日期之后才可以享受免税待遇。

根据交易公布日宣布的股票价格，通用再保险公司的股东可以按每股 270.50 美元的价格，把自己持有的股票兑换为现金，总收购金额大约为220亿美元。但是，由于伯克希尔公司与通用再保险公司之间相互持股的连锁反应，导致实际价格在交易结束前的6个月内出现了下跌，使得通用再保险公司的股东只能按照每股204.40美元的价格把股份兑换为现金，或领取大约160亿美元的公司股票，这笔价款大概相当于1998年公司营业收入的16倍。

巴菲特说："通过这次合并，伯克希尔公司所发行的每一种A类股票或者相当于A类的股票，都可以为公司带来超过8万美元的投资。这对于公司来说是非常有利的，可以使伯克希尔公司的投资额达到现有水平的2倍，换句话说，合并将为公司带来超过240亿美元的追加投资。"通用再保险公司拥有190亿美元的债券、50亿美元的股票和大约150亿美元的浮存资金。尽管这次合并仅仅使流通股增加了大约22%，但伯克希尔公司的资产总额却神奇地增加了近65%。

谈起这次合并所产生的杠杆效应，巴菲特流露出了少见的兴奋。他说，这次合并可以使通用再保险公司摆脱长期以来在收入增长方面受到的制约，这些消极因素在过去很长一段时间内，迫使通用再保险公司不得不把一些业务忍痛割爱给其他公司。现在，由于伯克希尔公司与通用再保险公司在财务方面强强联手，使得这种收入的浮动性能够很好地在公司内部加以消化。在这种条件下，通用再保险公司可以根据自己的愿望和计划自由开发自己的全球性业务。此外，由于伯克希尔公司在未来完全有可能通过多种渠道获得大量的应纳税收入，使得通用再保险公司在税收上可以获得很大的灵活性。最后，由于伯克希尔公司所拥有的雄厚资本，使得旗下的所有保险机构——包括通用再保险公司——可以毫无顾虑地开展经营业务，而不必担心市场出现整体性的下滑。

"这些协同效应完全可以和通用再保险公司在全球范围内所享有的声誉、长期而稳定的客户关系、强大的保险业务处理能力及其完善的风险管理和销售渠道有机地结合在一起。这种结合实际上完全可以保证伯克希尔公司与通用再保险公司的股东看到一个美好的未来，如果两家公司独立经营发展的话，这种未来恐怕是遥不可及的。"巴菲特说。

通用再保险公司的历史可以追溯到挪威克里斯蒂娜的挪威全球保险公司。挪威全球保险公司创建于 1911 年，于 1917 年开始在纽约市开展业务。

1921 年，邓肯·雷德在纽约创建了通用事故再保险公司。1945 年，梅隆家族对这家公司麾下的梅隆保险公司进行了合并，并接管了这家公司的全部业务，从此之后，他们几乎垄断了美国的再保险市场。1996 年，通用事故再保险公司又收购了自己最大的竞争对手——国家再保险公司，一年之后，他们在中国开设了自己的第一家办公机构。

这家公司在并入伯克希尔公司前一年的收入总额大约为 10 亿美元。除了直接承保各主要保险公司的全部财产险和事故险的再保险业务之外，通用再保险公司的 2700 名员工还为世界上一百多个国家的顾客提供保险精算、索赔、投保、财务管理和投资管理等服务。他们目前拥有通用再保险股份公司和国家再保险公司，其中后者是美国最大的从事财产与事故险再保险业务的集团。

通用再保险集团主要是通过通用斯塔尔管理公司从事各种保险业务，公司还通过综合险为各种公开上市公司的高级管理人员提供个人保险，此外，他们还通过创世纪保险管理公司，为顾客提供各种索赔业务咨询和有价证券诉讼损失赔偿服务。通用再保险集团旗下的赫尔伯特·克劳公司专门提供再保险的经纪服务，美国航空保险公司主要负责对各种航空保险业务进行风险管理，而阿尔丹特风险服务公司则是一个从事商业开发顾问工作和再保险中间业务的机构。

通用再保险集团还通过下属的通用再保险金融产品公司，从事利率互换和金融衍生产品业务，为银行、保险公司及其他公司提供各种规避风险的套期保值工具，除此以外，他们还涉及保险行业提供投资服务。

在美国境内，通用再保险集团是标准普尔公司认定拥有 3A 偿债能力信用级别的 5 家非政府金融机构之一。公司 70% 的股东属于机构投资者，包括共同基金、保险公司以及养老基金。同时它还控制着德国科隆的科隆再保险公司 88% 的股权，科隆再保险公司是一家大型的国际再保险商。

成立于 1846 年的科隆再保险公司是世界上最古老的再保险公司，公司的业务领域涉及全世界 37 个国家和地区。1994 年，这家公司被通用再保险集团收购。作为回报，这次收购使科隆再保险公司获得了德国哥特再保险公司（一家小型的德国再保险公司）27% 的股份。

由于通用再保险集团拥有大量的固定收入有价证券组合，其中包括相当一部分比例的市政债券，因此，伯克希尔公司通过收购通用再保险集团，有效地降低了伯克希尔公司股票市场价格浮动的风险。通过这次收购，伯克希尔公司大幅度改善了自己的流动性，而通用再保险集团则扩大了自己承担保单的能力。例如，在1997年，通用再保险集团由于自身能力有限，曾经把一项10亿美元的交易划拨给其他公司，其中也包括伯克希尔公司。"这次收购的最大优势在于，它使通用再保险集团可以最大程度地创造投资组合。"巴菲特说。

随着这项收购业务在1998年年底的成交，伯克希尔公司成为所有美国保险公司中最大的股东，同时也是世界上仅次于荷兰皇家银行的第二大股东。不过，随后发生的艾克森公司与美孚公司的合并则创造了世界上拥有净资产数额最大的公司。

从早期一家举步维艰的纺织厂至今，在漫长而富有传奇色彩的伯克希尔公司发展历史中，这次收购毫无疑问是一个具有分水岭性质的事件。

1998年9月18日，在通用再保险集团为合并事宜进行表决的董事会上，弗格森说，通用再保险集团曾经首先向伯克希尔公司提出由双方创办合资企业的建议，但是，后来巴菲特却提出了双方实行完全合并的想法。弗格森说："这是世界上最好的再保险承保商以及最出色的投资者之间的合并。"他还提出了"战略性本垒打"的概念。

在1998年9月16日召开的伯克希尔公司临时会议上，巴菲特说，他希望合并之后的通用再保险集团能够成为"金融业中有史以来最强大的企业"。

8.控股投资实例之二——收购斯科特·费策公司

1985 年，我们收购了斯科特·费策公司，我们不仅得到了一家优秀的企业，还得到了拉尔夫·斯凯这样一位杰出的首席执行官。

——沃伦·巴菲特

1986 年初，伯克希尔公司动用 3.15 亿美元收购了位于俄亥俄州克利夫兰市的斯科特·费策公司。这项收购使伯克希尔公司的销售额成倍增长，达到近 20 亿美元。

从 1984 年以来，斯科特·费策公司就在等候拍卖，但是一直都没有敲定。最后，股东们通过了一项职工持股计划。可是，当公司经营困难来临的时候，这项计划也就随之取消了。

巴菲特那双敏锐的眼睛，通过报纸关注了整个过程。他给这家公司的首席执行官拉尔夫·斯凯打了一个电话，并要求和他举行一次会谈。斯凯是一个不同寻常的商人，他与克利夫兰医疗中心、俄亥俄大学、凯斯西部储备局以及拥有一个俄亥俄州若干家企业的风险投资公司有着密切的联系。

1985 年 10 月 22 日，巴菲特和芒格与斯凯在芝加哥共进晚餐。一周之后，他们签订了一份合同。在 1999 年的伯克希尔公司年报中，巴菲特写道："不幸的是，斯科特·费策公司在与一家投资银行签订的一份协议书中，答应在出售成功后支付给它 250 万美元的费用，尽管这家银行在寻找买主的过程中并未做过什么事情。我猜这家银行行长认为，他应该为这笔钱做点什么，于是，他很慷慨地拿出了一份其银行准备的关于斯科特·费策公司的文件。查理以惯有的机智回答说：'我支付这 250 万美元，是为了不去读这份文件。'"

伯克希尔公司收购斯科特·费策公司的消息是由道·琼斯新闻服务中心发布的，但这个消息令伯克希尔股东们感到震惊："斯科特·费策公司要收购伯克希尔·哈撒韦公司！"不过，这篇报道很快就被纠正过来，其实是伯克希尔·哈撒韦公司要收购斯科特·费策公司。

在 1981 年伯克希尔公司股东年会上，芒格和巴菲特都说，他们在收购之前，收到了斯科特·费策公司的一些投资银行准备的那本厚达一英寸的笔记本。但是，他们把它还了回去，因为他们不想让事情复杂化。和往常一样，他们只想使事情保持简单，这样他们可以节省一些时间和精力。

通过斯科特·费策公司，伯克希尔公司得到了近 20 家生产和销售类公司，包括斯科特·费策公司旗下的世界图书出版公司、科比真空吸尘器公司、道格拉斯公司、克利夫兰·伍德公司。生产"永久"牌动力装置的坎贝尔·霍斯菲尔德公司，在美国的生产和销售部门中聘用了 1200 多人，它的产品包括空气压缩机、航空工具、发电机、喷漆设备、压力清洗机以及电焊机。

斯科特·费策公司旗下的其他企业还包括阿戴利特公司、凯尔福里公司、道格拉斯／速锋公司、法兰西公司、海尔克斯公司、金斯敦·玛利埃姆乐器公司、诺斯兰公司、斯科特实验室、斯科特·凯尔公司和西部公司等。

这些小企业之中的任何一家都谈不上吸引人，但是，它们合在一起却形成了另一股蜿蜒流入老人河的支流。斯科特·费策公司收购的一个主要企业——世界图书出版公司，很显然是巴菲特最喜欢的一个企业。不过，他也很喜欢科比真空吸尘器公司。

伯克希尔公司越来越多的子公司开始尝试电子商务。斯凯说："最近，我和沃伦谈论的首要话题是零售业是否也需要进入因特网。"

斯科特·费策公司，是伯克希尔公司的一只硕大的"现金牛"。自从 1986 年伯克希尔公司斥资 3.15 亿美元收购斯科特·费策公司以来，它的年收入以平均 5% 的速度在增长。因此，巴菲特不断地称赞它是一个资本效率的典范。1998 年，斯科特·费策公司净资产是 1.12 亿美元，税后净利润是 9650 万美元，它的净资产收益率达 86%。更加令人惊讶的是，巴菲特 13 年来一直在利用它赚钱，总额超过了 10 亿美元。

在2000年伯克希尔公司年报中，巴菲特这样写道："1985年，我们收购了斯科特·费策公司，我们不仅得到了一家优秀的企业，还得到了拉尔夫·斯凯这样一位杰出的首席执行官。那时，拉尔夫已经61岁了。那些十分关注员工年龄而不是能力的公司，应该从拉尔夫的才智那儿受到启迪。"

"拉尔夫经营斯科特·费策公司长达15年，直至2000年底退休。在他的领导下，这家公司为伯克希尔公司贡献了10.3亿美元，而我们当初的收购价格只有2.3亿美元。我们又利用这些资金收购了其他企业。总的来说，拉尔夫对伯克希尔公司现值的贡献，已经达到了数十亿美元。"

"作为一名管理人员，拉尔夫应该列入伯克希尔名人堂，我和查理都很欢迎他的加入。"

第八章

短期投资的秘诀
——抓准套利的最佳时机

　　巴菲特也并非单一的长期投资者，他同时还是一个短期投资的高手。他短期投资的主要方式是在冷静分析的基础上进行套利活动。对巴菲特而言，套利是一种非常规的投资方式，但他和长期投资同等重要。在股市低迷的时候，巴菲特能够通过套利获得良好的收益。而当股市走强时，巴菲特又能够利用购并的套利机会为自己大赚一笔。

1.巴菲特的套利理念

实际上，任何投资者都可以通过套利活动获取类似的、能够在股市中胜出的收益。

——沃伦·巴菲特

最初，套利仅用于在两个不同的市场中同时买入和卖出证券和外汇，它的目的是利用可能存在的微小的价格差来赚取利润。比如在阿姆斯特丹用荷兰盾交易的，在伦敦用英镑交易的以及在纽约用美元交易的荷兰皇家石油公司的股票。比如说，如果某企业的股票在伦敦市场每股是20美元，在东京市场中每股是20.01美元，套利者可以购买伦敦股市的股票，然后将相同的股票在东京股市销售，借此获益。

自第一次世界大战以来，套利（现在有人称为"风险套利"）的定义已经扩展到包括从宣布的公司事件中追逐利润，如公司出售、兼并、资产重组、改组、清算、自我收购，等等。在大多数情况下，套利者期待与股票市场行为无关的利润。相反，他通常面对的主要风险是宣布的事件没有出现。

巴菲特认为，大多数套利运作涉及善意或恶意的接管。随着收购狂热的蔓延，随着反托拉斯的挑战几乎不复存在，以及随着买价常常只上不下，套利者极度繁荣。这些套利者不需要特别的才能就能干得好，"按照彼得·塞勒在电影中的方式，窍门只不过是'生逢其时'。在华尔街，人们一再重复一句老格言：'给人一条鱼，你能养他一天。教他如何套利，你能养他一世。'但是，如果他在伊万·波伊斯基的套利学校学习，那么给他供食的就是州监狱了。"巴菲特不乏幽默地解释说。

巴菲特的套利活动与其他许多套利者的不同。首先，伯克希尔每年仅参与少量的，但通常规模很大的交易。与之相反，大多数从事套利的人买卖频繁——大约每年50次或者更多。同时要做的事情太多，他们就必须花大部分时间既监控交易的进展，又监控相关股票的市场运动。巴菲特表示："这并不是查理和我希望的生活方式。"（为了致富天天盯着股票行情有什么意思）

由于巴菲特没有分散投资，所以，相比典型的套利运作，一笔利润丰厚或者毫无盈利的套利交易将会大大影响伯克希尔的年度业绩。巴菲特说："到目前为止，伯克希尔还没有真正糟糕的经历。但是将来我们肯定会遇到——而且它发生的时候我们会向你们汇报残酷的事实。"

巴菲特与其他套利运作的另一个不同点是，伯克希尔仅参与已经公开宣布的交易。他不按谣言买卖，或试图猜测谁是接收者。他仅仅通过看报纸，考虑大收购计划中的几个，然后根据自己对可能的结果的感觉行动。

1988年，伯克希尔唯一大的套利仓位是3342000股RJR纳贝斯克公司的股票，成本是2.818亿美元，市值3.045亿美元。到了第二年的1月份，巴菲特曾将持股增加到大约400万股，并在2月份彻底清仓。当巴菲特把伯克希尔的持股投标给收购RJR的KKR时，KKR接受了大约300万股，随即巴菲特又立即将退回的股份在市场上抛出。这项交易让伯克希尔的税前收益达到了6400万美元。

巴菲特在1988年致股东的信中说："在大多数时候，我们本该是RJR的购买者，我们在股票上的活动却受到限制，因为所罗门公司也参与了一个投标集团。尽管查理和我是所罗门公司的董事，但通常我们被隔绝在其兼并与收购工作的信息之外。这些信息对我们毫无用处，而且实际上可能会约束伯克希尔的套利活动。"

在RJR的交易中，由于所罗门打算做出的巨大承诺要求所有的董事巨细尽知而且充分参与，伯克希尔购买RJR的行动进行了两次：第一次，在管理部门宣布卖断计划之后，所罗门开始参与之前的几天内；第二次是在RJR的董事会做出有利于KKR的决定之后。对此，巴菲特解释说："因为我们不能在其他时间购买，所以我们的董事身份使伯克希尔破费不少。"

在致股东的信中，巴菲特表示："考虑到伯克希尔在1988年的优良业绩，你可能期待我们在1989年继续从事套利。但我们更愿意置身事外。"

巴菲特解释说，一个原因是伯克希尔持有的现金数量的下降。"因为我们希望持有相当长时间的股票的仓位大幅增加。正如这份报告的固定读者知道的那样，我们的新承诺并不是基于对股票市场短期前景的判断，相反，它们反映的是一种对特定公司长期业务前景的观点。我们没有，也从未有过，而且永远不会想股票市场、利率或商业活动一年后的情形会怎样。"

巴菲特认为，即使有大量的现金，他也不会在1989年进行套利交易。"公司接管有些泛滥成灾，就像多萝西(Dorothy)说的那样：'图图，我感觉我们不会再回到堪萨斯了。'"

巴菲特不知道这种过剩会持续多久，也不知道对此政府、贷款人和买家的态度会有什么变化，但他知道，别人在处理他们的事情时越不谨慎，他在处理伯克希尔的事情时就必须越谨慎。巴菲特对那些反映买价和贷款人放荡不羁的——而且按他的观点常常是毫无根据的——乐观情绪的套利行为兴趣索然。在巴菲特的活动中，他将牢记赫伯·斯坦(Herb Stein)的教训："若不能持之以恒，则必灭亡。"

正像巴菲特说的那样，1989年的伯克希尔果然没有再进行套利交易。巴菲特认为："套利仓位是对短期现金等价物的替代，而在今年的一些时候我们持有的现金较少。在另一些时候，我们有相当多的现金，但即使如此我们仍选择不参与套利，主要原因是公司买卖对我们毫无经济上的意义，进行这种套利交易几乎就是在玩比傻的游戏。"正如华尔街人士雷·迪福说的那样："天使害怕交易的地方傻瓜会蜂拥而入。"巴菲特不时地参与套利交易——有时规模还很大——但这仅在他喜欢这个机会的时候。

2.仔细评估，谨慎套利

别人做事越不谨慎，我们自己做事就应当越谨慎。

——沃伦·巴菲特

尽管套利能使投资者在短时间内获取巨大收益，但套利同样有着很大的风险，因此仔细谨慎地评估套利条件就显得尤为重要。如何评估套利条件呢？巴菲特认为必须回答下面四个问题：

（1）预期事件发生的概率有多大？

（2）你的现金可允许被套牢多久？

（3）出现更好的事件的可能性有多大——比如一个更有竞争力的购并报价。

（4）如果因为反托拉斯诉讼、财务上的差错等，当预期事件没有发生时应如何处理？

为了帮助投资者进一步了解对套利条件的评估，巴菲特提到了关于伯克希尔如何以阿卡他公司来套利的故事。

1981年，阿卡他公司同意将公司卖给一家靠举债收购企业的公司(KKR, Kolhberg Kravis Robert Company)。阿卡他当时的经营范围包括森林产品和印刷。除此之外，在1978年，美国政府从阿卡他取得超过4000公顷的红木林地，以扩大红木国家公园的范围。政府以分期付款的方式付给阿卡他公司9800万美元，再加上利息为6%单利的流通在外债券给阿卡他。公司抗议政府以不合理的低价购买这块土地，而且6%的单利也太低了。1981年，阿卡他公司的价值是它本身的业务及政府潜在的投资。KKR提议政府以每股37美元的价格购买阿卡他公司的股票，再加上政府支付阿卡他公司总金额的 2 ／ 3。

巴菲特认真分析了 KKR 购并阿卡他公司的行动。他提到，过去 KKR 筹措资金的经验相当成功，而且如果 KKR 决定停止购并交易，阿卡他公司会另寻其他的买主。阿卡他公司的董事会已决定卖掉公司。最后需要回答的问题是比较困难的，即：被政府强制征收的红木林到底值多少钱? 巴菲特认为，"无法分辨榆树和橡树的人，反而能冷静地评估所有的报价。"

伯克希尔在 1981 年的秋天，以每股 33.5 美元的价格开始收购阿卡他公司的股票。在 11 月 30 日之前，伯克希尔已拥有 40 万股，大概是阿卡他 5% 的股份。1982 年 1 月，阿卡他和 KKR 双方签署正式契约，在这同时，巴菲特以每股接近 38 美元的价钱，为伯克希尔增购了 25.5 万股的阿卡他股票。尽管交易事项很复杂，巴菲特仍愿意以超过 KKR 每股 37 美元的价格收购阿卡他的股票，显示出他认为政府对于红木林的补偿支付价值会超过零。

几星期之后，交易开始进行。首先，尽管巴菲特曾经假定 KKR 当时有筹措资金的困难。当时房地产业股价正在暴跌，所以银行提供贷款是非常小心的。阿卡他公司的股东会议被延迟到四月。因为 KKR 不能安排所有资金的筹措，所以他们提供阿卡他公司每股 33.50 美元的低价。阿卡他公司的董事会拒绝了 KKR 的提议。到了 3 月，阿卡他公司接受了其他公司的竞价，而以每股 37.5 美元卖掉公司，再加上一半潜在的政府诉讼补偿。伯克希尔从 2290 万美元的阿卡他投资中，得到 170 万美元的利润，相当于每年 15% 的回报率，这是相当令人满意的利润。

多年之后，伯克希尔公司终于收到了期待已久、政府支付给阿卡他公司的分期款。在诉讼期间法官指定了两个委员会，一个负责决定红木林的价值，第二个负责决定适当的利率。1987 年 1 月，第一项决定宣布红木林的价值为 2.757 亿美元，而非 9790 万美元。第二项决定宣布适当的利率应该是 14%，而不是 6%。法院判定政府应该付给阿卡他公司 6 亿美元。政府继续上诉，但最后决定付出 5.19 亿美元。1988 年，伯克希尔公司收到 1930 万美元，相当于阿卡他公司每股 29.48 美元的额外收入。

大多数套利者可能每年参与 50 次或更多次的交易，而巴菲特只寻找一些重大的财务交易事项。他限制自己只参与公开且较友善的套利交易。他拒绝利用股票从事可能会发生接收或绿票讹诈的投机交易。虽然多年来他从未计算过自己的套利绩效，但是巴菲特算出伯克希尔公司平均每年的税后获利率大约是25%。因为套利时常用来取代短期国库券，因此巴菲特的交易欲望常随着伯克希尔现金存量的起伏而变动。他解释说，更重要的是，套利交易使他免于松动他自行设定的严厉长期债券投资标准。

由于伯克希尔公司在套利上的成功，股东可能会猜测，巴菲特是否曾经迷失于这个策略中。一般公认，巴菲特投资所得的利润远比他预期的要好，但是在1989年之前，套利的前景正在改变。举债收购引发市场上对资金的需求过剩，使市场成为无法驾驭的狂热环境。巴菲特不知道贷方和买方何时会清醒。但是当别人眼花的时候，他总是慎重地采取行动。当UAL的收购行动崩溃瓦解之时，巴菲特正从套利交易中抽身，借助可转换特别股的出现，伯克希尔公司很容易地从套利交易中跳脱出来。

3. 用主观套利法去进行套利决策

我们希望进入那些概率计算准确性高的交易。

——沃伦·巴菲特

不管投资者自己是否意识到了，几乎所有的投资决策都是概率的运用。巴菲特的投资决策也应用了概率论，并巧妙地加进了自己的理解。他说："用亏损概率乘以可能亏损的数量，再用收益概率乘以可能收益的数量，最后用后者减去前者。这就是我们一直在使用的方法。……这个算法并不完美，但事情就这么简单。"

"如果我认为这个事件有90%的可能性发生，它的上扬幅度就是3美元，同时它就有10%的可能性不发生，它下挫的幅度是9美元。用预期收益的2.7美元减去预期亏损的0.9美元就得出1.8美元($3 \times 90\% - 9 \times 10\% = 1.8$)的数学预期收益。"这就是巴菲特常用来作出决策的主观概率法。

而紧接着的下一步，则是必须考虑时间跨度，并将这笔投资的收益与其他可行的投资回报相比较。如果你以每股27美元的价格购买阿伯特公司，按照巴菲特的计算，潜在收益率为6.6%(1.8美元除以27美元)。如果交易有望在6个月内实现，那么投资的年收益率就是13.2%。巴菲特将以这个风险套购收益率与其他风险投资收益进行比较。

风险套购交易是具有亏损风险的。"我们愿意在某些交易中亏本——比如风险套购——但是当一系列类型相似但彼此独立的事件有亏本预期概率时，我们是不情愿进入这类交易的。""我们希望进入那些概率计算准确性高的交易。"

　　我们可以清楚地看出巴菲特对风险套购预测采用的概率法颇具主观性。在风险套购中没有频率分布，每笔交易都是不同的，每次情况都要求不同的预测判断。不过，即使如此，使用一些数学运算对风险套购的运作还是大有益处的。

　　普通股票投资的决策过程和风险套购的决策过程并无异处，其中也运用了概率。伯克希尔公司在购入可口可乐股票时，巴菲特就精确地运用了概率的计算。

　　巴菲特常常说可口可乐代表着几乎100%的成功概率。因为可口可乐有着100多年的投资业绩数据可查，这些数据构成了一幅频数分布图。他又了解到以罗伯托·格佐艾塔为首的管理层在不断地改善着公司的经营。格佐艾塔正在卖掉营业业绩欠佳的企业，并将收入所得重新投向业绩良好的糖浆企业。巴菲特知道可口可乐的财政收益将会好转。不仅如此，格佐艾塔还在买回可口可乐的股票，从而使企业的经济价值进一步增加了。

　　从1988年开始，巴菲特就注意到，市场上对可口可乐的定价比其实际的内在价值低了50%～70%。与此同时，他对该公司的信念从未改变过：他坚信可口可乐股击败市场收益率的概率正在不断地上升、上升再上升。那么巴菲特是如何做的呢？在1988－1998年间，伯克希尔公司总共购买了可口可乐公司10亿美元的股票，占据了伯克希尔证券投资总值的30%以上，到1998年底这笔投资价值达到130亿美元。

　　有效地利用概率使巴菲特和他的伯克希尔公司获得了巨大的收益。这也说明了一个问题，对于盈利概率比较高的投资项目应下大赌注。

　　除了对可口可乐公司投资的巨大成功之外，对富国银行的投资也是巴菲特运用概率的典型案例。这个案例从不同的角度更能分析出巴菲特投资智慧的多面性。

　　在1990年10月，伯克希尔公司购买了500万股富国银行的股票，共投资2.87亿美元，每股的平均价格为57.88美元。这笔交易使伯克希尔拥有富国银行已发行股票的10%，从而成为这家银行的最大股东。

　　然而外界却对巴菲特的这一举动并不看好。在年初的时候，该银行的股价曾攀升至86美元，尔后随着投资者的大批抛盘，这家加利福尼亚银行的股票急剧下跌。这是由于当时西海岸正处于严峻的经济衰退的痛苦之中，有些人预测由于银行的贷款资金都被住宅抵押所占用，因而一定困难重重。富国银行是加利福尼亚地区银行中拥有最多商业不动产的银行，因而被认为是最脆弱的。

巴菲特对这些情况都很清楚，不过他对富国银行得出了不同的结论。这并不是由于他掌握了比其他专业投资人士更多的情况，他只是对局势的分析有所不同。从他的思维过程中，我们就会对巴菲特如何应用概率论有一个清楚的认识。值得说明的是，巴菲特对银行业的业务是十分了解的。伯克希尔公司曾经有过对银行业的投资经历，在那段经历里，巴菲特学会了一个道理：一家妥善经营的银行不仅可以使它的收益有所增长，而且还可以得到可观的资产回报；更重要的一点是，巴菲特了解到一家银行的长期价值取决于它管理层的行动。糟糕的管理者所导致的后果，不但会使银行的运营成本增加，而且还会贷错款；而与之相反，优秀的管理者总是在寻求降低成本的方式，而且他们几乎从来不做有风险的贷款。

而当时富国银行的总裁卡尔·理查特正是这样的优秀管理者。他从1983年开始经营这家银行，成绩显著。在他的领导下，银行的收益增长率以及资产回报率高于平均值，而且他们的运营效率是全国最高的，还建立了坚实的放款业务。

巴菲特并非不知道投资于银行的风险，但在他的心目中，拥有富国银行的风险主要在于："大地震的具体风险将降临到加利福尼亚的银行，这一风险可能完全摧毁借款者，进而摧毁贷款给他们的银行。"

然而，巴菲特在认识到风险的同时也计算出了一个概率：基于最好的证据，发生地震和金融恐慌的概率都不很高。

同时巴菲特还分析认为，不动产价值的下跌不会对妥善经营的富国银行产生太大的冲击。巴菲特解释说："考虑一下具体数字吧。富国银行目前税前的年收益在扣除贷款损失的3亿美元之后，仍超过10亿美元。如果银行全部480亿贷款的10%——不只是不动产贷款——遭受像1991年那样的重创，而且产生损失（包括前期利息损失），平均损失量为本金的30%，公司仍能保本不亏。"但是要知道，银行放贷业务的10%遭受损失就等于企业遭受了严重的经济萎缩，这种情况已被巴菲特排在"低"概率一档之中。然而，即使这种事情真的发生了，银行仍能保本。"即便是如此糟糕的一个结局——我们认为发生的概率非常低，似乎不可能——也不会使我们沮丧。"巴菲特又继续说。

　　尽管巴菲特假设的这几种情况对富国银行产生长久重大损失的概率都非常低，但市场仍将富国银行的股价打压了 50%。巴菲特经过严密的概率论证，他得出结论：购买富国银行的股票赚钱的机会是 2：1，相对犯错误的可能性不会增加只会减少。

　　巴菲特思考过程的价值并没有因为他未对概率判断给出具体数值而受到削弱。用概率来思考，不管是主观概率还是客观概率，都使投资者对所要购入的股票进行清醒和理智的思索。巴菲特对富国银行的理性思考，使得他能够采取行动并从中获利。"请记住，如果你用概率权重来衡量你的收益，而用比较权重来衡量你的亏损，并由此相信你的收益大大超过你的亏损，那么你可能刻意地进行了一桩风险投资。"巴菲特这么说。

　　从以上两个事例中，可以看出来巴菲特的主观概率法在他的投资中的作用是非常显著的。由此我们可以总结出如何在投资中运用概率论：首先是计算概率；然后是时刻关注新的信息，并根据新的信息调整概率；再然后是随着概率的上升，相应地加大投资数量；而根本的关键则是只有当成功的概率完全对你有利时才投资。

4.套利交易有原则

不要把利润过分寄托在套利交易上。市场一般会对一只股票做出同正确定价一样多的错误定价。

——沃伦·巴菲特

根据巴菲特的套利经验，我们总结出以下原则。

（1）投资于"现价"交易而不是"股权交易"，并且只有在消息正式公布后才进行交易。一个现金形式的50美元报价是应当优先考虑的，因为这时交易具有固定的交换比率，这就可以限定目标股票下降的可能。一定要避免有可能使你的最终收益低于原始报价的交易。假定一家股票市值为50美元的公司准备交付1.5份股票，如果到交易结束时股价降到30美元，那么你最终只能得到45美元。

（2）确定你的预期收益率的下限。在介入一次并购交易之前，要计算出潜在的利润和亏损以及它们各自发生的概率。然后确定完成交易所需要的时间以及你潜在的年度收益。避免那些无法提供20%～30%或者更高年度收益的交易。

（3）确保交易最终能够完成。如果交易失败，目标股票的价格就会突然下降。许多因素都可以使交易告吹，这些因素包括政府的反垄断干预、收购商的股票价格突然下跌、决策者们在补偿问题上的争执或者任何一家公司的股东们投票否决了并购计划。某些并购，包括那些涉及公用设施或者外国公司的交易，可能要用一年以上的时间才能完成，这就会在相当长的时间内套牢你的资金。

（4）如果你决定介入"股权合并"交易（目标公司的股东接受收购公司的股份），

一定要选择那些具有高护价能力的交易。在交易被宣布之后，并购活动应该能够确保目标股票的价格不至于下降。一般来说，收购者会根据自身的股票价格提供一个可变动的股份数额。

（5）不要把利润过分寄托在套利交易上。市场一般会对一支股票做出同正确定价一样多的错误定价。盲目地选择一桩交易，在长期内可能只会得到一般水平的收益。你必须养成良好习惯，对所有相关的事实进行仔细的研究。当市场价格与并购价格差距很大时，就表明参与者们正在为交易失败感到忧虑，一些人或许已经获悉了有关交易将无法继续进行的信息。

（6）不必担心用保证金来购买套利股份(也就是借钱)，如果你能够确信交易必然成功的话。如果你能经常通过融资来收购套利股份，就可以进一步增加投资组合收益。

5. "股神"恩师的套利公式

在可能的范围内，我将继续投资于某些交易，这种交易至少会部分地免除股市整体走势所带来的影响。

——沃伦·巴菲特

格雷厄姆指出，在套利的个案中，假设该证券是在正式公告前买入的，将可获致较高的利润。格雷厄姆同时也指出，若是在正式公告后且完成承销前，则利润的差价会介于股票市场的价格以及公告的卖出价格之间。巴菲特认为这种类型的套利是最有利可图的。

有鉴于投资的复杂性以及套利中可能产生的各种变数，格雷厄姆发展出一套通用的公式来计算个别移转个案中的潜在利润。他将这套公式传授给巴菲特，而这套公式就是：

年度报酬 $= CG - L(100\% - C)YP$

其中，G为事件成功时可预期的利益；L为事件失败时可预期的损失；C为可预期的成功机会，以百分比表示；Y为该期握有股票的时间，以年为单位；P为该证券目前的价格。

利用这个公式可以计算出损失的可能性，适用于各种类型的移转。

1982年2月13日，贝耶克雪茄公司宣布已获得法院核准，将该公司雪茄的经营业务以1450万美元，也就是每股将近7.78美元的价格卖给美国梅兹生产公司。同时声明将会进行清算，并将其中卖出所得分配给股东。声明发表后不久，巴菲特以

572907美元，也就是每股5.44美元的价格购得贝耶克雪茄公司5.71%的问题股票。巴菲特就是以当时市价的每股5.44美元，套取将来贝耶克公司出售后分配给股东股价间的差额，该股价预估为每股7.87美元。

将格雷厄姆公式套用在这次的套利情况上，首先巴菲特得估算他所预估的每股收益。这项收益仅可能来自出售后分配到的股价，也就是每股7.87美元，而巴菲特支付出去的市场价格是每股5.44美元，因此巴菲特的预期利益就是每股2.43美元(7.87美元－5.44美元＝2.43美元)。

接着将预期利益2.43美元乘以预期的成功概率。在这个案例中，因为已经正式发表，同时经过法院核准，所以发生意外的概率微乎其微，也就是说，巴菲特可以将成功率或者说是交易将会进行的机会设定为90%。巴菲特若将他所预期的利益——每股2.43美元乘以90%，会得到2.18美元，实际结果看成功的概率而定。

巴菲特也计算出万一移转未发生时将会损失的金额。若该项出售计划取消，那么每股的价格将可能会跌回公告出售前的价格。若出售计划未执行，则贝耶克雪茄公司的股价将跌回至每股4.5美元，这个价格是发表出售和清算声明前的市场价格。换句话说，巴菲特以每股5.44美元买进的股票，跌到4.5美元，巴菲特每股将亏损0.94美元。

请记住，巴菲特同时也要计算出亏损的概率，这只要将100%减去成功率的90%就可算出，也就是该项移转计划将会有10%的概率不会发生。现在，将估计的损失0.94美元乘以10%，则估算出巴菲特的亏损为0.09美元。

紧接着巴菲特要算出移转进行所需的时间，该公司必须在会计年度当中完成资本清算的动作，否则将有增值税的问题。因此巴菲特可以估算何时发生、何时出售，同时这项程序将在当年度内完成，因为巴菲特设定一年内将会出售且清算。

以下就是将格雷厄姆公式运用在贝耶克雪茄公司的情形：

G＝2.43美元，事件成功时可预期的利益；

L＝0.94美元，事件失败时可预期的损失；

C＝90%，可预期的成功机会，以百分比表示；

Y＝1年，预期持有股票的时间，以年为单位表示；

P=5.44 美元，该证券目前的价格；

年度报酬 = 90% × 2.43 − 0.94(100% − 90%) × 1 × 5.44 × 100% = 38%

如果贝耶克公司的移转和清算按照原定计划进行的话，巴菲特可由此计算出他的年回报率为 38%。就短期信托资金投资而言，报酬率可算相当地优厚。

巴菲特操控过各种不同类型的套利机会。除了贝耶克与 RJR 交易外，在套利的前提下，他还购买过诸如得州国家石油、艾勒吉斯、克劳福等多家公司。有时他在一年内可能同时有 20 多件不同的套利个案，有时候却可能一件也没有。

根据自己多年的经验，巴菲特发现，在套利的范围中，要先明了真正的财富会产生于移转的日期，这项投资会在这个特定的日期达到最佳利益。

6.巴菲特的钟爱——并购套利

并购套利的妙处在于，可以使你的年收益最大化并使损失降到最小程度。

——沃伦·巴菲特

1926－1956年，巴菲特的恩师本杰明·格雷厄姆把套利作为他的教学及投资管理活动的基石来看待。格雷厄姆告诉他的客户们，他们的一部分资金将被用于短期盈利，以获取某些非理性的差价。这些短期盈利机会包括重组、清算、涉及可转换债券及优先股的套期保值以及购并。

在格雷厄姆早期的投资活动中，有一个套利行为的经营范例，1915年，当时他21岁，他买入了古根海姆公司的股份，这是一家控股公司，每股价值为69美元。古根海姆在4家铜矿公司中拥有小部分股份，这4家公司是凯尼科特公司、奇诺铜业公司、美国冶炼公司以及雷氏联合公司。古根海姆合计的股份超过了每股76美元。因此，在账面上，一个投资者仅以69美元的价格就获得了价值76美元的资产。格雷厄姆认为，这种情况不可能无限期地保持下去，因为古根海姆的股价必定要涨到至少76美元，这就使他有十足的把握赚取每股7美元的利润。

并购套利的运作，实际上是在试图获得股票的市场价格与交易的市场价格之间的差价。交易价格就是一个公司并购另一个公司时支付的价格。例如，A公司或许会以每股85美元的价格买入B公司。如果B公司每股的市价为80美元，那么一个投资者就可以买入B的股票，并一直持有到交易达成时再卖给A公司，这样他就会锁定一个5美元的利润。5美元的利润表示你的80美元的投资带来了6.25%的收益。如果B公司的股价跌到 80 美元以下，潜在的收益就更高了。

并购套利的妙处在于可以使投资者的年收益最大化并使损失降到最小限度。公司通常会封锁何时达成交易的信息，这对投资者的收益会产生重大影响。在上面的例子中，5 美元的利润意味着 12.9% 的年收益，如果交易恰好在你购买后的 6 个月内完成。如果交易在 4 个月内进行，你的年收益将超过 20%。这是相当吸引人的。一旦交易结束，从 A 公司收回了资金，投资者就可以把收入投入到能够产生类似盈利机会的另一笔交易中。

如果投资者能够在 3 个月内完成的一系列连续交易中使收益率达到 10%，假定投资者把此前的每一笔交易的利润都进行再投资，那么投资者的复利收益在整个年度将达到惊人的 46.4%。这样的机会并不少见，在华尔街每天公布的 10 ~ 20 项购并中，其中一些就蕴藏着惊人的获利机会，等待着具有慧眼的投资者们发现它们。巴菲特在谈到他的套利交易时显得有些谨慎，只是说他在做（尤其是在他找不到什么好的业务时），并将继续做下去，以及到目前为止做得还不错。

"我们有时把从事套利交易作为持有短期货币市场证券的一种替代，"他在1988年对股东们做的年度报告中这样写道，"当然，我们会优先考虑做一些重要的长期交易。但是除了这些好的交易之外，我们经常还有一些剩余的资金。在这样的情况下，套利交易经常会获得高于国库券的收益。并且，同样重要的是，这可以使我们克服降低长期投资收益标准的念头（每当我们谈论完一笔套利交易之后，查理的结束语往往是这样的：好吧，至少这可以使你免得做牢）。"

应该说，为了获取（但是采用了非法的手段）巴菲特通过合法的并购套利就能取得的收益，不少投资顾问们以身试法。巴菲特提到，在 1926 – 1956 年，格雷厄姆通过套利交易获得了 20% 的年收益，这个结果超过了道·琼斯工业股票的收益。1988 年，巴菲特宣布他自己来自于套利的收益到目前为止平均已经远远超过格雷厄姆的 20% 水平。

在 20 世纪五六十年代管理他的私人合伙事务期间，巴菲特曾数十次投资于套利交易，他意识到了通过把收益率较低的交易汇集在一起就有可能产生丰厚的收益。最重要的是，巴菲特似乎是通过套利交易来使他的客户们的资产免受股市变幻的冲击。通过把客户们的部分资本投入到并购套利交易之中，他获取了非凡的收益，而且不必担心股市的整体走势。巴菲特通过套利交易可以确保股东价值得到提高或者至少不下降。

由于确保了相当部分的客户投资免受风险，巴菲特就可以把他们持有的其余股份集中投入到少数几种股票之中。1960年2月，他告诉他的客户们，他们35%的资金被投入到一种股票中（他拒绝说出是哪一种），其余的资金投入到某些被低估的股票以及并购套利交易中。

总的来看，并购套利构成了巴菲特合伙资产的第二大要素。巴菲特很少告知投资者们他正在操作的套利交易的具体形式，但是他会公开他正在运作的交易的规模以及他采取融资手段进行某些交易。

他说，在任何时候，他们都或许会涉及10～15项此类交易，一些可能刚刚开始运作，而另一些可能已到了交易过程的最后阶段。我确信通过融资来弥补我们的一部分套利资产是可行的，因为在涉及最终效果和交易过程中市场走势方面，这种行为都具有很高的可靠性。

在1999年的伯克希尔·哈撒韦年会上，巴菲特被问到，如果他以一个初出茅庐的合伙人身份重新开始他的事业，他能否确信会在股市中继续胜出。巴菲特自信地说，他可以做到。他会选择交易那些不知名的股票并且从事套利交易。他对听众们说，他可以想出十几个人（包括他自己）可以使100万美元的投资获得每年50%的复利收益。

巴菲特把套利同其他大多数交易一样看做是一种数学练习。这里的潜在结果是投资的"加权期望收益"，把风险的上限和下限考虑在内。"如果我认为事件发生的概率为90%，并且作为上限的取值为3点，而事件不发生的概率为10%，作为下限的取值为9点，那么用2.7美元减去0.9美元，就可以得到数学期望为1.8美元。"巴菲特在1990年这样说道。

例如，假定人民软件被收购者报价每股20美元，而股票的市价为17美元——相对于交易价格有一个3个百分点的折扣。运用巴菲特的分析，我们进一步假设交易成功的概率为90%（可以赚3美元），如果交易失败潜在的损失为9美元，那么加权期望收益为1.8美元[(0.9×3美元)-(0.1×9美元)]。这表示17美元的投资可能获得10.6%的收益率。如果交易在一年内完成，你的年收益率就是10.6%。如果只需6个月完成，年收益率就达到了 22.3%。

做并购套利取得两位数的短期收益是常见的事。1999 年 4 月，全球交互公司向 Frontier 公司发出了接管报价，希望将其电信业务扩展到整个大陆。在交易结束时，Frontier 的股东们将得到价值 62 美元的全球交互公司股票作为交换。然而，Frontier 的市值通常低于 62 美元价格的 10%～20%。交易者们对并购失败的焦虑超过了在全球交互公司保证下的交易的吸引力。并购在 1999 年 9 月成功地完成了，那些在 Frontier 股票周期性波动中占尽先机的投资者们锁定了 3 位数的年收益。

正是在这些非理性的交易时期，像巴菲特这样的投资者们才开始介入。敏锐的投资者始终在注视着事物的发展动态，他们能够快速进入，以 45 美元的价格买入 Frontier 股票，并在 3～4 个月之内锁定潜在的 17 美元收益。这意味着 45 美元的投资将得到 38% 的收益。而且根据交易结束的时间不同，年收益率将达到 102%～262%。

1999 年 5 月，在收到了来自纽荷兰 NV 公司每股 55 美元的接管报价后，Case 的股价也同样表现出了非理性的变动。两个月之后，在互联网的聊天室中谣言四起，称交易即将告吹，Case 的股票猛跌至 44 美元。这对于精明的投资者来说就出现了以 44 美元的投资锁定 11 美元收益的良机——对于愿意等上短短几个月到交易达成的投资者们来说，可能有一个 25% 的收益。

经验表明，大多数并购交易都充满了非理性成分。在发布消息的当日，目标公司的股票通常会迅速上涨，可以达到低于报价 4%～6% 的水平。在随后的几天或几周内，股票价格有可能重新回落，因为许多投资者会沉不住气，决定不再待售股份，而是取得眼前利益。他们的抛售为巴菲特渴望的高收益带来了机会。一定要记住，股价并不需要多大回落就可以使一项套利交易获利丰厚。如果 C 公司想以每股 20 美元的现金价格买入 D 公司，D 公司的市值为 19 美元，那么你的潜在收益仅为 5.3%。如果 D 公司的股票仅仅下降 50 美分而达到 18.5 美元，那么套利利润就增至 8.3%。如果交易在 3 个月之内结束，你的年收益率就将达到 37.6%。

1990 年，《福布斯》杂志发掘出了伯克希尔·哈撒韦的保险子公司向州管理部门呈报的财务档案，试图全面掌握巴菲特每年的套利活动。他们搜寻保险记录是因为伯克希尔的保险公司为巴菲特提供了进行新投资所需的大部分资金。例如，《福布斯》发现，1987年，巴菲特从事了大量并购套利交易，使伯克希尔的投资组合在高度变化的市场上保持了增长。有趣的是，巴菲特大幅度地削减了在伯克希尔的资产组合中持有的普通股票的数量。因此，当普通投资者们在普通股票上赔钱时，巴菲特却主要仰仗非常规的投资来保持盈利。那一年，巴菲特从事的并购套利交易涉及卡夫、RJR—纳贝斯克以及菲利普·莫里斯，还有那些不太知名的公司，如玛利恩中央公司、Fedrated公司以及英特科公司。他在10天之内把购买Southland的270万美元变成了330万美元，年收益率超过了700%。在总体水平上，《福布斯》估计巴菲特的套利交易在1987年的平均收益率达到了90%，而标准普尔500指数收益率仅为5%。

1988年，巴菲特共进行了20次不同的购并套利交易，收益率达到35%，超过了标准普尔500指数收益的两倍。在随后的一年里，巴菲特却没有像《福布斯》杂志所报告的那样幸运，在购并套利中，他损失了31%。他没有向股东们透露这些损失，但是却在前一年告知他们他计划在1989年减少套利投资，因为在并购领域出现了"极度的过剩"，"别人做事越不谨慎，我们自己做事就应当越谨慎。"他写道。尽管如此，巴菲特在那一年还是把他在RJR－纳贝斯克中的部分套利投资转让给了证券经纪商科博，并在市场上售出他的其余股份，获得了6400万美元利润。

巴菲特的行为并不孤独。全世界有数百位专业投资者对涉及并购的股票进行着即时的投机。他们几乎不做别的事情，只是坐在终端前面收看宣布并购消息的有线新闻。每当一条消息在屏幕上闪过，他们马上会对交易进行即时分析，形成战略并采取行动。根据目标的不同，他们或者会在数小时，或者数天内结束交易。一些投资者则会持有他们的股份直至并购完成，再收回资金或者股份。

然而，一切迹象表明，没有任何人能够像巴菲特那样成功地在交易中获利，因为他只从事"稳操胜券"的交易，而这种交易在现在所宣布的并购中变得越来越少。巴菲特同样也具有极大的耐心。投机者们需要通过交易来证明自己的存在，他们一般倾向于以最快的速度对尽可能多的交易做出反应，有时会在公司发布全部的并购细节之前就开始行动。然而巴菲特会在每年宣布的数百项并购中精挑细选出少数几项交易。他更有可能会对交易进行彻底的研究，并等待目标股票暂时回落来锁定可靠的高收益。

巴菲特与其他投机专家们的区别还在于，他几乎总是以普通持股者的身份出现。他总是在并购宣布后才进行交易，而不是运用他的影响及财力来迫使交易发生（20世纪80年代，这是套利商们的典型做法），他也决不会投资于虚假并购。巴菲特的主要目标是从差价中获取利润，而不是为了控制公司并强制经营转换。他对获取资产以进行拆分也不感兴趣。他认为，他的角色只是在利用这些交易所体现的诱人的数学运算方法。交易本身与巴菲特毫无关系，因为他很少关心他所交易的公司。他只是在搜寻不同寻常的获利机会，并猛扑过去。

那些试图证明在股市中可以稳操胜券的投资者，只需察看巴菲特的套利记录及格雷厄姆始于20世纪20年代的惊人的套利记录就足够了。在巴菲特的案例中，很明显，推动其年收益超出一个老练的投资者预期水平的一个至关重要的因素就是并购套利，事情就是这样简单，也是最值得称道的。巴菲特在其1982年年度报告中这样说道："在我看来，格雷厄姆·纽曼公司、巴菲特合伙业务以及伯克希尔连续63年的套利经验表明，有效市场理论是多么地愚蠢，少数几个幸运的例子并不能改变这样的结论，我们不必去发掘那些令人困惑的事实或者挖空心思地去探究有关产品与管理的奥秘——我们只是去做那些可以一目了然的事情。"

7.巴菲特的早期套利活动

当市场过于高估持有股票的价格时,也可考虑进行短期套利。

——沃伦·巴菲特

巴菲特在他投资生涯的早期有过一次相当成功的套利经历。

当时巴菲特24岁,在纽约为格雷厄姆纽曼公司工作。洛克伍德是一家位于布鲁克林的盈利能力有限的巧克力公司,在1941年可可豆仅售每磅5美分的时候就已采用后进先出的存货估值法。1954年,可可豆的暂时短缺导致其价格飚升到了60美分以上。因此,洛克伍德希望赶在价格下跌之前迅速出手它价值不菲的存货。但是,如果仅仅是出售可可豆,那么这家公司将为此缴纳近50%的税款。1954年的会计规则成了大救星,它有一项不可思议的条款,该条款规定如果公司将存货派发给股东作为减少公司经营范围计划的一部分,那么LIFO的利润就可以免税。洛克伍德决定终止它的业务之一,销售可可奶油,并发布消息说大约有1300万磅的可可豆存货可供分配。于是,公司开价用它不再需要的可可豆回购股票,每股付80磅可可豆。

巴菲特抓住了这个机会,在后来的几个星期一直忙于买股票和卖豆子,并时常跑到施罗德信托公司将股权证书换成仓库的提单。从这次套利活动中,巴菲特赚取了丰厚的利润,而他所需的成本仅仅是破费几张地铁车票钱而已。洛克伍德改组计划的设计师是一位默默无闻但才华横溢的芝加哥人杰伊普利兹克,时年32岁。如果投资者熟悉杰伊后来的记录,那么就不会意外这次行动对洛克伍德连续的股东来说也成效卓著。在宣布报价前后短短的时间里,尽管洛克伍德正在经历巨大的营业亏损,但它的股票还是从 15 美元涨到了 100 美元，有时，股票估值比市盈率更有意义。

　　在近几年里，大多数套利运作涉及善意或恶意的接管，随着收购狂热的蔓延，随着反托拉斯的挑战几乎不复存在，以及随着买价常常只上不下，套利者极度繁荣。他们不需要特别的才能就能干得好。按照彼得塞勒在电影中的方式，窍门只不过是生逢其时。在华尔街，人们一再重复一句老格言，给人一条鱼，你能养他一天，教他如何套利，你能养他一世。

8.灵活决策，套利变长持

在购买通用动力股票一事上，我们是幸运的。

——沃伦·巴菲特

20世纪90年代，是巴菲特主导下的伯克希尔·哈撒韦公司大举收购和扩展的年代。但是，人们对此时巴菲特的一项投资感到困惑，那就是收购通用动力公司的股权。由于这家公司既不具有巴菲特以往认定的被收购公司所应有的特质，甚至也不具有经营良好的历史记录，因此人们疑问巴菲特为何做出这项投资。

提到美国通用动力公司，想必许多人并不陌生，它是全美乃至全世界都赫赫有名的企业，是美国主要的军事工业基地之一，是美国核潜艇的领导设计者、建造者以及装甲车辆的制造者，其代表性产品包括美国陆军的MIA1和MIA2战车。1990年，它是仅次于麦道公司的美国国防承包者。它为美国提供导弹系统（战斧、麻雀、蝥针和其他先进的巡航导弹）、防空系统、太空发射器和战斗机。F－16型战斗机当年的销售总额超过100亿美元。1993年之前，该公司的销售额为35亿美元，虽然暂时销售额下降，但股东价值却增长了7倍多。但是由于20世纪90年代柏林墙倒塌、苏联瓦解和东欧剧变，全球政治经济态势发生了很大的变化，冷战格局宣告结束，因此世界第一号军事强国美国必须进行军事工业的调整。由此美国通用动力公司的经营状况也发生了变化。

1991年，通用动力公司的股价处于10年来的最低价19美元，此时威廉·安德森出任公司总经理。他了解国防工业的基本形势已经发生变化，为了企业的生存，他采取了一系列改革措施。这些措施有：

（1）节约成本

削减10亿美元的资本支出和研究经费，裁减员工数千人，同时执行以公司股价表现为基础的管理人员的薪酬计划。他希望通过这些措施来除去任何财务的不利因素。

（2）调整产品结构

安德森强调："产量不足的事业将难逃被卖掉的命运。"为此，他作出如下经营调整：

①保持那些市场反应良好的产品，或具有市场独占性的产品；

②要实行规模经营。

开始时，安德森把通用动力的重心集中在其四个营运核心上：潜水艇、坦克、飞机以及太空系统。安德森判断通用仍会在萎缩的国防市场中生存下去，其他的通用动力企业则被逐步剥离掉。1991年11月，通用动力把其旗下的资料系统公司，以2亿美元的价格出售给计算机科学公司；1992年，又以6亿美元价格把赛斯那航空公司卖给德克斯朗公司；不久，又把其导弹企业卖给休斯航空公司，售价4.5亿美元。在近半年时间里，通用动力通过出售非核心部门企业，增加了12.5亿美元现金的收益。安德森此举引起华尔街的注意，通用动力的股价也因此上扬了112%。

在有了充足的现金之后，对于这些现金，安德森宣布将首先满足通用动力的流动资金需要，然后是降低负债以确保财务实力。而对于仍然多余出来的现金，安德森决定回馈给股东。1992年7月，通用动力依据标购游戏的规则按每股65.37~72.25美元之间的价格，回购它在外流通的约30%的股份，共1320万股。

此时，这一举动引起了巴菲特的注意。他亲自打电话给安德森，告知他伯克希尔公司购买了430万股的通用动力股份。对此，巴菲特说道："我对通用的经营策略留有深刻的印象，我买股票是为了想投资。"过了两个月，巴菲特又宣布通用动力的董事会将拥有伯克希尔股权所代表的表决权。巴菲特的这个决定让威廉·安德森终身难忘，并且增强了他改革的决心。

对于这样的一项投资，有人质疑巴菲特的投资决策是否有误。质疑的理由是通用动力是一家被政府控制、90%以上业务来自政府机构的公司，并且其所处的国防工业市场正在日趋萎缩，通用动力只有少得可怜的收益和中下等的股东权益报酬率。另外，它未来的现金流量也是不可预知的。那么巴菲特为何还要做出这样的决策呢？

1993年，巴菲特对此事解释说："在购买通用动力股票一事上，我们是幸运的。""我直到去年夏季才稍微注意公司的动向。当它宣布公司将透过标购，买回大约30%的股票时，我就料到，会有套利的机会。我开始为伯克希尔买进该公司的股票，希望赚得微薄的利润。"因为巴菲特知道这是为套利而购买股票，所以不适用伯克希尔投资股票的原则，包括财务和营运表现的一些条件。但是，为什么从套利出发后来又变成为对该股的长期持有者呢？巴菲特说："后来，我开始学习了解公司的经营情形，以及威廉·安德森担任通用动力公司总经理以后的短期表现。我看见的事情，令我眼前一亮，他有条理井然的理性策略，他积极实现其想法，而那成果的丰硕正基于此。"从一开始只是为了套利而采取的行动到后来决定变成长期持股，巴菲特灵活地调整了投资决策，这不能不说是一个妙招。

事实证明，巴菲特这项决策是对威廉·安德森是否能够抗拒盲从同业不理性行为的一大考验。当时有人批评指责安德森的这些改革措施是在解体一个公司。但是，安德森则辩解说，他只是将公司的未实现价值转换为现金而已。巴菲特认为，很少有这样的一家公司，以低于账面的市价交易，并产生出现金流量，且积极展开股权强制过户的方案。此外，最重要的是，这家企业的经营者能不遗余力、想方设法地为股东谋利益，这一点是巴菲特最为看重的，因为巴菲特认为能否为股东谋利益是企业管理者是否优秀的最重要表现。因此我们从投资通用动力中又一次看到了优秀的管理人才在巴菲特投资理念中举足轻重的地位。

尽管受人批评，但是安德森依然继续着他的改革步伐。尽管他曾想保留飞机、太空系统作为其核心部门，后来还是决定继续将其出售，如航空器卖给了洛克希德。通用动力公司与洛克希德和波音公司本是新一代战斗机F－22的合伙人，三家各自拥有1／3股权。后来通用动力通过转让，洛克希德取得了F－16业务，波音又取得F－16的2／3的股权；接着通用动力的太空系统又出售给了太空发射系统的创始人——马丁·玛丽塔。这两项销售使通用动力公司获得了17.2亿美元的资金。

随着现金流量的充沛，公司再度分配股利给股东。1993年4月份发给股东每股20美元的特别股利；7月份又发给股东每股18美元的特别股利；到10月又发给股东每股

12 美元的特别股利。一年间，三次发给股东每股红利即达 50 美元，而且每季支付的股利也从每股 0.4 美元，提高到 0.6 美元。伯克希尔公司在 1992 年 7 月到 1993 年底的一年半时间中，只要投资每股 72 美元于通用动力股票上，即获得了每股 2.6 美元的普通股股利和 50 美元的平均特别股利，而这段期间，股价上扬到每股 103 美元。由于安德森开始清算通用动力公司的货币价值，并给予其股东以现金股利，因此对通用动力的股票投资收益，不但强过同行，更是远胜过同期斯坦普工业指数的表现。

对于人们他将会持有通用动力公司股票多长时间的疑问，巴菲特说，他将会在股东权益报酬率令人满意且公司前景看好、市场不高估通用动力公司的股票价值以及经营者为诚实有才干者的情况下继续持有。这话虽然简单，但却体现了巴菲特投资的基本原则。

以套利为目的而购买股票在巴菲特的投资生涯中是并不多见的，特别是其事业如日中天之时，竟还做出这个决定，这不能不令人惊讶。巴菲特居然也想玩一把"投机"，由此可见其投资股票时在具体操作上并非墨守成规、一成不变。也说明股票投资领域方法具有多样性。巴菲特这次是以"投机入市"，但后来通过研究该股和管理层，从中又发现了新的投资价值，并决定长期持股和授权安德森以伯克希尔公司持股的表决权。这种带有戏剧性的转变体现了巴菲特投资思想之活跃，投资艺术之高超，同时也启示其他投资者，投资决策并非一成不变，只要有利可图，就应见机行事。